LE CABINET DES FÉES.

CE VOLUME CONTIENT

Les MILLE ET UN JOUR, Contes Perfans, traduits en François par M. PETIS DE LA CROIX, Doyen des Secrétaires-Interprêtes du Roi, Lecteur & Profeffeur au Collége Royal.

TOME PREMIER.

LE CABINET
DES FÉES,
OU
COLLECTION CHOISIE

DES CONTES DES FÉES,

ET AUTRES CONTES MERVEILLEUX,
Ornés de Figures.

TOME QUATORZIÈME.

A AMSTERDAM,
Et se trouve à PARIS,
RUE ET HOTEL SERPENTE.

M. DCC. LXXXV.

LES
MILLE ET UN JOUR,
CONTES PERSANS.

LE royaume de Cafchmire (*a*) étoit autrefois gouverné par un roi, nommé Togrul - Bey. Il avoit un fils & une fille qui faifoient l'admiration de leur tems. Le prince appelé Farrukhrouz (*b*), étoit un jeune héros, que mille vertus rendoient recommandable; & Farrukhnaz (*c*) fa fœur, pouvoit paffer pour un miracle de beauté. En effet, cette princeffe étoit fi belle, & en même-tems fi piquante, qu'elle infpiroit de l'amour à tous les hommes qui ofoient la regarder; mais cet amour leur devenoit funefte, car la plûpart en perdoient la raifon, ou tomboient dans une langueur qui les confumoit infenfiblement.

(*a*) Petit royaume fitué entre les Indes & le royaume de Thibet.
(*b*) Jour heureux.
(*c*) Heureufe fierté.

Tome XIV. A

Lorsqu'elle sortoit du palais pour aller à la chasse, elle n'avoit point de voile. Le peuple la suivoit en foule, & témoignoit par ses aclamations le plaisir qu'il prenoit à la voir. Elle montoit ordinairement un cheval tartare blanc à taches rousses, & marchoit au milieu de cent esclaves, magnifiquement vêtues & montées sur des chevaux noirs. Ces esclaves étoient aussi sans voiles, mais bien qu'elles fussent presque toutes d'une beauté charmante, leur maîtresse s'attiroit seule tous les regards. Chacun s'efforçoit de s'approcher d'elle malgré la garde nombreuse qui l'environnoit. Vainement les soldats avoient le sabre à la main pour tenir le peuple éloigné, ils avoient beau même frapper & tuer tous ceux qui s'avançoient trop, il se trouvoit toujours des malheureux, qui, loin de craindre un si déplorable sort, sembloient se faire un plaisir de mourir aux yeux de la princesse.

Le roi, touché des malheurs que causoient les charmes de sa fille, résolut de la soustraire aux yeux des hommes. Il lui défendit de sortir du palais; de manière que le peuple cessa de la voir. Cependant la réputation de sa beauté se répandit dans l'Orient. Plusieurs rois se laissèrent enflammer sur la foi de la renommée; & bientôt on apprit à Caschmire, que des ambassadeurs partis de toutes les cours de l'Asie, venoient demander la main de la princesse. Mais avant qu'ils arrivassent, elle fit un songe qui lui rendit les hommes odieux. Elle rêva qu'un cerf étant arrêté dans un piège, une biche l'avoit délivré; & qu'ensuite la biche étant tombée dans le même piège, le cerf, au lieu de la secourir, l'avoit abandonnée.

Farrukhnaz à son réveil fut frappée de ce songe. Elle ne le regarda point comme une illusion de la fantaisie agitée. Elle crut que le grand Kesaya (a) s'intéressoit à sa destinée, & qu'il avoit voulu par ces images lui faire comprendre que tous les hommes étoient des traîtres, qui ne pouvoient payer que d'ingratitude la tendresse des femmes.

Prévenue de cette étrange opinion, & dans la crainte d'être sacrifiée à quelqu'un des princes, dont les ambassadeurs devoient incessamment arriver, elle alla trouver le roi son père. Sans lui dire qu'elle fût révoltée contre les hommes, elle le conjura, les larmes aux yeux, de ne la point marier malgré elle. Ses pleurs attendrirent Togrul-Béy. Non, ma fille, lui dit-il, je ne contraindrai point vos inclinations. Bien qu'on dispose ordinairement de vos pareilles sans les consulter, je jure par Kasaya qu'aucun prince, fût-ce l'héritier même du sultan

_____
(a) Idole adorée autrefois à Cashmire.

des Indes, ne vous épousera jamais, si vous n'y consentez. La princesse rassurée par ce serment, dont elle connoissoit la force, se retira très-satisfaite, & bien résolue de refuser son aveu à tous les princes qui la rechercheroient.

Peu de jours après, il arriva des ambassadeurs de plusieurs cours différentes. Ils eurent audience tour à tour. Chacun vanta l'alliance de son maître, & le mérite du prince qu'il venoit proposer. Le roi leur fit à tous beaucoup d'honnêtetés; mais il leur déclara que sa fille étoit maîtresse de sa main, parce qu'il avoit juré par Kesaya qu'il ne la livreroit point contre son penchant. Ainsi la princesse ne voulant se donner à personne, les ambassadeurs s'en retournèrent fort confus de n'avoir pas réussi dans leur ambassade.

Le sage Togrul-Béy vit leur départ avec douleur. Il craignit que leurs maîtres, irrités de ses refus, ne songeassent à s'en venger; & fâché d'avoir fait un serment qui pouvoit lui attirer une cruelle guerre, il fit venir la nourrice de Farrukhnaz : Sutlumemé (*a*), lui dit-il, je vous avoue que la conduite de la princesse m'étonne. Qui peut causer la répugnance qu'elle a pour le mariage ? Parlez, n'est-ce point vous qui la lui avez inspirée ? Non, sei-

___

(*a*) Gorge de lait.

gneur, répondit la nourrice, je ne suis point ennemie des hommes, & cette répugnance est l'effet d'un songe. D'un songe, s'écria le roi fort surpris ! ah ! que m'apprenez-vous ? Non, non, ajouta-t-il un moment après, je ne puis croire ce que vous me dites. Quel songe pourroit avoir fait sur ma fille une si forte impression ? Sutlumemé le lui raconta ; & après lui en avoir dit toutes les circonstances : voilà, seigneur, continua-t-elle, voilà le songe dont la princesse a l'imagination frappée. Elle juge des hommes par ce cerf ; persuadée que ce sont tous des ingrats & des perfides, elle rejette également tous les partis qui se présentent.

Ce discours augmenta l'étonnement du roi, qui ne concevoit pas comment ce songe pouvoit avoir mis la princesse dans la disposition où elle étoit. Hé bien, ma chère Sutlumemé, dit-il à la nourrice, que ferons-nous pour détruire les défiances dont l'esprit de ma fille s'est armé contre les hommes ? Crois-tu que nous puissions la ramener à la raison ? Seigneur, répondit-elle, si votre majesté veut bien me charger de ce soin-là, je ne désespère pas de m'en acquitter heureusement. Hé, comment vous y prendrez-vous, reprit Togrul-Bey ? Je sais, repartit la nourrice, une infinité d'histoires curieuses, dont le récit peut, en divertissant la princesse, lui ôter la mauvaife opinion qu'elle a des hommes. En lui faifant voir qu'il y a eu des amans fidelles, je la difpoferai fans doute infenfiblement à croire qu'il y en a encore. Enfin, feigneur, ajouta-t-elle, laiffez-moi combattre fon erreur; je me flatte que je pourrai la diffiper. Le roi approuva le deffein de la nourrice, qui ne fongea plus qu'à trouver des momens favorables pour l'exécuter.

Comme Farrukhnaz paffoit ordinairement l'après-dînée avec le roi, le prince de Cafchmire & toutes les princeffes de la cour, à entendre les efclaves du palais chanter & jouer de toutes fortes d'inftrumens, le matin parut plus commode à Sutlumemé, qui réfolut de prendre le tems que la princeffe employoit à fe baigner. Ainfi dès le jour fuivant, auffi-tôt que Farrukhnaz fut dans le bain, la nourrice lui dit: Je fais une hiftoire remplie d'événemens finguliers; fi ma princeffe veut me permettre de la lui conter pour l'amufer, je ne doute point qu'elle n'y prenne beaucoup de plaifir.

La princeffe de Cafchmire, moins peut-être pour fatisfaire fa propre curiofité, que pour contenter celle de fes femmes, qui la preffoient d'entendre cette hiftoire, permit à Sutlumemé d'en commencer le récit. Ce qu'elle fit dans ces termes.

I. JOUR.

HISTOIRE D'ABOULCASEM BASRY.

Tous les historiens conviennent que le calife Haroün-Alrraschild auroit été le prince de son siècle le plus parfait, comme il en étoit le plus puissant, s'il n'eût pas eu un peu trop de penchant à la colère, & une vanité insupportable. Il disoit à tous momens qu'il n'y avoit point de prince au monde qui fût aussi généreux que lui.

Giafar son premier visir, ne pouvant souffrir qu'il se vantât ainsi lui-même, prit la liberté de lui dire un jour : O mon souverain maître, monarque de la terre, pardonnez à votre esclave, s'il ose vous représenter que vous ne devez point vous louer vous-même. Laissez faire votre éloge à vos sujets, & à cette foule d'étrangers qu'on voit dans votre cour. Contentez-vous que les uns remercient le ciel de les avoir fait naître dans vos états, & que les autres s'applaudissent d'avoir quitté leur patrie pour venir ici vivre sous vos loix.

Haroün fut piqué de ses paroles. Il regarda fièrement son visir, & lui demanda s'il connoissoit quelqu'un qui lui fût comparable en générosité ? Oui, seigneur, répondit Giafar ; il y a dans la ville de Basra un jeune homme appelé Aboulcasem ; quoique simple particulier, il vit avec plus de magnificence que les rois ; & sans en excepter votre majesté, aucun prince du monde n'est plus généreux que lui.

Le calife rougit à ce discours ; ses yeux s'enflammèrent de dépit. Sais-tu bien, dit-il, qu'un sujet qui a l'audace de mentir devant son maître mérite la mort ? Je n'avance rien qui ne soit véritable, repartit le visir. Dans le dernier voyage que j'ai fait à Basra, j'ai vu cet Aboulcasem ; j'ai été chez lui ; mes yeux, quoiqu'accoutumés à vos trésors, ont été surpris de ses richesses, & j'ai été charmé de ses manières généreuses. A ces mots, l'impétueux Alrraschild ne put retenir sa colère. Tu es bien insolent, s'écria-t-il, de mettre un particulier en parallèle avec moi. Ton imprudence ne demeurera point impunie. En disant cela, il fit signe au capitaine de ses gardes d'approcher, & lui commanda d'arrêter le visir Giafar. Ensuite il alla dans l'appartement de la princesse Zobéide sa femme, qui pâlit d'effroi en lui voyant un visage irrité.

Qu'avez-vous, seigneur, lui dit-elle, qui peut causer le trouble qui vous agite ? Il lui apprit ce qui venoit de se passer, & il se plaignit de son visir dans des termes qui firent comprendre à Zobéïde jusqu'à quel point il étoit en colère contre ce ministre. Mais cette sage princesse lui représenta qu'il devoit suspendre son ressentiment, & envoyer quelqu'un à Basra pour vérifier la chose ; que si elle se trouvoit fausse, le visir seroit puni ; qu'au contraire, si elle étoit véritable, ce qu'elle ne pouvoit penser, il n'étoit pas juste qu'on le traitât comme un criminel.

Ce discours calma la fureur du calife. J'approuve ce conseil, madame, dit-il à Zobéïde; & j'avouerai que je dois cette justice à un ministre tel que Giafar. Je ferai plus ; comme la personne que je chargerois de cet emploi pourroit, par aversion pour mon visir, me faire un rapport peu fidelle, je veux aller à Basra, & m'informer moi-même de la vérité. Je ferai connoissance avec ce jeune homme, dont on me vante la générosité : si l'on m'a dit vrai, je comblerai de bienfaits Giafar, loin de lui savoir mauvais gré de sa franchise ; mais je jure qu'il lui en coûtera la vie, s'il m'a fait un mensonge.

Aussi-tôt qu'Alrraschild eut pris cette résolution, il ne songea plus qu'à l'exécuter. Il sortit une nuit secrètement de son palais. Il monte à cheval, & se met en chemin sans vouloir que personne le suive, quelque chose que lui pût dire Zobéïde, pour l'engager à ne point partir tout seul. Etant arrivé à Basra, il descendit au premier caravanserail qu'il trouva en entrant dans la ville, & dont le concierge étoit un bon vieillard. Mon père, lui dit Haroün, est-il vrai qu'il y a dans cette ville un jeune homme appelé Aboulcasem, qui surpasse les rois en magnificence & en générosité. Oui, seigneur, répartit le concierge, quand j'aurois cent bouches, & dans chacune cent langues, je ne pourrois vous conter toutes les actions généreuses qu'il a faites. Comme le calife avoit besoin de repos, il se coucha après avoir pris quelque nourriture.

Il se leva le lendemain de grand matin, & alla se promener dans la ville jusqu'au lever du soleil. Alors, s'approchant de la boutique d'un tailleur, il demanda la demeure d'Aboulcasem. Hé, de quel pays venez-vous, lui dit le tailleur? Il faut que vous ne soyez jamais venu à Basra, puisque vous ne savez pas où demeure le seigneur Aboulcasem; sa maison est plus connue que le palais du roi.

La nourrice de Farrukhnaz fut interrompue en cet endroit par l'arrivée d'une esclave qui avoit soin tous les jours d'avertir la princesse, lorsqu'il falloit aller à la prière du midi. D'abord que cette esclave paroissoit, Farrukhnaz sortoit du bain & s'habilloit; la nourrice de son côté cessoit de parler, & reprenoit le fil de son discours le jour suivant, lorsque sa maîtresse étoit rentrée dans le bain. C'est de cette manière que Dervis Moclès a fait la division de ses Mille & un Jour. On a suivi cet ordre; mais on a retranché tout ce qui, dans l'original, est devant & après la narration essentielle, parce que cela ne sert qu'à la faire languir & qu'à ennuyer le lecteur, qui, par ce retranchement, lira les Contes sans s'appercevoir qu'ils sont interrompus.

Le lendemain Sutlumemé reprit donc ainsi la parole.

II. JOUR.

LE calife répondit au tailleur : je suis étranger. Je ne connois personne dans cette ville, & vous m'obligerez, si vous voulez me faire conduire chez ce seigneur. Aussi-tôt le tailleur ordonna à un de ses garçons de le mener à l'hôtel d'Aboulcasem : c'étoit une grande maison bâtie de pierres de taille, & dont la porte étoit de marbre jaspé : le prince entra dans la cour où il y avoit une foule de domestiques, tant esclaves qu'affranchis, qui s'amusoient à jouer en attendant les ordres de leur maître. Il aborda l'un d'entr'eux, & lui dit : frère, je voudrois bien que vous priffiez la peine d'aller dire au feigneur Aboulcafem qu'un étranger fouhaite de lui parler.

Le domeftique jugea bien à l'air d'Haroün, que ce n'étoit pas un homme du commun; il courut en avertir fon maître, qui vint jufques dans la cour recevoir l'étranger, qu'il prit par la main & conduifit dans une fort belle falle : là le calife dit au jeune homme qu'il avoit entendu parler de lui fi avantageufement, qu'il n'avoit pu réfifter à l'envie de le voir. Aboulcafem répondit à fon compliment d'une manière fort modefte; & après l'avoir fait affeoir fur un fofa, lui demanda de quel pays & de quelle profeffion il étoit, & où il logeoit à Bafra. Je fuis un marchand de Bagdad, répondit l'empereur, & j'ai pris un logement dans le premier caravanférail que j'ai trouvé en arrivant.

Après quelques momens de converfation, l'on vit entrer dans la falle douze pages blancs chargés de vafes d'agate & de cryftal de roche, enrichis de rubis & pleins de liqueurs exquifes : ils étoient fuivis de douze efclaves fort belles, dont les unes portoient des baffins de porcelaine remplis de fruits & de fleurs, & les autres des boîtes d'or où il y avoit des conferves d'un goût excellent.

Les pages firent l'effai de leurs liqueurs pour

les présenter au calife : ce prince en goûta, & quoiqu'accoutumé aux plus délicieuses de tout l'orient, il avoua qu'il n'en avoit jamais bu de meilleures. L'heure du dîner étant venue sur ces entrefaites, Aboulcasem fit passer son convive dans une autre salle, où ils trouvèrent une table couverte des mets les plus délicats, & servis dans des plats d'or massif.

Le repas fini, le jeune homme prit le calife par la main, & le mena dans une troisième salle plus richement meublée que les deux autres, où l'on apporta une prodigieuse quantité de vases d'or, enrichis de pierreries & pleins de toutes sortes de vins, avec des plats de porcelaine remplis de confitures sèches. Pendant que l'hôte & son convive buvoient des plus excellens vins, il entra des chanteurs & des joueurs d'instrumens, qui commencèrent un concert dont Haroün fut enchanté. J'ai, disoit-il en lui-même, des voix admirables dans mon palais; mais il faut avouer qu'elles ne méritent pas d'entrer en comparaison avec celles-ci. Je ne comprens pas comment un particulier peut avoir assez de bien pour vivre si magnifiquement.

Tandis que ce prince étoit particulièrement attentif à une voix, dont la douceur le ravissoit, Aboulcasem sortit de la salle, & revint un moment après, tenant d'une main une baguette,

& de l'autre un petit arbre, dont la tige étoit d'argent, les branches & les feuilles d'émeraudes, & les fruits de rubis. Il paroissoit au haut de l'arbre un paon d'or bien travaillé, & dont le corps étoit rempli d'ambre, d'esprit d'aloës & d'autres senteurs : il posa cet arbre aux piés de l'empereur, puis frappant de sa baguette la tête du paon, le paon étendit ses aîles, & sa queue se mit à tourner avec beaucoup de vîtesse; & à mesure qu'il tournoit, les parfums dont il étoit plein en sortoient de tous côtés, & embaumoient toute la salle.

Le calife ne pouvoit se lasser de considérer l'arbre & le paon, & il en témoignoit encore son admiration, lorsqu'Aboulcasem les prit & les emporta fort brusquement. Alraschild fut piqué de cette action, & dit en lui-même : Que veut dire ceci ? ce jeune homme, ce me semble, ne sait pas si bien faire les choses que je croyois : il m'ôte cet arbre & ce paon, quand il me voit occupé à les regarder : a-t-il peur que je ne le prie de m'en faire présent ? Je crains que Giafar ne lui ait donné mal-à-propos le titre d'homme généreux.

Cette pensée se présentoit à son esprit, lorsqu'Aboulcasem rentra dans la salle, accompagné d'un petit page aussi beau que le soleil. Cet aimable enfant avoit une robe de brocard d'or,

O jeune homme, que votre sort est digne d'envie !

relevé de perles & de diamans : il tenoit dans fa main une coupe faite d'un feul rubis, & remplie d'un vin couleur de pourpre. Il s'approcha du calife, fe profterna devant lui jufqu'à terre, & lui préfenta la coupe : le prince avança la main pour la recevoir, & l'ayant prife, il la porta à fa bouche ; mais, ô prodige étonnant ! après avoir bu, il s'apperçut en la rendant au page, qu'elle étoit encore toute pleine : il la reprend auffi-tôt, & l'ayant reportée à fa bouche, il la vuide jufqu'à la dernière goutte : il la remet enfuite entre les mains du page, & à l'inftant même il voit qu'elle fe remplit fans que perfonne verfe rien dedans.

A cet objet merveilleux, la furprife d'Haroün fut extrême, & lui fit oublier l'arbre & le paon : il demanda comment cela fe pouvoit faire : feigneur, lui répondit Aboulcafem, c'eft l'ouvrage d'un ancien fage qui poffédoit tous les fecrets de la nature. En achevant ces paroles, il prit le page par la main, & fortit encore de la falle avec précipitation. Le calife en fut indigné : oh ! pour le coup, dit-il, ce jeune homme a perdu l'efprit : il m'apporte toutes ces curiofités fans que je l'en prie ; il les offre à mes yeux, & quand il s'apperçoit que je prens le plus de plaifir à les voir, il me les enlève : il n'y a rien de si ridicule ni de si malhonnête. Ah! Giafar, je vous apprendrai à mieux juger des hommes!

Il ne savoit que penser du caractère de son hôte, ou plutôt il commençoit à n'en avoir pas bonne opinion, lorsqu'il le vit rentrer pour la troisième fois, suivi d'une demoiselle toute couverte de perles & de pierreries, & plus parée encore de sa beauté que de ses ajustemens. Le calife, à la vue d'un si bel objet, demeura saisi d'étonnement : elle lui fit une profonde révérence, & acheva de le charmer en s'approchant de lui : il la fit asseoir : en même-tems Aboulcasem demanda un luth tout accordé : on lui en apporta un composé de bois d'aloès, d'ivoire, de bois de sandal & d'ébène : il donna cet instrument à la belle esclave, qui en joua si parfaitement, qu'Haroün qui s'y connoissoit, s'écria dans l'excès de son admiration : ô jeune homme, que votre sort est digne d'envie ! les plus grands rois du monde, le commandeur des croyans même n'est pas si heureux que vous.

D'abord qu'Aboulcasem remarqua que son convive étoit enchanté de la demoiselle, il la prit aussi par la main & la mena hors de la salle.

II. JOUR.

III. JOUR.

CE fut une nouvelle mortification pour le calife. Peu s'en fallut qu'il n'éclatât; mais il se contraignit, & son hôte étant revenu dans le moment, ils continuèrent à se réjouir jusqu'au coucher du soleil : alors Haroün dit au jeune homme : ô généreux Aboulcasem, je suis confus du traitement que vous m'avez fait; permettez-moi de me retirer, & de vous laisser en repos. Le jeune homme de Basra qui ne vouloit point le gêner, lui fit la révérence d'un air gracieux, & sans s'opposer à son dessein, le conduisit jusqu'à la porte de son hôtel, en lui demandant pardon de ne l'avoir pas reçu aussi magnifiquement qu'il le méritoit.

Je conviens, disoit le calife en retournant au caravanserail, que pour la magnificence, Aboulcasem est au-dessus des rois; mais pour la générosité, mon visir n'a pas raison de le mettre en parallèle avec moi; car enfin, m'a-t-il fait le moindre présent? je me suis pourtant récrié sur la beauté de l'arbre, sur la coupe, sur le page & sur la demoiselle; & mon admiration devoit du moins l'engager à m'offrir quelqu'une de ces choses. Non, cet homme-là n'a que de l'ostenration : il se fait un plaisir d'étaler ses richesses aux yeux des étrangers : pourquoi ? pour contenter seulement son orgueil & sa vanité. Dans le fond, ce n'est qu'un avare, & je ne dois point pardonner à Giafar de m'avoir menti.

En faisant ces réflexions si désagréables pour son premier ministre, il arrive au caravanserail ; mais quel fût son étonnement d'y trouver des tapis de soie, des tentes magnifiques, des pavillons, un grand nombre de domestiques, tant esclaves qu'affranchis, des chevaux, des mulets, des chameaux, & outre tout cela, l'arbre & le paon, le page avec sa coupe, & la belle esclave avec son luth.

Les domestiques se prosternèrent devant lui, & la demoiselle lui présenta un rouleau de papier de soie, qu'il déplia, & qui contenoit ces mots : *ô cher & aimable convive que je ne connois point : je n'ai peut-être pas eu pour vous tous les égards que je vous devois : je vous supplie d'avoir la bonté d'oublier les fautes que j'ai commises en vous recevant, & de ne me pas faire l'affront de refuser les petits présens que je vous envoie : pour l'arbre, le paon, le page, la coupe & l'esclave, ils étoient à vous déjà, puisqu'ils vous avoient plu ; car une chose qui plaît à mes convives cesse d'être à moi, & devient leur propre bien.*

Quand le calife eut achevé de lire cette lettre, il fut surpris de la libéralité d'Aboulcasem, & convenant alors qu'il avoit mal jugé de ce jeune homme : mille millions de bénédictions, s'écria-t-il, soient données à Giafar ! il est cause que je suis désabusé. Ah ! Haroün, ne te vante plus d'être le plus magnifique & le plus généreux de tous les hommes ; un de tes sujets l'emporte sur toi. Mais ajouta-t-il, en se reprenant, comment un simple particulier peut-il faire de pareils présens ? Je devois bien lui demander où il a trouvé tant de richesses : je confesse que j'ai tort de ne l'avoir point interrogé là-dessus : je ne veux pas m'en retourner à Bagdad sans avoir approfondi cette affaire ; aussi-bien il m'importe de savoir pourquoi dans les états qui sont sous ma puissance, il y a un homme qui mène une vie plus délicieuse que moi : il faut que je le revoie, & que je l'engage adroitement à me découvrir par quels moyens il a pu faire une fortune si prodigieuse.

Impatient de satisfaire sa curiosité, il laissa dans le caravanserail ses nouveaux domestiques, & retourna chez le jeune homme à l'heure même ; & le voyant seul avec lui : O trop aimable Aboulcasem, lui dit-il, les présens que vous m'avez faits sont si considérables, que je crains de pouvoir les accepter sans abuser de votre générosité.

Permettez que je vous les renvoie, & que, charmé de la réception que vous m'avez faite, j'aille publier à Bagdad votre magnificence & votre penchant généreux.

Seigneur, lui répondit le jeune homme d'un air mortifié, vous avez fans doute fujet de vous plaindre du malheureux Aboulcafem. Il faut que quelqu'une de fes actions vous ait déplu, puifque vous rejetez fes préfens. Vous ne me feriez pas cette injure, fi vous étiez content de moi. Non, répliqua le prince, le ciel m'en eft témoin, je fuis enchanté de votre politeffe; mais vos préfens font trop précieux. Ils furpaffent ceux des rois, & fi j'ofe dire ce que je penfe, vous devriez moins prodiguer vos richeffes, & faire réflexion qu'elles peuvent s'épuifer.

Aboulcafem fourit à ces paroles, & repartit au calife : Seigneur, je fuis bien aife d'apprendre que ce n'eft point pour me punir d'avoir commis quelque faute à votre égard, que vous voulez refufer mes préfens ; &, pour vous obliger à les recevoir, je vous dirai que j'en puis faire tous les jours de femblables, & même de plus grands, fans m'incommoder. Je vois bien, ajouta-t-il, que ce difcours vous étonne; mais vous cefferez d'en être furpris, quand je vous aurai conté toutes les aventures qui me font arrivées. Il faut que je vous faffe cette confidence. En difant cela, il conduisit Haroün dans une salle mille fois plus ornée & plus riche que les autres. Plusieurs cassolettes très-douces la parfumoient, & l'on y voyoit un trône d'or avec de riches tapis de pié. Alraschild ne pouvoit se persuader qu'il fût dans la maison d'un particulier; il croyoit être chez un prince plus puissant que lui-même. Le jeune homme le fit monter sur le trône, s'assit à ses côtés, & commença de cette manière l'histoire de sa vie.

IV. JOUR.

JE suis fils d'un joaillier du Caire, nommé Abdelaziz. Il possédoit tant de richesses, que, craignant d'armer contre lui l'envie ou l'avarice du sultan d'Egypte, il quitta son pays, & vint s'établir à Basra, où il épousa la fille unique du plus riche marchand de la ville.

Je suis le seul fruit de ce mariage; de sorte que jouissant de tous les biens de mon père & de ceux de ma mère après leur mort, j'avois une fortune très-brillante. Mais j'étois fort jeune; j'aimois la dépense; & me voyant de quoi exercer mon humeur libérale, ou pour mieux dire ma prodigalité, je vivois avec tant de profusion, qu'en moins de deux ou trois ans mon patrimoine se trouva dissipé. Alors, comme tous ceux qui se repentent de leur mauvaise conduite, je fis les plus belles réflexions du monde.

Après la figure que j'avois faite à Basra, je crus devoir en sortir pour aller traîner ailleurs des jours malheureux. Il me sembla que ma misère me seroit plus supportable devant les yeux étrangers. Je vendis ma maison, le seul bien qui me restoit. Je me joignis à une caravane de marchands, avec lesquels j'allai à Mousel, ensuite à Damas ; & traversant le désert d'Arabie & le Mont-Pharan, j'arrivai au grand Caire.

La beauté des maisons & la magnificence des mosquées me surprirent ; & me représentant tout-à-coup que j'étois dans la ville où Abdelaziz avoit pris naissance, je ne pus m'empêcher de soupirer & de répandre quelques larmes. O! mon père, disois-je en moi-même, si vous viviez encore, & que dans le lieu où vous avez joui d'un sort digne d'envie, vous vissiez votre fils dans une situation déplorable, quelle seroit votre douleur !

Occupé de cette pensée qui m'attendrissoit, j'arrivai en me promenant sur les bords du Nil. J'étois derrière le palais du sultan. Il parut à une fenêtre une jeune dame, dont la beauté me frappa : Je m'arrêtai pour la regarder. Elle s'en apperçut & se retira. Comme la nuit approchoit,

& que je ne m'étois point encore assuré un logement, j'en allai chercher un dans le voisinage.

Je pris peu de repos; les traits de la jeune dame s'offroient sans cesse à mon esprit. Je sentois bien que je l'aimois déja. Plût à Dieu, disois-je, que je ne l'eusse pas vue, ou qu'elle ne m'eût point remarqué! je n'aurois pas conçu pour elle un amour insensé, ou j'aurois eu le plaisir de la regarder plus long-tems.

Je ne manquai pas le lendemain de me rendre sous ses fenêtres dans l'espérance de la revoir. Mais je fus trompé dans mon attente. Elle ne se montra point. Cela m'affligea fort, sans pourtant me rebuter; car j'y retournai le jour suivant, & je fus plus heureux. La dame parut, & voyant que je la considérois avec attention: Insolent, me dit-elle, ne sais-tu pas qu'il est défendu aux hommes de s'arrêter sous les fenêtres de ce palais? Retire-toi promptement. Si les officiers du sultan te surprennent en cet endroit, ils te feront mourir.

Au lieu d'être épouvanté de ces paroles, & de prendre la fuite, je me prosternai le visage contre terre, puis m'étant relevé : madame, lui dis-je, je suis un étranger : j'ignore les coutumes du Caire, & quand je les saurois, votre beauté m'empêcheroit de les observer. Ah! téméraire, s'écria-t-elle, crains que je n'appelle ici des esclaves pour punir ton audace. En parlant de cette sorte, elle disparut, & je crus qu'indignée de ma hardiesse, elle alloit effectivement appeler du monde pour me maltraiter.

Je m'attendois à voir venir fondre sur moi des gens armés; mais plus touché de la colère de la dame que de ses menaces, j'étois insensible au péril où je me trouvois : je regagnai lentement ma maison. Que cette nuit fut cruelle pour moi! une ardente fièvre, causée par l'agitation de mon amour, vint échauffer mon sang, & me causa d'affreuses rêveries.

Cependant l'envie de revoir la dame, & l'espérance d'en être regardé plus favorablement, quoique je n'eusse pas lieu de m'y attendre, calmèrent mes transports. Entraîné par ma folle passion, je courus encore le lendemain sur les bords du Nil, & me plaçai au même endroit que les jours précédens.

La jeune dame se montra dès qu'elle m'apperçut; mais elle avoit l'air si fier, que j'en fus effrayé. Quoi! misérable, me dit-elle, après les menaces que j'ai t'ai faites, tu peux revenir dans ces lieux? fuis loin de ce palais : je veux bien t'avertir encore par pitié, que ta perte est certaine, si tu ne disparois en ce moment. Qui peut te retenir, ajouta-t-elle un moment après, voyant que je ne m'en allois point ? Tremble, jeune audacieux : la foudre eſt prête à tomber ſur toi.

A ce diſcours, qui ſans doute auroit perſuadé un homme moins épris que moi, au lieu de m'éloigner de la dame, je la regardois d'un air tendre, & lui répondis : belle dame, croyez-vous qu'un malheureux qui s'eſt laiſſé charmer, & qui vous adore ſans eſpérance, puiſſe craindre la mort ? hélas ! j'aime mieux perdre la vie, que de ne pas vivre pour vous. Hé bien, reprit-elle, puiſque tu es ſi opiniâtre, va paſſer le reſte de la journée dans la ville, & reviens cette nuit ſous mes fenêtres. A ces mots elle diſparut avec précipitation, & me laiſſa rempli d'étonnement, d'amour & de joie.

Si juſques-là j'avois été rebelle au commandement rigoureux que la dame me faiſoit de m'en aller, vous pouvez bien penſer que je m'y ſoumis alors fort volontiers : la nouvelle circonſtance qu'on y ajoutoit en adouciſſoit la rigueur. Dans l'attente des plaiſirs que je me promettois, j'oubliois mes malheurs : je ne dois plus, diſois-je, me plaindre de la fortune; elle me devient plus favorable qu'elle ne m'a été contraire : je me retirai chez moi, où je m'occupai à me parer & à me parfumer.

Quand la nuit fut venue, & que je jugeai qu'il étoit tems d'aller où mon amour m'appeloit, je m'y rendis dans l'obſcurité : je trouvai à une fenêtre de l'appartement de la dame, une corde suspendue, je m'en servis pour y monter : je traversai deux chambres pour gagner une troisième qui étoit magnifiquement meublée, & au milieu de laquelle il y avoit un trône d'argent.

Je fis peu d'attention aux meubles précieux & à toutes les choses qu'on y voyoit : la dame seule attira mes regards. Ah ! seigneur, que d'attraits ! soit que la nature l'eût formée pour montrer aux hommes qu'elle sait, quand il lui plaît, faire un ouvrage parfait ; soit que trop prévenu pour elle, mon imagination charmée, dérobât ses défauts à mes yeux, je fus enchanté de sa beauté.

Elle me fit monter sur le trône, s'assit auprès de moi, & me demanda qui j'étois. Je lui contai mon histoire avec beaucoup de sincérité : je m'apperçus qu'elle l'écoutoit fort attentivement : elle me parut même touchée de la situation où la fortune m'avoit réduit ; & cette pitié qui marquoit un cœur généreux, acheva de me rendre le plus amoureux de tous les hommes. Madame, lui dis-je, quelque malheureux que je sois, je cesse d'être à plaindre, puisque vous êtes sensible à mes malheurs.

V. JOUR.

INSENSIBLEMENT nous nous engageâmes dans un tendre entretien qu'elle soutint avec beaucoup d'esprit, & elle m'avoua que si j'avois été frappé de sa vue, de son côté elle n'avoit pu se défendre d'avoir de l'attention pour moi. Puisque vous m'avez appris qui vous êtes, poursuivit-elle, je ne veux point que vous ignoriez qui je suis.

Je me nomme Dardané. J'ai pris naissance dans la ville de Damas. Mon père étoit un des visirs du prince qui y règne aujourd'hui, & s'appeloit Behrouz. Comme la gloire de son maître & le bien de l'état faisoient la règle de toutes ses actions, il eut pour ennemis tous ceux qui avoient d'autres principes, & ces ennemis le perdirent dans l'esprit du roi. L'infortuné Behrouz, après plusieurs années de service, fut écarté de la cour. Il se retira dans une maison qu'il avoit aux portes de la ville, où il se donna tout entier à mon éducation. Mais, hélas ! il n'eut pas le plaisir de recueillir le fruit de ses peines, il mourut que je n'étois pas encore sortie de l'enfance.

Ma mère ne le vit pas plutôt mort, qu'elle

fit de l'argent comptant de tous ses effets ; & cette misérable femme, après m'avoir vendue à un marchand d'esclaves, partit pour les Indes avec un jeune homme qu'elle aimoit. Cependant le marchand d'esclaves m'amena au Caire avec plusieurs autres filles qu'il avoit achetées. Il nous habilla toutes magnifiquement ; & quand il nous crut en état d'être présentées au sultan d'Egypte, il nous conduisit dans ce palais, & nous fit entrer dans une grande salle où le sultan étoit assis sur son trône.

Nous passâmes toutes l'une après l'autre devant ce prince, qui parut charmé de ma vue. Il descendit de son trône, & s'étant approché de moi : Qu'elle est bien faite, s'écria-t-il ! quels yeux ! quelle bouche ! Mon ami, continua-t-il, en s'adressant au marchand, depuis que tu me vends des esclaves, tu ne m'en as jamais amené une de la beauté de celle-ci. Non, rien n'est comparable à cette jeune personne. Demande ce que tu voudras pour elle ; je ne puis assez te payer un objet si charmant. Enfin, le prince transporté de joie & déjà fort amoureux, fit donner une grosse somme au marchand, & le renvoya avec ses autres esclaves. Il appela ensuite le chef de ses eunuques : Keykabir, lui dit-il, conduis ce soleil dans un appartement séparé. Keykabir obéit, & m'amena dans celui-ci, qui est le plus riche du palais. Je n'y fus pas plutôt rendue, que plusieurs esclaves, jeunes & vieilles, y entrèrent. Les unes m'apportèrent des habits magnifiques, les autres des rafraîchissemens, & les autres avoient des luths, dont elles jouoient assez bien. Elles me dirent toutes qu'elles m'étoient envoyées par le sultan; que ce prince les destinoit à me servir, & qu'elles n'épargneroient rien pour s'en bien acquitter.

Je reçus bientôt une visite du sultan. Il me déclara son amour dans les termes les plus vifs; & les réponses naïves que je faisois à des discours si nouveaux pour moi, au-lieu de déplaire à ce prince, irritoient sa passion. Enfin, me voilà devenue sultane favorite. Toutes les esclaves qui se croyoient assez belles pour mériter ma place, en furent très-jalouses; & vous ne sauriez vous imaginer tous les moyens qu'elles mettent en usage depuis trois ans pour me détruire. Mais je me tiens si bien sur mes gardes, que leur malice a été inutile jusqu'ici. Ce n'est pas que je sois contente de mon sort; car je ne puis aimer le sultan, & je ne suis point assez ambitieuse pour être éblouie des honneurs qu'on me rend. Je suis seulement piquée de tous les efforts que mes rivales font pour me perdre, & je veux qu'elles en aient le démenti. Vous devez pardonner cela à une femme.

Leurs chagrins, pourſuivit-elle, me font donc plus de plaiſir que l'amour du ſultan. Il faut pourtant avouer que ce prince eſt aimable ; mais ſoit qu'il ne dépende pas de nous d'aimer, ſoit que la conquête de mon cœur vous fût réſervée, vous êtes le premier homme qui ſe ſoit attiré mes regards. Pour répondre à un aveu ſi obligeant, & qui me ſembloit augmenter le prix de ma bonne fortune, je promis à la jeune dame un amour immortel ; & je la preſſai de ne pas différer plus long-tems mon bonheur. Mes diſcours paſſionnés l'attendrirent : mais la fortune ſe plaît à préſenter aux malheureux des eſpérances trompeuſes, & mon aſtre ennemi n'avoit pas encore répandu ſur moi toute ſa mauvaiſe influence. Dans le moment que la belle Dardané, rendue aux preſſantes inſtances de ma tendreſſe, alloit combler mes déſirs, on vint frapper à la porte de la chambre aſſez rudement. Nous en fûmes effrayés l'un & l'autre. O ciel ! me dit la dame tout bas, on m'a trahie : nous ſommes perdus ! c'eſt le ſultan lui-même !

Si la corde dont je m'étois ſervi pour monter eût été attachée à une fenêtre de la chambre où nous étions, j'aurois pu facilement me ſauver; mais elle étoit à une fenêtre de la chambre même où se trouvoit alors le sultan. De sorte que prenant le seul parti qui me restoit, je me cachai sous le trône, & Dardané alla ouvrir la porte.

VI. JOUR.

Le sultan, suivi de plusieurs eunuques noirs qui portoient des flambeaux, entra d'un air furieux. Malheureuse, s'écria-t-il, quel homme est ici avec toi? On en a vu monter un à une fenêtre de cet appartement, & la corde y est encore attachée. La dame demeura interdite à ces paroles. Elle ne put répondre un seul mot; & quand elle auroit osé payer de hardiesse, son effroi ne la condamnoit que trop. Qu'on cherche par-tout, ajouta le sultan, & que le téméraire n'échappe point à ma vengeance. Les eunuques obéirent. Ils m'eurent bientôt découvert. Ils m'arrachèrent de dessous le trône, & me traînèrent jusqu'aux piés de leur maître, qui me dit: O misérable! quelle est ton audace? La ville du Caire n'a-t-elle point assez de femmes pour toi, & ne devois-tu pas respecter mon palais?

Je n'étois pas moins épouvanté que la favorite.

Peu s'en fallut même que je ne tombasse évanoui. Je crois que si la même aventure vous arrivoit à Bagdad, & que vous vous trouvassiez surpris par le grand Haroün-Alraschild dans son sérail, (pardonnez-moi, seigneur, cette réflexion), vous ne seriez peut-être pas dans un autre état. Je n'eus donc pas la force de parler. J'étois à genoux devant le sultan, & je n'attendois que la mort. Ce prince tira son sabre pour me la donner ; mais dans le tems qu'il m'alloit frapper, il arriva une vieille dame mulâtre qui l'en empêcha. Qu'allez-vous faire, seigneur ? lui dit-elle, ne frappez point ces misérables ; ne souillez pas votre main d'un sang si abject. Ils sont indignes même que la terre reçoive leurs cadavres, puisqu'ils ont eu l'insolence, l'un de vous manquer de respect, & l'autre de vous trahir. Ordonnez qu'on les jete tous deux dans le Nil, & qu'ils servent de pâture aux poissons. Le sultan suivit ce conseil, & les eunuques nous précipitèrent dans le Nil par les fenêtres d'une tour, dont ce fleuve battoit les murs.

Quoiqu'étourdi de ma chûte, comme je sais fort bien nager, je gagnai le rivage opposé au palais. Echappé d'un si grand péril, je rappellai le souvenir de la jeune dame, que la peur de mourir m'avoit fait oublier ; & l'amour à
son

son tour triomphant de la crainte de la mort, je rentrai dans le Nil avec plus d'ardeur que je n'en étois sorti; j'en suivis le cours en nageant, & autant que l'obscurité de la nuit me pouvoit permettre de discerner les objets, je tâchois de découvrir sur l'eau le corps de la dame infortunée dont je causois la perte; mais je ne l'apperçus point, & sentant que mes forces commençoient à s'affoiblir, je fus obligé de regagner la terre pour conserver une vie que j'exposois inutilement.

Je ne pouvois douter que la favorite n'eût perdu la sienne, & j'étois inconsolable d'avoir sa mort à me reprocher. Je pleurois amèrement. Hélas! disois-je, sans moi, sans mon funeste amour, Dardané, la belle Dardané vivroit encore! Hé, pourquoi suis-je venu au Caire? Pourquoi, n'ignorant pas que les malheurs sont contagieux, ai-je recherché la tendresse d'une si charmante personne? Pénétré de douleur de me voir la cause de son infortune, & le séjour du Caire me devenant odieux après cette aventure, je pris la route de Bagdad.

Après quelques jours de chemin, j'arrivai un soir au pié d'une montagne, derrière laquelle il y avoit une assez grande ville. Je m'assis au bord d'un ruisseau pour me reposer, & je résolus de passer la nuit en cet endroit. Le sommeil se rendit maître de mes sens, & déjà les premiers rayons du jour étoient prêts à paroître, lorsque j'entendis à quelques pas de moi des plaintes & des gémissemens qui me réveillèrent. Je prêtai une oreille attentive, & il me sembla que ces plaintes étoient d'une femme qu'on maltraitoit. Je me levai aussi-tôt, & m'avançant du côté qu'elles partoient, j'apperçus un homme qui faisoit une fosse avec une pioche.

Je me cachai dans un buisson pour l'observer. Je remarquai qu'ayant fait la fosse, il mit dedans quelque chose qu'il couvrit de terre, & qu'ensuite il s'en alla. Le jour étant venu presque dans le moment, je m'approchai pour voir ce que c'étoit. Je remuai la terre, & trouvai un grand sac de toile tout ensanglanté, dans lequel il y avoit une jeune fille qui paroissoit rendre les derniers soupirs. Ses habits, quoique couverts de sang, ne laissèrent pas de me faire juger que ce devoit être une personne de qualité. Quelle cruelle main, m'écriai-je, saisi d'horreur & de compassion, quel barbare a pu maltraiter cette jeune personne ? Le ciel veuille punir cet assassin !

La dame que je croyois sans connoissance, entendit ces paroles, & me dit : O musulman, sois assez charitable pour me secourir. Si tu aimes ton Créateur, donne moi une goutte d'eau pour appaiser la soif qui me dévore, & pour soulager ma vive douleur. Je courus aussi-tôt à la fontaine, & remplis mon turban d'eau que je lui portai. Elle en but, & puis ouvrant les yeux elle me regarda.

O jeune homme, me dit-elle, qui viens si à propos à mon secours, tâche d'arrêter mon sang. Je ne crois pas mes plaies mortelles. Sauve-moi la vie, tu ne t'en repentiras pas.

Je déchirai mon turban & une partie de ma veste; & quand j'eus bandé ses plaies. Pousse la charité jusqu'au bout, me dit-elle, porte moi dans la ville, & me fais panser. Belle dame, lui répondis-je, je suis un étranger; je ne connois personne dans cette ville. Si l'on me demande par quelle aventure je me trouve chargé d'une fille assassinée, que faudra-t-il que je réponde? Dis que je suis ta sœur, repartit-elle, & ne te mets point en peine du reste.

Je pris la dame sur mon dos; je la portai dans la ville, & j'allai loger dans un caravan-sérail où je lui fis préparer un lit. J'envoyai chercher un chirurgien qui la pansa, & qui assura que ses blessures n'étoient point dangereuses. En effet, elle fut guérie au bout d'un mois. Pendant qu'elle étoit convalescente, elle demanda du papier & de l'encre. Elle écrivit une lettre, & me la mettant entre les mains;

va, me dit-elle, au lieu où s'assemblent les marchands, demande Mahyar, présente-lui ma lettre, prends ce qu'il te donnera, & reviens.

Je portai la lettre à Mahyar. Il la lut avec beaucoup d'attention, la baisa fort respectueusement, & la mit sur sa tête. Il tira ensuite deux grosses bourses pleines de sequins d'or qu'il me donna. Je les pris, & revins trouver la dame, qui me chargea de louer une maison. J'en louai une, & nous allâmes tous deux y loger. Sitôt que nous y fûmes arrivés, elle écrivit une seconde lettre à Mahyar, qui me donna quatre bourses remplies de pièces d'or. J'achetai, par ordre de la dame, des habits pour elle & pour moi, avec quelques esclaves pour nous servir.

VII. JOUR.

Je passois dans le quartier pour frère de la dame, & je vivois avec elle comme si je l'eusse été véritablement, quoique ce fût une fort belle personne. Datdané occupoit sans cesse ma pensée, & loin de me livrer à de nouvelles amours, je voulus plus d'une fois quitter la dame; mais elle me pricit de ne la point abandonner. Attends, jeune homme, me difoit-elle, j'ai encore befoin de toi pour quelque tems : je t'apprendrai bientôt qui je fuis, & je prétends bien reconnoître les fervices que tu m'as rendus.

Je demeurois donc toujours avec elle, & je faifois par pure générofité tout ce qu'elle exigeoit de moi. Quelqu'envie que j'euffe de favoir pourquoi elle avoit été affaffinée, il ne me fut pas poffible de l'engager à me le dire : j'avois beau lui donner fouvent occafion de me conter fon hiftoire, elle gardoit là-deffus un profond filence, au-lieu de fatisfaire ma curiofité.

Va, me dit-elle un jour, en me préfentant une bourfe pleine de fequins, va trouver un marchand nommé Namahran : dis-lui que tu veux acheter de belles étoffes : il t'en montrera de plufieurs fortes ; choifis-en quelques pièces, & les lui paye fans marchander : fais-lui enfuite bien des civilités, & apporte-moi les étoffes. Je m'informai de la demeure de Namahran ; on me l'enfeigna. Il étoit affis dans fa boutique : je vis un jeune homme de fort belle taille, qui avoit de petits cheveux crépus & plus noirs que du jais : il avoit de beaux pendans d'oreilles & de gros diamans à tous fes doigts : je m'affis auprès de lui : je demandai des étoffes ; il m'en fit voir plufieurs pièces ; j'en choifis trois ; il y mit le prix : je lui comptai de l'argent : je me levai, &

après avoir pris congé de lui fort civilement, je fis emporter les étoffes par une esclave qui me suivoit.

Deux jours après, la dame me donna encore une bourse, & me dit de retourner chez Namahran pour y acheter d'autres étoffes ; mais souvenez-vous, ajouta-t-elle, qu'il ne faut point marchander : quelque chose qu'il vous demande, ne manquez pas de le lui donner. D'abord que ce marchand me vit revenir chez lui, & qu'il sut ce qui m'amenoit, il étala devant moi ses plus riches étoffes : je m'arrêtai à celles qui me plurent ; & quand il fut question de payer, je jetai ma bourse, en disant à Namahran de prendre ce qu'il voudroit. Il fut charmé de ce procédé : noble seigneur, me dit-il, ne pourriez vous pas un jour me faire l'honneur de venir dîner chez moi ? Très-volontiers, lui répondis-je, & ce sera dès demain, si vous le souhaitez : le marchand me témoigna que je lui ferois beaucoup de plaisir.

Quand j'appris à la dame que Namahran m'avoit invité à dîner chez lui, elle en parut transportée de joie. Ne manquez pas d'y aller, dit-elle, & de le prier aussi de venir ici demain. Dites-lui que vous voulez le régaler à votre tour : j'aurai soin de faire préparer un festin. Je ne savois ce que je devois penser des mouvemens de joie qu'elle laiſſoit éclater : je voyois bien qu'elle avoit quelque deſſein ; mais j'étois fort éloigné de le pénétrer : je me rendis donc le lendemain chez le marchand, qui me reçut & me traita parfaitement bien. Avant de nous ſéparer, je lui appris ma demeure, & lui dis que le jour ſuivant je voulois auſſi lui donner à dîner.

Il ne manqua pas de me venir trouver : nous nous mîmes tous deux à table, & nous paſsâmes toute la journée à boire des meilleurs vins : la dame ne voulut point être de la partie ; elle eut même grand ſoin de ſe tenir cachée pendant le repas. Comme elle m'avoit fort recommandé d'amuſer le marchand, & de ne pas ſouffrir qu'il s'en retournât chez lui cette nuit, je l'arrêtai le ſoir malgré toutes les inſtances qu'il me put faire pour que je lui permiſſe de s'en aller : nous continuâmes de boire, & nous fîmes la débauche juſqu'à minuit : alors je le menai dans une chambre où il y avoit un lit préparé : je l'y laiſſai & me retirai dans la mienne : je me couchai & m'endormis ; mais je ne goûtai pas long-tems la douceur du ſommeil ; la dame vint bien-tôt me réveiller : elle tenoit un flambeau d'une main, & de l'autre un poignard : jeune homme, me dit-elle, leve-toi, viens voir ton convive baigné dans ſon perfide ſang.

Je me levai plein d'horreur à ces paroles ; je m'habille à la hâte ; je suis la dame dans la chambre du marchand, & voyant le misérable étendu sans vie sur son lit : ah ! cruelle, m'écriai-je, qu'avez-vous fait ? avez-vous pu commettre une action si noire ? & pourquoi m'avez-vous fait servir d'instrument à votre fureur ? Jeune étranger, me dit-elle, ne sois point fâché d'avoir contribué à me venger de Namahran : c'étoit un traître : tu ne le plaindras pas quand tu sauras son crime, ou plutôt quand tu apprendras qu'il est l'auteur de mon infortune que je vais te raconter.

Je suis, poursuivit-elle, fille du roi de cette ville. Un jour que j'allois aux bains publics, j'apperçus Namahran dans sa boutique : j'en fus frappée, & malgré moi son image s'offroit toujours à mon esprit : je sentis que je l'aimois : je combattis d'abord mes sentimens : je m'en représentai l'indignité, & je crus que je les vaincrois par mes réflexions ; mais je me trompois, l'amour l'emporta sur ma fierté : je devins inquiète, languissante, & mon mal s'augmentant de moment en moment, je tombai dans une maladie dont je serois morte infailliblement, si ma gouvernante, qui se connoissoit mieux à mes symptomes que les médecins, n'en eût pénétré la cause. Elle m'engagea fort adroitement à lui avouer que ses conjectures n'étoient pas fausses : je lui contai de quelle manière j'avois conçu mon malheureux amour ; & elle jugea, par ce que je lui dis, que j'étois follement éprise de Namahran.

Elle fut touchée de l'état où je me trouvois, & elle promit de soulager mes peines : en effet, une nuit elle fit entrer dans le sérail le jeune marchand sous des habits de fille, & me l'amena dans mon appartement. Outre la joie de le voir, j'eus le plaisir de remarquer qu'il étoit charmé de son bonheur. Après l'avoir tenu enfermé dans un cabinet pendant plusieurs jours, ma gouvernante le fit sortir du sérail aussi heureusement qu'elle l'y avoit introduit, & de tems en tems il y revenoit sous le même déguisement.

VIII. JOUR.

IL me prit fantaisie d'aller voir à mon tour Namahran : je me faisois un plaisir de le surprendre, ne doutant point que cette démarche qui lui prouvoit l'excès de ma passion, ne lui fût très-agréable. Je sortis toute seule une nuit du palais par des détours qui m'étoient connus, & je me rendis à sa maison. J'eus peu de peine à la trouver, parce que je l'avois bien remarquée en allant aux bains & en revenant. Je frappai à la porte, un esclave vint ouvrir, & me demanda qui j'étois, & ce que je voulois? Je suis, lui répondis-je, une jeune dame de la ville, & je voudrois parler à ton maître. Il est en compagnie, reprit l'esclave: il s'entretient en ce moment avec une autre dame; revenez demain.

A ce mot de dame, je me sentis saisir d'un mouvement de jalousie qui me mit hors de moi-même: je devins furieuse: au lieu de me retirer, j'entre brusquement dans la maison; &, m'avançant dans une salle où il y avoit de la lumière & tout l'appareil d'un festin, j'apperçois le marchand à table avec une jeune fille assez belle: ils buvoient tous deux, & chantoient des chansons tendres & passionnées: je ne pus retenir ma colère à ce spectacle: je me jetai sur la jeune fille, & lui donnai mille coups; je lui aurois ôté la vie, si elle n'eût pas trouvé moyen de m'échapper: je ne m'en pris pas seulement à ma rivale; dans le transport qui m'agitoit, je n'épargnai point Namahran.

Il se jeta d'abord à mes genoux, me demanda pardon, & me jura qu'il ne me trahiroit plus. Il m'appaisa. Je me rendis à ses sermens & à ses soumissions. Il m'engagea même à boire avec lui, & fit si bien qu'il m'enivra. Quand il me vit dans cet état, le traître me frappa de plusieurs coups de coûteau. Je tombai sans sentiment. Il me crut morte. Il me mit dans un grand sac de toile, & me porta lui-même sur son dos hors de la ville, jusqu'à l'endroit où tu m'as trouvée. Pendant qu'il me creusoit un tombeau, j'ai repris mes esprits, & poussé quelques plaintes; mais bien loin d'en être attendri, & de se montrer du moins assez pitoyable pour achever de me donner la mort avant que de me mettre en terre, le barbare se faisoit un plaisir de m'enterrer toute vive.

Pour Mahyar, continua-t-elle, cet autre marchand à qui tu as porté des lettres de ma part, c'est le marchand du sérail. Je lui ai fait savoir que j'avois besoin d'argent, & lui ai mandé mon aventure, en le priant de la tenir secrète, jusqu'à ce que j'eusse goûté le plaisir d'une pleine vengeance. O, jeune homme, voilà mon histoire. Je n'ai pas voulu te l'apprendre plutôt, de peur que tu ne te fisses un scrupule de m'amener ici ma victime. Je ne crois pas que tu désapprouves présentement ma généreuse action; & pour peu que tu sois ennemi des cœurs perfides, tu dois me louer d'avoir eu le courage de percer celui de Namahran. Aussi-tôt qu'il sera jour, ajouta-t-elle, nous irons ensemble au palais. Le roi mon père m'aime passionnément. Je lui confesserai ma faute. J'espère qu'il me la pardonnera, & j'ose te promettre qu'il te comblera de bienfaits.

Non, madame, dis-je alors à la princeſſe; je ne demande rien pour vous avoir ſauvée. Le ciel m'eſt témoin que je ne m'en repens pas; mais, je vous l'avoue, je ſuis au déſeſpoir d'avoir ſi bien ſervi votre reſſentiment. Vous avez abuſé de ma complaiſance, en me faiſant contribuer à une trahiſon. Vous deviez plutôt m'obliger à vous venger noblement. J'aurois volontiers expoſé ma vie pour vous. Enfin, ſeigneur, quoique je trouvaſſe Namahran juſtement puni, j'avois tant de regret de l'avoir moi-même conduit à la mort, que j'abandonnai ſur le champ la dame, & mépriſai ſes promeſſes. Je ſortis de la ville avant le jour, & j'apperçus, ſi-tôt qu'il parut, une caravanne de marchands, qui étoit campée dans une prairie : je la joignis ; & comme elle alloit à Bagdad, où j'avois envie de me rendre, je partis avec elle.

J'y arrivai heureuſement ; mais je me trouvai bientôt dans une ſituation fort triſte. J'étois ſans argent, & il ne me reſtoit de toute ma fortune paſſée qu'un ſequin d'or. Je m'aviſai de le changer en aſpres. J'en achetai des pommes de ſenteurs, des dragées, des baumes & des roſes. J'allois tous les jours chez un marchand de Fyquaa (*a*), où pluſieurs ſeigneurs & autres perſon-

───────────

(*a*) Boiſſon compoſée d'orge, d'eau & de raiſin de paſſe.

nes avoient coutume de s'aſſembler pour s'entretenir enſemble. Je leur préſentois dans une corbeille ce que j'avois acheté. Chacun prenoit ce qu'il vouloit, & ne manquoit pas de me donner quelque argent. Si bien que ce petit commerce me fourniſſoit de quoi vivre commodément.

Un jour que je préſentois des fleurs, comme à l'ordinaire, chez le marchand de Fyquaa, il y avoit dans un coin de la ſalle un vieillard auquel je ne prenois pas garde, & qui voyant que je ne m'adreſſois point à lui, m'appela : Mon ami, me dit-il, d'où vient que tu ne m'offres point ta marchandiſe auſſi-bien qu'aux autres ? Ne me comptes-tu point parmi les honnêtes gens ? ou t'imagines-tu que je n'ai rien dans ma bourſe ? Seigneur, lui répondis-je, je vous prie de m'excuſer ; je ne vous voyois pas, je vous aſſure. Tout ce que j'ai eſt à votre ſervice, & je ne vous en demande rien. En même-tems je lui préſentai ma corbeille. Il prit une pomme de ſenteur, & me dit de m'aſſeoir auprès de lui. Je m'aſſis. Il me fit mille queſtions : il me demanda qui j'étois, & comment on me nommoit. Diſpenſez-moi, lui dis-je en ſoupirant, de contenter votre curioſité. Je ne puis la ſatisfaire ſans rouvrir des bleſſures que le tems commence à fermer. Ces paroles, ou plutôt le ton dont je les prononçai, empêchèrent le vieillard de me preſſer là-deſſus. Il changea de discours, & après un assez long entretien, s'étant levé pour s'en aller, il tira de sa bourse dix sequins d'or qu'il me mit entre les mains.

Je fus fort surpris de cette libéralité. Les plus considérables seigneurs, à qui j'avois coutume de présenter ma corbeille, ne me donnoient pas même un sequin, & je ne savois ce que je devois penser de cet homme-là. Je retournai le lendemain chez le marchand de Fyquaa, & j'y trouvai encore mon vieillard. Il ne fut pas ce jour-là des derniers à s'attirer mon attention. Je m'adressai d'abord à lui. Il prit un peu de baume, & m'ayant fait encore asseoir auprès de lui, il me pressa si vivement de lui raconter mon histoire, que je ne pus m'en défendre.

Je lui appris tout ce qui m'étoit arrivé; & après que je lui eus fait cette confidence, il me dit: J'ai connu votre père. Je suis un marchand de Basra. Je n'ai point d'enfans ni d'espérance d'en avoir. J'ai conçu de l'amitié pour vous; je vous adopte. Ainsi, mon fils, consolez-vous de vos malheurs passés; vous retrouvez un père plus riche qu'Abdélaziz, & qui n'aura pas moins d'amitié pour vous. Je remerciai ce vénérable vieillard de l'honneur qu'il me faisoit, & je le suivis lorsqu'il sortit. Il me fit jeter ma corbeille & mes fleurs, & me mena dans un grand hôtel qu'il avoit loué. Il m'y donna un appartement avec des esclaves pour me servir. On m'apporta, par son ordre, de riches habits. On eût dit que mon père Abdelaziz vivoit encore, & il ne sembloit pas que j'eusse jamais été dans un état misérable.

Quand le marchand eut terminé les affaires qui le retenoient à Bagdad, c'est-à-dire, qu'il eut vendu toutes les marchandises qu'il y avoit apportées, nous prîmes ensemble le chemin de Basra. Mes amis, qui n'espéroient plus me revoir, ne furent pas peu surpris d'apprendre que j'avois été adopté par un homme qui passoit pour le plus riche marchand de la ville. Je m'attachai à plaire au vieillard. Il fut charmé de ma complaisance. Aboulcasem, me disoit-il souvent, je suis ravi de t'avoir rencontré à Bagdad. Tu me parois bien digne de ce que j'ai fait pour toi.

J'étois si touché des sentimens qu'il me marquoit, que bien loin d'en abuser, j'allois au-devant de tout ce qui pouvoit lui faire plaisir. Au-lieu de chercher les gens de mon âge, je lui tenois bonne compagnie. Je ne le quittois presque point.

IX. JOUR.

Cependant ce bon vieillard tomba malade, & les médecins ne le purent guérir. Se voyant à à l'extrêmité, il fit retirer tout le monde, & me dit: il est tems mon fils, de vous révéler un secret important. Si je n'avois pour tout bien que cette maison avec les richesses que vous y voyez, je croirois ne vous laisser qu'une fortune médiocre; mais tous les biens que j'ai amassés pendant le cours de ma vie, quoique considérables pour un marchand, ne sont rien en comparaison du trésor qui est caché, & que je veux vous découvrir. Je ne vous dirai pas depuis quel tems, par qui, ni de quelle manière il se trouve ici, car je l'ignore. Tout ce que je sais, c'est que mon ayeul en mourant le découvrit à mon père, qui me fit aussi la même confidence peu de jours avant sa mort.

Mais, poursuivit-il, j'ai un avis à vous donner, & gardez-vous bien de le mépriser. Vous êtes naturellement généreux. Lorsque vous vous verrez en état de suivre votre penchant, vous ne manquerez pas de prodiguer vos richesses. Vous recevrez magnifiquement les étrangers qui viendront chez vous. Vous les accablerez de présens,

sens, & vous ferez du bien à tous ceux qui imploreront votre secours. Cette conduite que j'approuverois fort, si vous la pouviez tenir impunément, sera cause de votre perte. Vous vivrez avec tant de magnificence, que vous exciterez l'envie du roi de Basra, ou l'avarice de ses ministres. Ils vous soupçonneront d'avoir un trésor caché. Ils n'épargneront rien pour le découvrir, & ils vous l'enlèveront. Pour prévenir ce malheur, vous n'avez qu'à suivre mon exemple. J'ai toujours, de même que mon ayeul & mon père, exercé ma profession, & joui de ce trésor sans éclat. Nous n'avons point fait de dépense dont le monde ait été surpris.

Je ne manquai pas de promettre au marchand que j'imiterois sa prudence. Il m'apprit dans quel endroit étoit le trésor, & il m'assura que quelque grande idée que je pusse me former des richesses qu'il renfermoit, je les trouverois encore plus considérables que je ne me les représenterois. En effet, après que ce généreux vieillard fut mort, & que comme son unique héritier, je lui eus rendu les derniers devoirs, je pris possession de tous ses biens, dont cette maison fait une partie, & j'allai voir le trésor. Je vous avouerai, seigneur, que j'en fus étonné. S'il n'est pas inépuisable, il est du moins si riche que je ne saurois l'épuiser, quand le ciel me laisseroit vivre beaucoup plus long-tems que les autres hommes. Aussi, loin de tenir la promesse que j'ai faite au marchand, je répands par-tout mes richesses. Il n'y a personne dans Basra qui n'ait senti mes bienfaits. Ma maison est ouverte à tous ceux qui ont besoin de moi, & ils s'en retournent tous contens. Est-ce posséder un trésor, que de n'oser y toucher ? Et puis-je en faire un meilleur usage, que de l'employer à soulager les malheureux, à bien recevoir les étrangers, & à mener une vie délicieuse ?

Tout le monde s'imagina d'abord que j'allois me ruiner une seconde fois. Quand Aboulcasem, disoit-on, auroit tous les trésors du commandeur des Croyans, il les dissiperoit. Mais on fut fort étonné dans la suite, lorsqu'au lieu de voir dans mes affaires le moindre désordre, elles paroissoient au contraire devenir de jour en jour plus florissantes. On ne concevoit pas comment je pouvois augmenter mon bien en le prodiguant.

Je faisois pourtant tant de dépense, qu'enfin je soulevai contre moi l'envie, comme le vieillard me l'avoit prédit. Le bruit se répandit dans la ville que j'avois trouvé un trésor. Il n'en fallut pas davantage pour attirer chez moi des gens avides. Le lieutenant de police de Basra me vint voir. Je suis, me dit-il, le Daroga (a), je viens vous demander où est le trésor qui vous fournit de quoi vivre avec tant de magnificence ? Je me troublai à ces paroles, & demeurai tout interdit.

Il jugea bien à mon air éperdu que les discours qu'on tenoit de moi dans la ville n'étoient pas sans fondement. Mais au lieu de me presser de lui découvrir mon trésor? Seigneur Aboulcasem, continua-t-il, j'exerce ma charge en homme d'esprit; faites-moi quelque présent qui soit digne de ma discrétion. Combien me demandez-vous, lui dis-je ? Je me contenterai, me répondit-il, de dix sequins d'or par jour. Je lui répliquai : ce n'est pas assez, je veux vous en donner cent. Vous n'avez tous les jours, ou tous les mois, qu'à venir ici, & mon trésorier vous les comptera.

Le lieutenant de police fut transporté de joie, lorsqu'il entendit ces paroles. Seigneur, me dit-il, je voudrois que vous eussiez trouvé mille trésors. Jouissez tranquillement de vos biens; je n'en troublerai jamais la possession. Il toucha par avance une grosse somme, & s'en alla.

Peu de tems après le visir Aboulfatah-Wafchi m'envoya chercher, & m'ayant fait entrer dans

---

(a) C'est-à-dire, Lieutenant de Police.

son cabinet, il me dit : O jeune homme j'ai appris que tu as découvert un tréfor. Tu fais que le quint appartient à dieu ; il faut que tu le donnes au roi. Paye donc le quint, & tu demeureras tranquille poffeffeur des quatre autres parties. Je lui répondis : feigneur, je veux bien vous avouer que j'ai trouvé un tréfor, & je vous jure en même tems par le grand dieu qui nous a créés l'un & l'autre, que je ne le découvrirai point, quand on devroit me mettre en pièces; mais je m'engage à vous donner tous les jours mille fequins d'or, pourvu qu'après cela vous me laiffiez en repos. Aboulfatah fut auffi traitable que le lieutenant de police ; il m'envoya un homme de confiance, à qui mon tréforier donna trente mille fequins pour le premier mois.

Ce vifir craignant fans doute que le roi de Bafra n'apprît ce qui fe paffoit, aima mieux le lui dire lui-même. Ce prince l'écouta fort attentivement, & la chofe lui paroiffant mériter d'être approfondie, il me voulut voir. Il me reçut d'un air riant, & me dit : ô jeune homme, pourquoi ne me montres-tu pas ton tréfor ? Me crois-tu affez injufte pour te l'enlever ? Sire, lui répondis-je, que la vie de votre majefté foit auffi longue que les fiècles; mais dût-on m'arracher la chair avec des tenailles brûlantes, je ne découvrirai point mon tréfor. Je confens de payer chaque jour à votre majefté deux mille fequins d'or. Si vous refufez de les accepter, & que vous jugiez plus à propos de me faire mourir, vous n'avez qu'à ordonner, je fuis prêt à fouffrir tous les fupplices imaginables, plutôt que de contenter votre curiofité.

Le roi regarda fon vifir à ce difcours, & lui demanda confeil. Sire, lui dit le miniftre, la fomme qu'il vous offre eft fi confidérable, que c'eft avoir trouvé un véritable tréfor. Renvoyez ce jeune homme, qu'il vive avec fa magnificence ordinaire; qu'il ait foin feulement d'être exact à tenir la parole qu'il donne à votre majefté. Le roi fuivit ce confeil. Il me fit même bien des careffes; & depuis ce tems là, fuivant nos conventions, je paye tous les ans, tant à lui qu'au vifir, & au lieutenant de police, plus d'un million foixante mille fequins d'or. Voilà, feigneur, ce que vous fouhaitiez d'apprendre; vous ne devez plus être furpris des préfens que je vous ai faits, ni de tout ce que vous avez vu chez moi.

Lorfqu'Aboulcafem eut achevé le récit de fes aventures, le calife, animé d'un violent défir de voir le tréfor, lui dit : Eft-il poffible qu'il y ait au monde un tréfor que votre générofité ne foit pas capable d'épuifer bientôt ? Non, je ne le puis croire ; & si ce n'étoit pas trop exiger de vous, seigneur, je demanderois à voir celui que vous possédez, en vous jurant par tout ce qui peut rendre un serment inviolable, que je n'abuserai point de votre confiance.

Le fils d'Abdelaziz parut affligé du discours du calife. Je suis fâché, seigneur, lui dit-il, que vous ayez cette curiosité ; je ne puis la satisfaire qu'à des conditions fort désagréables. N'importe, s'écria le prince, quelles que puissent être ces conditions, je m'y soumets sans répugnance. Il faudra, reprit Aboulcasem, que je vous bande les yeux, & que je vous conduise, vous sans armes & la tête nue, & moi le cimeterre à la main, prêt à vous frapper de mille coups mortels, si vous violez les loix de l'hospitalité. Je sais bien, ajouta-t-il, qu'on peut m'accuser d'imprudence, & que je ne devrois point céder à votre envie ; mais je me repose sur la foi de vos sermens, & d'ailleurs je ne puis me résoudre à renvoyer un convive mécontent.

De grace, dit le calife, contentez donc dès à présent mes désirs curieux. Cela ne se peut tout-à-l'heure, répondit le jeune homme, mais demeurez chez moi cette nuit, quand tous mes domestiques reposeront, j'irai vous prendre dans l'appartement où je vais vous conduire. A ces mots, il appela du monde, & à la clarté d'une grande quantité de bougies que portoient des esclaves dans des flambeaux d'or, il mena le prince dans une chambre magnifique, & il se retira dans la sienne. Les esclaves déshabillèrent l'empereur, le couchèrent, & sortirent après avoir mis au chevet & aux piés du lit leurs bougies, dont la cire parfumée se faisoit agréablement sentir en brûlant.

X. JOUR.

Au lieu de songer à prendre quelque repos, Haroün-Alraschild attendit impatiemment Aboulcasem, qui ne manqua pas de le venir chercher au milieu de la nuit, & qui lui dit : seigneur, tous mes domestiques sont endormis : un profond silence règne dans ma maison : je puis présentement vous montrer mon trésor aux conditions que je vous ai dites : Allons, répondit le calife en se levant, je suis prêt à vous suivre, & je jure par le créateur du ciel & de la terre, que vous ne vous repentirez point d'avoir satisfait ma curiosité.

Le fils d'Abdelaziz aida au prince à s'habiller, puis lui mettant un bandeau sur les yeux : c'est à regret, seigneur, lui dit-il, que j'en use de

cette sorte avec vous ; votre air & vos manières me paroissent dignes d'une confiance....
J'approuve ces précautions, interrompit l'empereur, & je ne vous en sais point mauvais gré.
Aboulcasem le fit descendre par un escalier dérobé, dans un jardin d'une vaste étendue ; & après
plusieurs détours, ils entrèrent tous deux dans
l'endroit qui recéloit le trésor.

C'étoit un profond & spacieux souterrein,
dont une simple pierre couvroit l'entrée. D'abord
ils trouvèrent une longue allée en pente & fort
obscure, au bout de laquelle il y avoit une
grande salle que plusieurs escarboucles rendoient
très-brillante. Quand ils furent arrivés dans cette
salle, le jeune homme ôta le bandeau au calife,
qui vit avec étonnement tout ce qui s'offrit à ses
yeux. Un bassin de marbre blanc qui avoit cinquante piés de circonférence, trente de profon-
deur, paroissoit au milieu : il étoit plein de
grosses pièces d'or, & l'on voyoit régner tout
autour douze colonnes du même métal, qui soutenoient autant de statues de pierres précieuses &
admirablement bien travaillées.

Aboulcasem conduisit le prince au bord du
bassin, & lui dit : ce bassin est profond de trente
piés : voyez cet amas de pièces d'or, il n'est encore baissé que de deux doigts : pensez-vous que
je puisse dissiper cela bientôt ? Haroün, après avoir

attentivement regardé le bassin, répondit: voilà, je l'avoue, d'immenses richesses; mais vous pouvez les épuiser. Hé bien, reprit le jeune homme, quand ce bassin sera vide, j'aurai recours à ce que je vais vous montrer. En disant cela, il le fit passer dans une autre salle encore plus brillante que la première, & où il y avoit plusieurs sophas de brocard rouge, relevé d'une infinité de perles & de diamans: l'on voyoit aussi au milieu un bassin de marbre: il n'étoit pas, à la vérité, si grand, ni si profond que celui où étoient les pièces d'or; mais en récompense il étoit plein de rubis, de topazes, d'émeraudes & de toutes sortes de pierreries.

Jamais surprise ne fut égale à celle que le calife fit paroître alors: à peine pouvoit-il croire qu'il fût éveillé. Ce nouveau bassin lui paroissoit un enchantement: il avoit encore la vue attachée dessus, lorsque le fils d'Abdelaziz lui fit remarquer sur un trône d'or, deux personnes qu'il lui dit être les premiers maîtres du trésor: c'étoit un prince & une princesse qui avoient sur la tête des couronnes de diamans: ils paroissoient encore tous deux pleins de vie: ils étoient couchés tout de leur long, tête contre tête, & l'on voyoit à leurs piés une table d'ébène, sur laquelle on lisoit ces paroles en lettres d'or: *J'ai amassé pendant le cours d'une longue vie, toutes les richesses* qui font ici : j'ai pris des villes & des châteaux que j'ai pillés : j'ai conquis des royaumes & terraffé tous mes ennemis : j'ai été le plus puiffant roi du monde ; mais toute ma puiffance a cédé à celle de la mort : quiconque me verra dans l'état où je fuis, doit ouvrir les yeux : qu'il faffe réflexion que j'ai vécu comme lui, & qu'il mourra comme moi : qu'il ne craigne pas d'épuifer ce tréfor ; il ne fauroit en venir à bout : qu'il s'en ferve pour acquérir des amis, & pour mener une vie agréable ; car quand il faudra qu'il meure, tous fes biens ne le garantiront pas du fort commun à tous les hommes.

Je ne défapprouve plus votre conduite, dit Haroün au jeune homme, après avoir lu ces mots ; vous avez raifon de vivre comme vous vivez, & je condamne les confeils que vous a donnés le vieux marchand ; mais, ajouta-t-il, je voudrois bien favoir le nom de ce prince : quel roi peut avoir poffédé tant de richeffes ? Je fuis fâché que cette infcription ne me l'apprenne pas.

Le jeune homme fit encore voir au calife une autre falle, dans laquelle il y avoit plufieurs chofes très-précieufes, & entr'autres des arbres femblables à celui dont il lui avoit fait préfent. Ce prince auroit volontiers paffé le refte de la nuit à confidérer tout ce que renfermoit ce merveilleux fouterrein, fi le fils d'Abdelaziz craignant d'être apperçu de ses domestiques, ne l'en eût fait sortir avant le jour, de la même manière qu'il l'y avoit amené, c'est-à-dire, la tête nue & les yeux bandés, & lui le cimeterre à la main prêt à lui couper la tête, s'il faisoit le moindre effort pour ôter son bandeau.

Ils traversèrent le jardin, & remontèrent par l'escalier dérobé dans la chambre où l'empereur avoit couché : ils y trouvèrent encore les bougies allumées : ils s'entretinrent ensemble jusqu'au lever du soleil. Après ce que je viens de voir, dit le prince au jeune homme, & à en juger par l'esclave que vous m'avez donnée, je ne doute point que vous n'ayez chez vous les plus belles femmes de l'orient. Seigneur, lui répondit Aboulcasem, j'ai des esclaves d'une assez grande beauté ; mais je n'en puis aimer aucune : Dardané, ma chère Dardané, remplit toujours ma mémoire : j'ai beau me dire à tous momens qu'elle a perdu la vie, & que je n'y dois plus penser, j'ai le malheur de ne pouvoir me détacher de son image : j'en suis possédé à un point que, malgré toutes mes richesses, au milieu de mes prospérités, je sens que je ne suis pas heureux ; oui, j'aimerois mieux mille fois n'avoir qu'une fortune médiocre, & posséder Dardané, que de vivre sans elle avec tous mes trésors.

L'empereur admira la constance du fils d'Abdelaziz, mais il l'exhorta à faire tous ses efforts pour vaincre une passion chimérique : il lui fit ensuite de nouveaux remercîmens de la réception qu'il lui avoit faite : après cela s'en étant retourné au caravenserail, il reprit le chemin de Bagdad avec tous les domestiques, le page, la belle esclave, & tous les présens qu'il avoit reçus d'Aboulcasem.

XI. JOUR.

Deux jours après le départ de ce prince, le visir Aboulfatah ayant entendu parler des présens magnifiques qu'Aboulcasem faisoit tous les jours aux étrangers qui l'alloient voir, & d'ailleurs étonné de l'exactitude avec laquelle il lui payoit, aussi-bien qu'au roi & au lieutenant de police, les sommes promises, résolut de ne rien épargner pour découvrir où pouvoit être ce trésor où il puisoit tant de richesses. Ce ministre étoit un de ces méchans hommes à qui les plus grands crimes ne coûtent rien, quand ils veulent se satisfaire. Il avoit une fille de dix-huit ans, d'une beauté ravissante. Elle s'appelloit Balkis. Elle avoit toutes les bonnes qualités du cœur & de l'esprit. Le prince Aly, neveu du roi de Basra, l'aimoit éperdument. Il l'avoit déjà demandée à son père, & il devoit bientôt l'épouser.

Aboulfatah la fit venir dans son cabinet, & lui dit : Ma fille, j'ai besoin de vous. Je veux que vous vous pariez de vos plus beaux ajustemens, & que vous alliez cette nuit chez Aboulcasem. Il s'agit de lui plaire, il faut que vous mettiez tout en usage pour charmer ce jeune homme, & l'obliger à vous découvrir le trésor qu'il a trouvé. Balkis frémit à ce discours, & fit voir par avance sur son visage l'horreur qu'elle avoit pour la démarche qu'on exigeoit de son obéissance. Seigneur, répondit-elle, que proposez-vous à votre fille ? Songez-vous à quel péril vous voulez l'exposer ? Considérez la honte dont vous allez la couvrir, la tache que vous imprimez à votre honneur, & le sensible outrage que vous ferez au prince Aly, en le privant du prix qui flatte peut-être le plus sa tendresse. J'ai fait toutes ces réflexions, répliqua le visir ; mais rien ne peut me détourner de ma résolution, & je vous ordonne de vous préparer à m'obéir. La jeune Balkis fondit en pleurs à ces paroles. Au nom de dieu, mon père, s'écria-t-elle, ne me forcez pas vous-même à vous déshonorer. Etouffez ce mouvement d'avarice qui vous porte à dépouiller un homme d'un bien qui ne vous appartient pas. Laissez-le jouir en paix de ses richesses, au lieu de chercher à les lui ravir. Tais-toi, fille infolente, dit le vifir en colère, il te fied bien de blâmer mes deſſeins. Ne me réplique pas davantage. Je veux que tu ailles chez Aboulcaſem, & je jure que ſi tu reviens ſans avoir vu ſon tréſor, je te plongerai un poignard dans le ſein.

Balkis ſe voyant dans la triſte néceſſité de faire une démarche ſi périlleuſe, ſe retira dans ſon appartement accablée de triſteſſe. Elle prend de riches habits, & ſe pare de pierreries, ſans toutefois prêter à ſes charmes tout ce que l'art y pouvoit ajouter; mais il n'en étoit pas beſoin. Sa beauté naturelle n'étoit ſeule que trop capable d'inſpirer de l'amour. Jamais fille n'eut moins d'envie, ou plutôt tant de peur de plaire, que Balkis. Elle craignoit autant de paroître trop belle au fils d'Abdelaziz, qu'elle appréhendoit de ne l'être pas aſſez, quand elle ſe montroit au prince Aly.

Enfin, lorſque la nuit fut arrivée, & qu'Aboulfatah jugea qu'il étoit tems que ſa fille ſe rendît chez Aboulcaſem, il la fit ſortir fort ſecrètement, & la conduiſit lui-même juſqu'à la porte de ce jeune homme, où il la laiſſa, après lui avoir dit encore qu'il la tueroit, ſi elle ne s'acquittoit pas bien de l'infâme perſonnage qu'il lui faiſoit jouer. Elle frappe à la porte, & demande à parler au fils d'Abdelaziz. Auſſi-tôt un eſclave la mena dans une ſalle, où ſon maître couché ſur un grand sopha, rappeloit dans sa mémoire ses malheurs passés; &, ce qui lui arrivoit fort souvent, rêvoit à sa chère Dardané.

D'abord que Balkis parut, Aboulcasem se leva pour la recevoir. Il lui fit une profonde révérence, lui tendit la main d'un air respectueux; & après l'avoir obligée de s'asseoir sur le sopha, il lui demanda pourquoi elle lui faisoit l'honneur de le venir voir? Elle lui répondit que sur la réputation qu'il avoit d'être un jeune homme fort galant, il lui avoit pris fantaisie de faire une débauche avec lui. En même-tems elle ôta son voile, & fit briller à ses yeux une beauté qui le surprit. Malgré son indifférence pour les femmes, il ne put voir impunément tant de charmes? il en fut touché. Belle dame, lui dit-il, je sais bon gré à mon étoile de m'avoir procuré une si agréable aventure. Je ne puis assez admirer mon bonheur.

Après quelques momens de conversation, l'heure du souper arriva. Ils allèrent tous deux dans une autre salle s'asseoir à une table sur laquelle il y avoit plusieurs mets différens. On voyoit là un grand nombre de pages & d'officiers; mais Aboulcasem les fit tous retirer, afin que la dame ne fût point exposée à leurs regards. Il se mit à la servir; il lui présentoit de ce qu'il y avoit de meilleur, & lui versoit d'excellent vin dans une coupe d'or enrichie de rubis & d'émeraudes.

Il buvoit aüſſi pour lui faire raiſon; & plus il regardoit Balkis, plus il la trouvoit belle. Il lui tenoit des diſcours fort galans; & comme la dame n'avoit pas moins d'eſprit que de beauté, elle y répondoit ſi ſpirituellement qu'il en étoit charmé. Il ſe jeta à ſes genoux ſur la fin du repas. Il lui prit une de ſes mains, & la ſerrant entre les ſiennes: Madame, lui dit-il, ſi vos beaux yeux m'ont d'abord ébloui, votre entretien vient d'achever de m'enchanter. Vous m'embraſez d'un feu qui ne s'éteindra jamais. Je veux déſormais être votre eſclave, & vous conſacrer tous les momens de ma vie.

En achevant ces paroles, il baiſa la main de Balkis avec un tranſport ſi vif, que la dame, effrayée du péril preſſant qui la menaçoit, changea tout-à-coup de viſage. Elle devint plus pâle que la mort; &, ceſſant de ſe contraindre, elle prit un air triſte, & ſes yeux furent bientôt baignés de larmes. Qu'avez-vous, madame, lui dit le jeune homme fort ſurpris? D'où naît cette douleur ſoudaine? Que m'annoncent ces pleurs qui pénètrent juſqu'au fond de mon ame? Eſt-ce moi qui les fais couler? Suis-je aſſez malheureux pour avoir dit ou fait quelque choſe qui vous ait déplu? Parlez. Ne me laiſſez point, de grâce, ignorer plus long-tems la cauſe de ce funeſte changement qui paroît en vous?

Seigneur,

Seigneur, répondit Balkis, c'est trop dissimuler. La pudeur, la crainte, la douleur & la perfidie, me livrent des combats trop violens pour pouvoir les soutenir. Je vais rompre le silence. Je vous trompe, Aboulcasem, je suis une fille de qualité. Mon père, qui sait que vous avez un trésor caché, veut se servir de moi pour découvrir l'endroit qui le cache. Il m'a ordonné de venir chez vous, & de ne rien épargner pour vous engager à me le montrer. J'ai voulu m'en défendre, mais il m'a juré qu'il m'ôteroit la vie, si je m'en retournois sans l'avoir vu. Quel ordre rigoureux pour moi ! Quand je n'aurois pas pour amant un prince que j'aime uniquement, & qui doit bientôt m'épouser, la démarche que mon père me fait faire ne laisseroit pas de me paroître affreuse. Ainsi, seigneur, si je viens chez vous, je vous avoue que c'est avec une répugnance que la seule crainte de la mort peut surmonter.

XII. JOUR.

Après que la fille d'Aboulfatah eut parlé de cette sorte, Aboulcasem lui dit : madame, je suis bien-aise que vous m'ayez découvert vos sentimens. Vous ne vous repentirez pas de cette noble franchise. Vous ne mourrez point. Vous verrez mon tréfor, & vous ferez traitée avec tout le refpect que vous fouhaitez. De quelque beauté que vous foyez pourvue, quelque impreffion qu'elle ait faite fur moi, vous n'avez rien à craindre, vous êtes ici en fûreté. Je renonce aux efpérances que j'avois conçues, puifqu'elles ne vous font que de la peine; & vous pourrez, fans rougir, revoir l'heureux amant dont le cher intérêt redouble vos alarmes. Ceffez donc de répandre des pleurs & de vous affliger. Ah! Seigneur, s'écria Balkis à ce difcours, ce n'eft pas fans raifon que vous paffez pour le plus généreux de tous les hommes. Je fuis charmée d'un procédé fi beau, & je ne ferai point fatisfaite, que je n'aie trouvé quelque occafion de vous en marquer ma reconnoiffance.

Après cette converfation, le fils d'Abdelaziz conduifit la dame dans la même chambre où le calife avoit couché, & il y demeura feul avec elle, jufqu'à ce qu'il n'entendît plus de bruit dans fon domeftique. Alors mettant un bandeau fur les yeux de Balkis : madame, lui dit-il, pardonnez fi j'en ufe de cette manière avec vous; mais je ne puis vous montrer mon tréfor qu'à cette condition. Faites tout ce qu'il vous plaira, feigneur, répondit-elle; j'ai tant de confiance en votre générofité, que je vous fuivrai par-tout où vous voudrez. Je n'ai plus d'autre crainte que celle de ne pouvoir assez reconnoître vos bontés. Aboulcasem la prit par la main ; & l'ayant fait descendre dans le jardin par l'escalier dérobé, il la mena dans le souterrain où il lui ôta son bandeau.

Si le calife avoit été surpris de voir tant de pièces d'or & tant de pierreries, Balkis le fut bien davantage. Chaque chose qu'elle regardoit lui causoit un extrême étonnement. Néanmoins ce qui attira le plus son attention, & ce qu'elle ne pouvoit se lasser de considérer, c'étoient les premiers maîtres du trésor. Elle lut l'inscription qu'on voyoit à leurs piés. Comme la reine avoit un collier composé de perles aussi grosses que des œufs de pigeons, Balkis ne put s'empêcher de se récrier sur ce collier. Aussi-tôt Aboulcasem le détacha du cou de la princesse, & le mit à celui de la jeune dame, en lui disant que son père jugeroit par-là qu'elle auroit vu le trésor ; & afin qu'il en fût encore mieux persuadé, il la pria de se charger des plus belles pierreries. Elle en prit une assez grande quantité qu'il lui choisit lui-même.

Cependant le jeune homme, craignant que le jour ne vînt tandis qu'elle s'amusoit à regarder toutes les merveilles du souterrain qui ne pouvoient fatiguer sa curiosité, lui remit le bandeau sur les yeux, la fit sortir, & la conduisit dans une salle où ils s'entretinrent ensemble jusqu'au lever du soleil. Alors la dame, après avoir témoigné de nouveau au fils d'Abdelaziz qu'elle n'oublieroit jamais sa retenue & sa générosité, prit congé de lui, se retira chez elle, & alla rendre compte à son père de ce qui s'étoit passé.

Ce visir, uniquement occupé de son avarice, attendoit impatiemment sa fille. Il craignoit qu'elle n'eût pas assez de charmes pour séduire Aboulcasem. Il étoit dans une agitation inconcevable. Mais lorsqu'il la vit revenir avec le collier, & qu'elle lui montra les pierreries dont le jeune homme lui avoit fait présent, il fut transporté de joie.

Hé bien, ma fille, lui dit-il, as-tu vu le trésor? Oui, seigneur, répondit Balkis; & pour vous en donner une juste idée, je vous dirai que quand tous les rois de la terre ensemble uniroient leurs richesses, elles ne seroient pas comparables à celles d'Aboulcasem; mais quels que soient les biens de ce jeune homme, j'en suis encore moins charmée que de sa politesse & de sa générosité. En même tems elle lui conta toute l'aventure. Il fut peu sensible à la retenue du fils d'Abdelaziz, il auroit mieux aimé que sa fille eût été déshonorée, que de ne pas savoir où étoit le trésor qu'il vouloit découvrir.

Pendant ce tems-là Haroün-Alrraschild s'avançoit vers Bagdad. D'abord que ce prince fut de retour dans son palais, il remit en liberté son premier visir : il lui rendit sa confiance ; & après lui avoir fait le détail de son voyage : Giafar, lui dit-il, que ferai-je ? Tu sais que la reconnoissance des empereurs doit surpasser le plaisir qu'on leur a fait. Si je me contente d'envoyer au magnifique Aboulcasem ce que j'ai de plus rare & de plus précieux dans mon trésor, ce sera fort peu de chose pour lui : cela sera même au-dessous des présens qu'il m'a faits. Comment donc pourrai-je le vaincre en générosité ? Seigneur, lui dit le visir, si votre majesté m'en veut croire, elle écrira dès aujourd'hui au roi de Basra, pour lui ordonner de remettre le gouvernement de l'état au jeune Aboulcasem. Nous ferons aussi-tôt partir le courier, & dans quelques jours je partirai moi-même pour aller porter les patentes au nouveau roi.

Le calife approuva cet avis. Tu as raison, dit-il à son ministre, c'est le moyen de m'acquitter envers Aboulcasem, & de me venger du roi de Basra & de son visir, qui m'ont fait un secret des sommes considérables qu'ils tirent de ce jeune homme. Il est même juste de les punir de la violence qu'ils lui ont faite, & ils ne sont pas dignes des places qu'ils occupent. Il écrivit sur le champ au roi de Basra, & fit partir le courier. Il se rendit ensuite à l'appartement de Zobéïde, pour lui conter aussi le succès de son voyage, & lui présenter le petit page, l'arbre & le paon. Il lui fit aussi présent de la demoiselle. Zobéïde la trouva si charmante, qu'elle dit à l'empereur en souriant, qu'elle acceptoit cette belle esclave avec beaucoup plus de plaisir que les autres présens. Le prince ne garda pour lui que la coupe. Le visir Giafar eut tout le reste; & ce ministre, comme il avoit été résolu, disposa toutes choses pour partir peu de jours après.

XIII. JOUR.

LE courrier du calife ne fut pas plutôt dans la ville de Basra, qu'il se hâta de remettre sa dépêche au roi, qui ne put la lire sans sentir une vive douleur. Ce prince la montra à son visir. Aboulfatah, lui dit-il, vois quel ordre fatal le commandeur des Croyans m'envoie. Puis-je me dispenser d'obéir? Oui, seigneur, répondit le ministre, ne vous abandonnez point à votre affliction. Il faut perdre Aboulcasem. Je vais, sans lui ôter la vie, faire croire à tout le monde qu'il est mort. Je le tiendrai si bien caché, qu'on ne le verra jamais; par ce moyen vous demeurerez toujours sur le trône, & vous aurez toutes les richesses de ce jeune homme; car quand nous ferons maîtres de sa personne, nous lui ferons souffrir tant de maux, que nous l'obligerons à nous découvrir son trésor. Fais ce que tu voudras, reprit le roi; mais que manderons-nous au calife? Reposez-vous encore de cela sur moi, repartit le visir. Le commandeur des Croyans y sera trompé comme les autres. Laissez-moi seulement exécuter le dessein que je médite, & que le reste ne vous cause aucune inquiétude.

Aboulfatah, accompagné de quelques courtisans qui ne savoient pas son intention, alla voir Aboulcasem. Il les reçut comme les premières personnes de la cour. Il les régala magnifiquement. Il fit asseoir le visir à la place d'honneur, & il le combloit d'honnêtetés, sans avoir le moindre soupçon de sa perfidie. Pendant qu'ils étoient tous à table, & qu'ils buvoient d'excellens vins, le traître Aboulfatah eut l'adresse de jeter dans la coupe du fils d'Abdelaziz, sans que personne s'en apperçût, une poudre qui ôtoit tout-à-coup le sentiment. Un corps tomboit en léthargie, & ressembloit à un cadavre déjà privé du jour depuis long-tems.

Le jeune homme n'eut pas porté la coupe à ses lèvres, qu'il lui prit une foiblesse. Ses domestiques s'avancèrent pour le soutenir; mais bientôt voyant en lui toutes les marques d'un homme mort, ils le couchèrent sur un sopha,

& commencèrent à pousser des cris effroyables. Tous les convives, frappés d'une terreur soudaine, demeurèrent saisis d'étonnement. Pour Aboulfatah, on ne sauroit dire jusqu'à quel point il porta la dissimulation. Il ne se contenta pas de feindre une douleur immodérée ; il se mit à déchirer ses habits, & à exciter par son exemple tous les autres à s'affliger. Il ordonna ensuite qu'on fît un cercueil d'ivoire & d'ébène ; & tandis qu'on y travailloit, il s'empara de tous les effets d'Aboulcasem, & les mit en sequestre dans le palais du roi.

Cependant le bruit de la mort du jeune homme se répandit dans la ville : toutes les personnes de l'un & de l'autre sexe prirent le deuil, & se rendirent à la porte de son hôtel, la tête & les piés nuds : les vieillards & les jeunes gens, les femmes & les filles fondoient en pleurs : ils faisoient retentir l'air de plaintes & de lamentations : on eût dit que les uns perdoient en lui un fils unique, les autres un frère, & les autres un mari tendrement aimé. Les riches & les pauvres étoient également touchés de sa mort : les riches pleuroient un ami qui les recevoit agréablement chez lui, & les pauvres un bienfaiteur dont ils n'avoient jamais pu lasser la charité : c'étoit une consternation générale.

Le malheureux Aboulcasem fut enfermé dans

le cercueil, que le peuple, par ordre d'Aboulfatah, porta hors de la ville dans un grand cimetière, où il y avoit plusieurs tombeaux, & entr'autres un magnifique où reposoit le père de ce visir, avec quelques autres personnes de sa famille : on y mit le cercueil dans ce tombeau, & le perfide Aboulfatah appuyant sa tête sur ses genoux, se frappoit la poitrine : il faisoit toutes les démonstrations d'un homme que le désespoir posséde : tous ceux qui le voyoient en avoient pitié, & prioient le ciel de le consoler.

Comme la nuit approchoit, tout le peuple se retira dans la ville, & le visir demeura avec deux de ses esclaves dans le tombeau, dont ils fermèrent la porte à double tour : alors ils allumèrent du feu, firent chauffer de l'eau dans un bassin d'argent, puis ayant tiré du cercueil Aboulcasem, ils le lavèrent d'eau chaude : ce jeune homme reprit peu-à-peu ses esprits : il jeta les yeux sur Aboulfatah qu'il reconnut. Ah! seigneur, lui dit-il, où sommes-nous ? & dans quel état me vois-je réduit ? Misérable, lui répondit le ministre, apprends que c'est moi qui cause ton infortune. Je t'ai fait apporter ici pour t'avoir en ma puissance, & te faire souffrir mille maux, si tu ne me découvres ton trésor : je mettrai ton corps en pièces, j'inventerai tous les jours de nouveaux supplices pour te rendre la vie insupportable ; en un mot, je ne cesserai point de te tourmenter, que tu ne me livre ces richesses cachées qui te font vivre avec plus de magnificence que les rois. Vous pouvez faire tout ce qu'il vous plaira, lui répondit Aboulcasem, je ne découvrirai point mon trésor.

A peine eut-il achevé ces paroles, que le lâche & cruel Aboulfatah fit tenir par ses esclaves le malheureux fils d'Abdelaziz, & tira de dessous sa robe un fouet de courroies de peau de lion entortillées, dont il le frappa si long-tems, & avec tant de violence, que ce jeune homme s'évanouit. Quand le visir le vit en cet état, il commanda à ses esclaves de le remettre dans le cercueil ; & le laissant dans le tombeau qu'il fit bien fermer, il se retira chez lui.

Il alla le lendemain matin rendre compte au roi de ce qu'il avoit fait. Sire, lui dit-il, j'éprouvai hier la fermeté d'Aboulcasem : elle ne s'est point encore démentie ; mais je ne crois pas qu'elle résiste aux tourmens que je lui prépare. Le prince qui n'étoit guère moins barbare que son ministre, lui dit : visir, je suis content de vous, j'espère que nous apprendrons bientôt dans quel lieu est le trésor. Cependant il faut renvoyer le courrier sans différer davantage : qu'allons-nous écrire au calife ? Mandons-lui, répondit Aboulfatah, qu'Aboulcasem ayant appris qu'on lui donnoit votre place, en a conçu tant de joie, & en a fait de si grandes réjouissances, qu'il est mort subitement dans une débauche. Le roi approuva cette pensée: ils écrivirent sur le champ à Haroün-Alraschild, & lui renvoyèrent son courrier.

Le visir, qui se flattoit qu'Aboulcasem dès ce jour-là lui découvriroit son trésor, sortit de la ville dans la résolution de lui aller faire souffrir de nouveaux supplices; mais étant arrivé au tombeau, il fut surpris d'en trouver la porte ouverte: il entra tout troublé, & ne voyant plus dans le cercueil le fils d'Abdelaziz, il en pensa perdre l'esprit: il retourna promptement au palais, & raconta cet accident au roi, qui se sentit saisir d'une frayeur mortelle, & qui lui dit: ô Waschy! que deviendrons-nous? puisque ce jeune homme nous est échappé, nous sommes perdus; il ne manquera pas de se rendre à Bagdad, & de parler au calife.

XIV. JOUR.

ABOULFATAH, de son côté, au désespoir de n'avoir plus en sa puissance la victime de son avarice & de sa cruauté, dit au roi son maître: plût au ciel que je lui eusse hier ôté la vie! il ne nous causeroit pas tant d'inquiétude. Il ne faut pas toutefois, ajouta-t-il, nous désespérer encore : s'il a pris la fuite, comme il n'en faut pas douter, il ne sauroit être loin d'ici : allons avec tous les soldats de la garde, parcourons tous les environs de la ville, j'espère que nous le retrouverons. Le roi se détermina sans peine à une recherche si importante : il assembla tous ses soldats, & les partageant en deux corps, il en donna un à son visir : il se mit à la tête de l'autre, & ces troupes se répandirent de toutes parts dans la campagne.

Pendant qu'on cherchoit Aboulcasem dans tous les villages, dans les bois & dans les montagnes, le visir Giafar, qui s'étoit mis en chemin, rencontra sur la route le courier, qui lui dit : seigneur, il est inutile que vous alliez jusqu'à Basra, si Aboulcasem est la seule cause de votre voyage ; car ce jeune homme est mort : ses obséques se firent ces jours passés ; mes yeux en ont été les tristes témoins. Giafar qui se faisoit un plaisir de voir le nouveau roi, & de lui présenter lui même ses patentes, fut très affligé de sa mort : il en répandit des larmes ; & ne croyant pas devoir continuer son voyage, il retourna sur ses pas.

Dès qu'il fut arrivé à Bagdad, il se rendit au palais avec le courier : la tristesse qui paroissoit sur leur visage, fit comprendre par avance à l'empereur qu'ils avoient quelque malheur à lui annoncer. Ah ! Giafar, s'écria le prince, vous voilà bientôt de retour : que venez vous m'apprendre ? Commandeur des Croyans, lui répondit le visir, vous ne vous attendez pas sans doute à la triste nouvelle que je vais vous dire : Aboulcasem n'est plus : depuis votre départ de Basra, ce jeune homme a perdu la vie.

Haroün-Alrraschild n'eut pas plutôt oüi ces paroles, qu'il se jeta de son trône en bas : il demeura quelques momens étendu par terre, sans donner aucun signe de vie : on se hâta de le secourir ; & quand on l'eut fait revenir de son évanouissement, il chercha des yeux le courrier qui revenoit de Basra ; & l'ayant apperçu, il lui demanda sa dépêche ; le courrier la lui présenta : le prince la lut avec beaucoup d'attention. Il s'enferma ensuite dans son cabinet avec Giafar : il lui montra la lettre du roi de Basra. Après l'avoir relue plusieurs fois, le calife dit : cela ne me paroît pas naturel : le roi de Basra & son visir me sont suspects : au-lieu d'exécuter mes ordres, ils auront fait mourir Aboulcasem. Seigneur, dit à son tour Giafar, le même soupçon me vient dans l'esprit, & je serois d'avis qu'on les fît arrêter l'un & l'autre : c'est à quoi je me détermine dès ce moment, reprit Haroün : prends dix mille chevaux de ma garde, marche à Basra : saisis-toi des deux coupables, & me les amène ici : je veux venger la mort du plus généreux de tous les hommes. Giafar obéit : il choisit dix mille chevaux, & se mit en marche avec eux.

Venons présentement au fils d'Abdelaziz, & disons pourquoi le visir Aboulfatah ne le retrouva plus dans le tombeau où il l'avoit laissé. Ce jeune homme, après avoir été long-tems évanoui, commençoit à reprendre ses esprits, lorsqu'il se sentit saisi par des bras vigoureux qui le tirèrent du cercueil, & le posèrent à terre. Il crut que c'étoit encore le visir & ses esclaves qui vouloient recommencer à le maltraiter. Bourreaux, leur dit-il, donnez-moi la mort, si vous êtes capables de pitié : epargnez-moi des douleurs qui vous seront inutiles, puisque je vous déclare encore que vos tourmens ne m'arracheront jamais mon secret. Ne craignez rien, jeune homme, lui répondit une des personnes qui l'avoient tiré du cercueil ; au lieu de venir vous maltraiter, nous venons à votre secours. A ces paroles Aboulcasem ouvrit les yeux, les jeta sur ses libérateurs, & reconnut parmi eux la jeune dame à qui il avoit montré son trésor. Ah ! madame, dit-il, est-ce à vous que je dois la vie ? Oui, seigneur, répondit Balkis, c'est à moi & au prince Aly mon amant que vous voyez ici. Instruit de toute votre générosité, il a voulu partager avec moi le plaisir de vous délivrer de la mort. Il est vrai, dit le prince Aly, & j'exposerai mille fois ma vie, plutôt que de laisser périr un homme si généreux.

Le fils d'Abdelaziz ayant entièrement repris l'usage de ses sens par le secours de quelques liqueurs qu'on lui donna, fit à la dame & au prince Aly, des remercîmens proportionnés au service reçu, & leur demanda comment ils avoient appris qu'il respiroit encore ? Seigneur, lui dit Balkis, je suis fille du visir Aboulfatah. Je n'ai pas été la dupe du faux bruit de votre mort. J'ai soupçonné mon père de tout ce qu'il a fait, & j'ai gagné un de ses esclaves qui m'a tout avoué. Cet esclave est un des deux qui étoient ici tantôt avec lui ; & comme il s'est trouvé chargé de la clé du tombeau, il me l'a confiée. J'en ai fait aussi-tôt avertir le prince Aly, qui s'est hâté de me joindre avec quelques-uns de ses plus fidèles domestiques. Nous sommes venus en diligence, & nous rendons grâces au ciel de n'être point arrivés trop tard.

O Dieu ! dit alors Aboulcasem, se peut-il qu'un père si lâche & si cruel ait une fille si généreuse ! Allons, seigneur, dit le prince Aly, ne perdons point de tems ; je ne doute pas que demain le visir ne vous trouvant plus dans le tombeau, ne vous fasse chercher avec beaucoup de soin ; mais je vais vous conduire chez moi ;

vous y ferez en sûreté. On ne me soupçonnera point de vous avoir donné un afyle. On couvrit Aboulcafem d'une robe d'efclave. Après quoi ils fortirent tous du tombeau qu'ils laiffèrent ouvert, & prirent le chemin de la ville. Balkis retourna chez elle, & rendit la clé du tombeau à l'efclave, & le prince Aly emmena chez lui le fils d'Abdelaziz, qu'il tint fi bien caché, que fes ennemis n'en purent apprendre aucune nouvelle.

XV. JOUR.

ABOULCASEM demeura dans la maifon du prince Aly, qui lui fit toutes fortes de bons traitemens, jufqu'à ce que le roi & le vifir défefpérant de le retrouver, cefsèrent de le chercher. Alors le prince Aly lui donna un fort beau cheval, le chargea de fequins & de pierreries, & lui dit : vous pouvez préfentement vous fauver ; les chemins vous font ouverts. Vos ennemis ne favent ce que vous êtes devenu ; allez où il vous plaira. Le fils d'Abdelaziz remercia ce généreux prince de fes bontés, & l'affura qu'il en auroit une éternelle reconnoiffance. Le prince Aly l'embraffa, le vit partir, & pria le ciel de le conduire. Aboulcafem prit
la

la route de Bagdad, & y arriva heureusement après quelques jours de marche.

Lorsqu'il fut dans cette ville, la première chose qu'il fit, fut d'aller au lieu où s'assemblent les marchands. L'espérance d'y voir celui qu'il avoit régalé à Basra, & de lui conter ses disgrâces, faisoit toute sa consolation. Il fut mortifié de ne le pas trouver. Il parcourut toute la ville, & il cherchoit ses traits dans tous les hommes qui s'offroient à sa vue. Se sentant fatigué, il s'arrêta devant le palais du calife. Le petit page qu'il avoit donné à ce prince étoit alors à une fenêtre, & cet enfant ayant par hasard jeté les yeux sur lui, le reconnut. Il courut aussi-tôt à l'appartement de l'empereur. Seigneur, lui dit-il, je viens de voir tout-à-l'heure mon ancien maître de Basra.

Haroün n'ajouta point foi à ce rapport. Tu t'es trompé, lui répondit-il, Aboulcasem ne vit plus: séduit par quelque ressemblance, tu auras pris un autre pour lui. Non, non, commandeur des Croyans, répliqua le page, je suis bien assuré que c'est lui, je l'ai bien reconnu. Quoique le calife ne crût point cette nouvelle, il ne laissa pas de la vouloir approfondir. Il envoya sur le champ un de ses officiers avec le page, pour voir si l'homme dont il s'agissoit étoit effectivement le fils d'Abdelaziz. Ils le trouvèrent encore dans

Tome XIV. F

la même place, parce que de son côté, croyant avoir reconnu le petit page, il attendoit que cet enfant reparût à la fenêtre.

Quand le page fut persuadé qu'il ne s'étoit pas trompé, il se jeta aux piés d'Aboulcasem, qui le releva, & lui demanda s'il avoit l'honneur d'appartenir au calife ? Oui, seigneur, lui répondit l'enfant, c'est le commandeur des Croyans lui-même que vous avez reçu chez vous à Basra, & c'est à lui que vous m'avez donné. Venez avec moi, seigneur, ajouta-t-il, l'empereur sera bien aise de vous voir. A ce discours, la surprise du jeune homme de Basra fut extrême. Il se laissa entraîner dans le palais par le page & l'officier, & bientôt il fut introduit dans l'appartement d'Haroün. Ce prince étoit assis sur un sopha. Il se sentit extraordinairement ému en voyant Aboulcasem ; il se leva d'un air empressé, alla au-devant de ce jeune homme, & le tint long-tems embrassé sans pouvoir prononcer une parole, tant il étoit transporté de joie.

Lorsqu'il fut un peu revenu de l'extrême émotion que lui avoit causée cette aventure, il dit au fils d'Abdelaziz : O jeune homme, ouvre les yeux, & reconnois ton heureux convive. C'est moi que tu as si bien reçu, & à qui tu as fait des présens que ceux des rois n'égalent pas. A ces mots, Aboulcasem, qui n'étoit pas moins troublé que le calife, fur qui par refpect il n'avoit ofé porter la vue, l'envifagea, & le reconnoiffant : O mon fouverain maître ! s'écria-t-il : ô roi du monde ! eft-ce vous qui êtes venu chez votre efclave ? En difant cela, il fe jeta la face contre terre aux piés de l'empereur, qui le releva & le fit affeoir auprès de lui fur le fopha.

Comment eft-il poffible, lui dit ce prince, que vous foyez encore envie ? Alors Aboulcafem raconta toutes les cruautés d'Aboulfatah, & par quelle aventure il avoit été arraché à la fureur de ce vifir. Haroün l'écouta fort attentivement, & puis lui dit : je fuis caufe de vos derniers malheurs. Etant de retour à Bagdad, je voulus commencer à m'acquitter envers vous. J'envoyai un courier au roi de Bafra ; je lui mandai que mon intention étoit qu'il vous remît fa couronne. Au-lieu d'exécuter mes ordres, il réfolut de vous ôter la vie : car vous devez être perfuadé qu'Aboulfatah vous auroit bientôt fait mourir. L'efpérance qu'il avoit que les fupplices vous obligeroient bientôt à lui découvrir votre tréfor, lui faifoit feulement différer votre mort. Mais vous ferez vengé ; Giafar, avec un grand nombre de troupes, eft allé à Bafra ; je lui ai donné ordre de fe faifir de vos deux perfécuteurs, & de me les amener. Cependant vous

F 2

demeurerez dans mon palais, & vous y serez servi par mes officiers comme moi-même.

En achevant ces paroles, il prit le jeune homme par la main, & le fit descendre dans un jardin rempli de rares fleurs. On y voyoit plusieurs bassins de marbre, de porphyre & de jaspe, qui servoient de réservoirs à une infinité de beaux poissons. Au milieu du jardin paroissoit, sur douze colonnes de marbre noir fort hautes, un dôme dont la voûte étoit de bois de sandal & de bois d'aloès. Les intervalles des colonnes étoient fermés par un double treillis d'or, qui formoit tout autour une volière pleine de mille & mille serins de diverses couleurs, de rossignols, de fauvettes & d'autres oiseaux harmonieux, qui, confondant leurs ramages, faisoient un concert charmant.

Les bains d'Haroün-Alrraschild étoient sous ce dôme. Ce prince & son hôte se baignèrent. Après quoi plusieurs officiers les couvrirent de linges du plus fin lin, & qui n'avoient jamais servi. On revêtit ensuite Aboulcasem de riches habits. Puis le calife le mena dans une salle où il le fit manger avec lui. On leur apporta des potages de jus de mouton & des blancs-mangers. On leur servit des grenades d'Amlas & de Ziri, des pommes d'Exhalt, des raisins de Melah & de Sevise, & des poires d'Ispahan. Après qu'ils eurent mangé de ces potages & de ces fruits, & bu d'un vin délicieux, l'empereur conduisit Aboulcasem à l'appartement de Zobéïde.

Cette princesse paroissoit sur un trône d'or au milieu de toutes ses esclaves, qui étoient debout & partagées en deux files. Les unes avoient des tambours de basques, les autres des flûtes douces, & les autres des harpes. Elles ne faisoient point alors entendre leurs instrumens. Elles écoutoient toutes avec attention une fille plus belle que les autres, qui chantoit une chanson dont le sens étoit : *Qu'il ne faut aimer qu'une fois, mais qu'il faut aimer toute sa vie ;* & pendant qu'elle chantoit, la demoiselle qu'Aboulcasem avoit donnée au calife, jouoit de son luth de bois d'aloès, d'ivoire, de bois de sandal & d'ébène.

D'abord que Zobéïde apperçut l'Empereur & le fils d'Abdelaziz, elle descendit de son trône pour les recevoir. Madame, lui dit Haroün, vous voulez bien que je vous présente mon hôte de Basra. Le jeune homme se prosterna aussi-tôt devant cette princesse, la face contre terre. Mais tandis qu'il étoit dans cet état, on entendit tout-à-coup du bruit parmi les esclaves. Celle qui venoit de chanter ayant jeté les yeux sur Aboulcasem, fit un grand cri & s'évanouit.

XVI. JOUR.

L'Empereur & Zobéïde se tournèrent aussi-tôt du côté de l'esclave, & le fils d'Abdelaziz s'étant relevé la regarda aussi ; mais il ne l'eut pas envisagée, qu'il tomba en foiblesse. Ses yeux se couvrirent de ténèbres ; une pâleur mortelle se répandit sur son visage : on crut qu'il alloit mourir. Le calife, prompt à le secourir, le prit entre ses bras, & le fit peu à peu revenir de son évanouissement.

Lorsqu'Aboulcasem eut repris ses esprits, il dit au prince : commandeur des Croyans, vous savez l'aventure qui m'est arrivée au Caire : cette esclave que vous voyez, est la personne qui a été jetée avec moi dans le Nil : c'est Dardané. Est-il possible, s'écria l'empereur ? le ciel soit à jamais béni d'un si merveilleux évènement.

Pendant ce tems-là l'esclave, par le secours de ses compagnes, reprit aussi l'usage des sens : elle voulut se prosterner aux piés du calife, qui l'en empêcha, & lui demanda par quel miracle elle étoit encore en vie après avoir été précipitée dans le Nil. Commandeur des Croyans, dit-elle, j'allai donner dans les filets d'un pêcheur, qui par hasard les retira dans le moment : il fut assez surpris d'avoir fait une pareille pêche ; & comme il s'apperçut que je respirois encore, il me porta dans sa maison, où par ses soins, rappelée à la vie, je lui contai ma déplorable histoire. Il en parut effrayé; il eut peur que le sultan d'Egypte n'apprît qu'il m'avoit sauvée. Ainsi, craignant de perdre la vie pour avoir conservé la mienne, il se hâta de me vendre à un marchand d'esclaves qui partoit pour Bagdad. Ce marchand m'amena dans cette ville, & me présenta peu de tems après à la princesse Zobéïde qui m'acheta.

Tandis que l'esclave parloit, le calife la consideroit attentivement; & la trouvant d'une beauté charmante : Aboulcasem, s'écria-t-il, dès qu'elle eut cessé de parler, je ne suis plus surpris que vous ayez toujours conservé le souvenir d'une si belle personne. Je rends grâces au ciel de l'avoir conduite ici pour me donner de quoi m'acquitter envers vous. Dardané n'est plus esclave, elle est libre. Je crois, madame, ajouta-t-il en se tournant vers Zobéïde, que vous ne vous opposerez point à sa liberté. Non, seigneur, répondit la princesse, j'y souscris avec joie, & je souhaite que ces deux amans goûtent les douceurs d'une longue & parfaite union après les malheurs qui les ont séparés.

Ce n'est pas tout, reprit Haroün, je veux que leur mariage se consomme dans mon palais, & qu'on fasse pendant trois jours des réjouissances publiques dans Bagdad : je ne saurois traiter trop honorablement mon hôte de Basra. Ah! seigneur, dit Aboulcasem en se jetant aux piés de l'empereur, si vous êtes au-dessus des autres hommes par votre rang, vous l'êtes encore plus par votre générosité : permettez que je vous découvre mon trésor, & je vous en abandonne dès-à-présent la possession. Non, non, repartit le calife, jouissez tranquillement de votre trésor : je renonce même au droit que j'ai dessus ; & puissiez-vous vivre assez long-tems pour l'épuiser !

Zobéide pria le fils d'Abdelaziz & Dardané de lui conter leurs aventures, & elle les fit écrire en lettres d'or : après cela, l'empereur ordonna les apprêts de son mariage, qui se fit avec beaucoup de pompe. Les réjouissances publiques qui le suivirent, duroient encore, lorsqu'on vit revenir le visir Giafar avec les troupes qui tenoient Aboulfatah bien lié : pour le roi de Basra, il s'étoit laissé mourir de chagrin de n'avoir pu retrouver Aboulcasem.

Si-tôt que Giafar eut rendu compte de sa commission à son maître, on dressa devant le palais un échafaud, & l'on y fit monter le méchant Aboulfatah. Tout le peuple, instruit de la cruauté de ce visir, au lieu d'être touché de son malheur, témoignoit de l'impatience de voir son supplice. Déjà l'exécuteur avoit le sabre à la main prêt à faire tomber la tête du coupable, quand le fils d'Abdelaziz se prosternant devant le calife, lui dit: commandeur des Croyans, accordez à mes prières la vie d'Aboulfatah: qu'il vive; qu'il soit témoin de mon bonheur; qu'il voie toutes les bontés que vous avez pour moi; ne sera-t-il pas assez puni?

O trop généreux Aboulcasem, s'écria l'empereur, que vous méritez bien de régner! Que les peuples de Basra seront heureux de vous avoir pour roi! Seigneur, lui dit le jeune homme, j'ai encore une grâce à vous demander: donnez au prince Aly ce trône que vous me destinez: qu'il règne avec la dame qui a eu la générosité de me dérober à la fureur de son père: ces deux amans sont dignes de cet honneur. Pour moi, chéri & protégé du commandeur des Croyans, je n'ai pas besoin de couronne: je suis au-dessus des rois.

Le calife, pour récompenser le prince Aly du service qu'il avoit rendu au fils d'Abdelaziz, lui envoya des patentes, & le fit roi de Basra; mais trouvant Aboulfatah trop coupable pour lui accorder la liberté avec la vie, il ordonna que ce visir seroit enfermé dans une tour obscure pour le reste de ses jours. Quand le peuple de Bagdad sut que c'étoit l'offensé lui-même qui avoit demandé la vie de l'offenseur, on donna mille louanges au jeune Aboulcasem, qui partit peu de tems après pour Basra avec sa chère Dardané, tous deux escortés par des troupes de la garde du calife, & suivis d'un très-grand nombre d'officiers.

Sutlumemé finit en cet endroit l'histoire d'Aboulcasem Basry. Toutes les femmes de la princesse de Caschmire lui donnèrent de grands applaudissemens : les unes louèrent la magnificence & la générosité de ce jeune homme de Basra; les autres prétendoient que le calife Haroün-Alrraschild n'étoit pas moins généreux que lui : d'autres enfin ne s'attachant qu'à la constance, disoient qu'Aboulcasem avoit été un amant très-fidelle. Alors Farrukhnaz prenant la parole, dit: je ne suis pas de votre sentiment; peu s'en est fallu que Balkis ne lui ait fait oublier Dardané : je veux qu'un amant, si la mort lui enlève sa maîtresse, en conserve toujours un si tendre souvenir, qu'il soit incapable d'une passion nouvelle; mais les hommes ne se piquent pas d'une si grande constance. Pardonnez-moi, madame, dit Sutlumemé, on en a vu dont la fidélité ne s'est jamais démentie : vous en serez persuadée, si vous voulez entendre l'histoire du roi Ruzvanschad & de la princesse Cheheristani. Voyons, répliqua Farrukhnaz, je vous permets de nous la raconter : aussi-tôt la nourrice la commença de cette sorte.

HISTOIRE

DU ROI RUZVANSCHAD,
& de la Princesse Cheheristani.

UN jeune roi de la Chine, appelé Ruzvanschad, étant un jour à la chasse, rencontra une biche blanche à taches bleues & noires, qui avoit des anneaux d'or aux piés, & sur le dos une housse de satin jaune, relevée d'une broderie d'argent.

A la vue d'une si belle proie, le prince, enflammé du désir de s'en rendre maître, courut sur elle à toute bride; mais la biche trompant sa poursuite, s'enfuit avec tant de vîtesse & de légéreté, que bientôt il ne vit pas même la poussière qu'elle élevoit en courant. Il ne perdit pas sans chagrin l'espérance de la joindre, & il en étoit tout mortifié, lorsqu'elle s'offrit à ses yeux pour la seconde fois : il l'apperçut auprès d'une fontaine, où, couchée sur le gazon, elle sembloit se délasser de la course qu'elle venoit de faire. Il pousse encore son cheval; mais il fait de vains efforts pour la prendre : la biche le voyant approcher, se lève légèrement, fait deux ou trois bonds, & s'élance dans l'eau, de manière qu'elle ne parut plus.

XVII. JOUR.

LE roi de la Chine mit promptement pié-t-àterre. Il court, s'agite, tourne sans cesse autour de la fontaine; il remue l'eau, il y cherche sa proie; & n'en découvrant aucunes traces, il demeure fort étonné de cette aventure. Son visir & les autres personnes de sa suite n'en furent pas moins surpris. Le roi, après avoir fait là-dessus bien des réflexions, dit qu'il ne pouvoit se persuader que cette biche fût en effet une bête sauvage, & que c'étoit plutôt une nymphe, qui, sous cette forme, prenoit plaisir à se jouer des chasseurs. Les courtisans furent tous de ce sentiment.

Cependant Ruzvanschad regardoit sans cesse la fontaine, & soupiroit de tems en tems sans savoir pourquoi. Il faut, dit-il à son visir, que je passe ici la nuit. Je veux par curiosité observer cette nymphe; j'ai un secret pressentiment que je la verrai sortir de l'eau. Après avoir pris cette résolution, il renvoya tout son monde, à la réserve du visir. Ils s'assirent tous deux sur l'herbe, & continuèrent à s'entretetenir de la biche blanche jusqu'à la nuit. Alors le roi fatigué de la chasse voulut prendre un peu de repos. Muezin, dit-il à son visir, je ne puis me défendre du sommeil ; veille pendant que je dormirai : que tes yeux soient toujours attachés sur la fontaine ; & si tu vois paroître quelque chose, ne manque pas de me réveiller. Muezin bien qu'accablé de lassitude, veilla quelque tems pour plaire au roi ; mais enfin, se sentant assoupi malgré son zèle, il s'endormit.

Leur sommeil dura peu ; ils se réveillèrent en sursaut l'un & l'autre, au bruit d'une symphonie charmante qui se fit entendre assez près d'eux ; & pour comble d'étonnement, ils apperçurent un magnifique palais fort éclairé, & que la main des hommes ne pouvoit avoir élevé. Muezin, dit le roi tout bas, qu'est-ce que ceci ? quels concerts frappent nos oreilles ? Quel palais s'offre à nos yeux ? Seigneur, répondit le visir, tout ceci sans doute n'est point naturel : c'est un enchantement. Plut au ciel que nous eussions abandonné cette fontaine ! ce palais est peut-être un piège que quelque magicien tend à votre majesté. Quoi que ce puisse être, reprit le prince, ne pense pas que la crainte m'arrête. Marchons vers ce palais, ajouta-t-il en se levant ; voyons quelle sorte de gens l'habitent. Cesse de me vouloir faire envisager des malheurs ; plus tu me représenteras de périls, & plus tu me donneras d'envie de m'y exposer.

Le visir voyant son maître déterminé à tenter l'aventure, n'osa plus s'opposer à son dessein. Ils marchent tous deux vers le palais ; ils arrivent à la porte ; ils la trouvent ouverte, ils entrent dans une grande cour, & de-là dans une salle pavée de porcelaines de la Chine, ornée de sophas & de tapisseries de brocard d'or, & parfumée des plus agréables odeurs. Ils traversèrent cette salle où il n'y avoit personne, & passèrent dans une autre, où ils virent sur un trône d'or, une jeune dame toute couverte de pierreries, & dont l'extrême beauté les surprit.

Elle paroissoit écouter avec beaucoup d'attention, cinquante ou soixante demoiselles, dont les unes chantoient, & les autres jouoient du luth. Elles avoient toutes des habits de taffetas couleur de rose, parsemés de perles, & elles se tenoient de bout devant le trône. Ruzvanschad ne pouvoit entendre de plus belles voix ni des sons plus touchans ; mais il y fit peu d'attention : la dame qui étoit sur le trône l'occupa tout entier.

Quand les demoiselles apperçurent ce prince, elles cessèrent de chanter. Il fit une profonde révérence, & s'étant avancé au milieu de la salle, il adressa ce discours à la dame dont il se sentoit déjà charmé : O ravissante reine des cœurs ! qui venez d'asservir par vos premiers regards le souverain maître de la Chine, apprenez-moi, de grâce, le nom de cette merveilleuse nymphe, dont la vue produit des effets si puissans ! La dame sourit à ces paroles, & répondit : Je suis une biche qui fait enchaîner les lions. Je suis cette proie que vous avez poursuivie aujourd'hui, & qui s'est jetée dans la fontaine. Mais, madame, reprit le prince, que dois-je penser de ces métamorphoses ? Mon amour en est alarmé. Que sais-je si dans ce moment vous n'offrez point à mes yeux de trompeuses apparences ? Non, repartit la dame, je vous parois telle que je suis naturellement. Il est vrai que je change de formes quand il me plaît ; je me rends à mon gré visible & invisible aux hommes ; mais tout cela se fait sans enchantement ; & le pouvoir de me transformer en ce que je veux, est un avantage que j'ai reçu du ciel en naissant.

A ces mots, la dame descendit de son trône, s'approcha du roi, le prit par la main, & le mena dans une chambre où il y avoit une table couverte de viandes délicates. Elle le fit asseoir, & se mit entre lui & Muezin, qui de tout ce qu'il voyoit n'augurant rien de bon pour son maître, s'attendoit à quelque triste événement.

Pour le jeune roi, il étoit enchanté de la dame ; aucune réflexion ne troubloit le plaisir qu'il prenoit à la garder. Il voulut la servir; mais elle lui dit; mangez vous deux : pour nous, l'odeur des parfums, ou celle des viandes, nous sert de nourriture.

XVIII. JOUR.

Aussi-tôt que le prince & son visir eurent mangé, deux demoiselles leur présentèrent à chacun une coupe d'agathe remplie d'un vin de couleur pourpre. Ils burent, & ces mêmes demoiselles avoient soin de tenir toujours les coupes pleines. On apporta aussi du vin à la dame, mais elle n'en but pas une goutte; elle se contentoit de le sentir, & la seule odeur faisoit sur elle autant d'effet que la liqueur même sur Ruzvanschad. Ils commencèrent à s'échauffer; le roi dit à la dame mille choses passionnées, & la dame se laissant attendrir, lui parla dans ces termes :

Prince, quoique vous soyez d'une espèce inférieure à la mienne, je n'ai pu m'empêcher de vous aimer; & pour vous apprendre de quel prix est la conquête que vous avez faite, je ne veux pas que vous ignoriez plus long-tems qui je suis. On voit dans la mer une isle appelée Cheheristan; elle est habitée par des génies, dont le roi se nomme Menoutcher. Je suis fille unique de ce prince, & Cheheristani est mon nom.

Il y a trois mois que j'ai quitté la cour de mon père, & que curieuse de voir tous les différens pays où vivent les enfans d'Adam, je me plais à voyager. J'ai parcouru tout le monde, & j'étois prête à m'en retourner à Cheheristani, lorsqu'en traversant aujourd'hui vos états, je vous ai vu à la chasse. Je me suis arrêtée pour vous regarder; mes sens se sont troublés tout-à-coup, & je ne vous ai pas perdu de vue, que je suis tombée dans une profonde rêverie. Il m'est échappé quelques soupirs; &, sentant que malgré moi j'étois occupée de vous, j'en ai rougi. Est-il possible, disois-je, qu'un homme cause le trouble qui m'agite? Un enfant d'Adam triomphera t-il de ma fierté? J'ai eu honte de ma foiblesse, & j'ai voulu promptement m'éloigner de vous; mais, arrêtée comme par le pouvoir d'un charme, je n'en ai pas eu la force. Alors cédant aux tendres mouvemens qui retenoient mes pas, je n'ai plus songé qu'à chercher les moyens de vous plaire. J'ai pris la forme d'une biche blanche, & me suis présentée devant vous pour vous attirer. Vous m'avez poursuivie; & après que je me suis jetée dans la fontaine, vous ne sauriez croire avec quel plaisir je vous ai vu fatiguer l'eau pour me trouver. Je me suis applaudie de votre inquiétude; j'en ai conçu un heureux préfage. Attentive à tous vos difcours, j'ai été ravie d'entendre que vous vouliez paffer la nuit auprès de la fontaine, & pendant que vous dormiez, j'ai fait bâtir ce palais pour vous recevoir. Les génies qui me fervent l'ont conftruit en un moment.

Cheheriftani alloit continuer, lorfqu'il entra une demoifelle qui paroiffoit fort affligée. La princeffe lifant fur fon vifage le malheur qu'elle venoit lui annoncer, fit un grand cri. Enfuite elle fe frappa le vifage; & fe prit à pleurer amèrement. Quel fpectacle pour le roi de la Chine! Vivement touché de la douleur qu'elle faifoit paroître, il étoit fort en peine d'en favoir la caufe. Il alloit la demander, quand la demoifelle qui venoit d'arriver s'avança, & dit à la princeffe: O reine, vous favez que les génies, quoiqu'ils vivent plus long-tems que les hommes, ne laiffent pas d'être comme eux fujets à la mort. Vous avez perdu le roi votre père, il vient de paffer de la vie périffable à la vie éternelle. Tous les peuples vous demandent, ils vous attendent pour vous couronner. Venez donc recevoir l'hommage de vos nouveaux fujets, & répondre à l'impatience qu'ils ont de vous rendre tous les honneurs qui vous font dûs. Le grand vifir mon père m'a chargée de hâter votre retour.

Maimona, lui répondit la princeffe, c'eft affez;

je reconnoîtrai le zèle de votre père, & celui que vous me marquez. Je vais partir avec vous tout-à-l'heure. Adieu, prince, ajouta-t-elle en se tournant vers Ruzvanschad, & lui tendant une de ses belles mains, qu'il baisa avec transport, il faut que je vous quitte; mais soyez assuré que nous nous reverrons quelque jour. Si je vous retrouve amoureux & fidelle, je n'aurai point d'autre époux que vous.

Elle disparut en achevant ces mots. Aussi-tôt une épaisse nuit, succèdant à la clarté des bougies dont le palais étoit illuminé, laissa le roi de la Chine & son visir dans une obscurité à ne pouvoir rien discerner, & ils demeurèrent dans cet état jusqu'au jour qui leur causa une nouvelle surprise; car au lieu d'être dans un palais, comme ils se l'imaginoient, ils se trouvèrent au milieu de la campagne, sans appercevoir la moindre maison.

Muezin, dit alors le prince, faut-il prendre pour un songe tout ce qui vient de nous arriver? Non, seigneur, répondit le visir; je crois plutôt que c'est un enchantement. La dame que nous avons vue est quelque effroyable magicienne, qui, pour vous inspirer de l'amour, aura pris la forme d'une charmante nymphe; & toutes ces belles demoiselles qui chantoient & jouoient si bien du luth, sont autant de démons dévoués à ses charmes.

Quelque vraisemblance qu'il y eût dans ce que disoit Muezin, le roi étoit trop amoureux pour le croire; & ne voulant pas perdre l'opinion avantageuse qu'il avoit conçue de sa dame, il s'en retourna dans son palais, résolu d'en conserver toujours un vif & tendre souvenir. En effet, loin de l'oublier, bien qu'il n'en reçût aucunes nouvelles, & que le visir ne cessât de combattre sa passion, il tomba dans une profonde mélancolie. Il abandonna tous les plaisirs, il n'en pouvoit goûter aucun que celui de la chasse; encore n'alloit-il chasser qu'aux lieux où sa biche blanche lui étoit apparue, & où il se flattoit quelquefois de la revoir.

Cependant il y avoit près d'une année qu'il aimoit, sans qu'il eût sujet de se flater qu'il n'aimoit pas un objet chimérique. Il commençoit à craindre que tout ce qu'il avoit vu ne fût un enchantement. Il lui prit envie de voyager, dans l'espérance qu'en voyageant, toutes ces images s'effaceroient insensiblement de son esprit. Il laissa la conduite du royaume à Muezin; & malgré tout ce que ce ministre lui pût représenter pour le détourner du dessein qu'il avoit pris de ne vouloir être accompagné de personne, il partit tout seul une nuit, monté sur un fort beau cheval, qui avoit une selle & une bride d'or enrichies de rubis & d'éméraudes. Ce prince étoit couvert de riches habits, & portoit un large cimeterre dont le fourreau étoit parfemé de diamans.

Il avoit déjà traverfé fes états; il avoit même gagné les frontières du Thébet, & il s'avançoit vers la capitale de ce royaume. Il n'en étoit qu'à deux petites journées, lorfqu'il s'arrêta fous un gros arbre, dont l'épais feuillage faifoit beaucoup d'ombre. A peine eut-il mis pié-t-à-terre pour fe repofer quelques momens, qu'il apperçut affez près de lui, fous un autre arbre, une dame qui ne paroiffoit pas avoir dix-huit ans. Elle étoit affife, la tête appuyée fur une de fes mains; elle rêvoit profondément, & l'on jugeoit à fon air trifte qu'il falloit que quelque malheur lui fût arrivé. Les habits qui la couvroient étoient tout déchirés, mais au travers de fes haillons, on ne laiffoit pas de remarquer que c'étoit une très-belle perfonne, & qui ne devoit pas être du commun. Ruzvanfchad s'approcha d'elle, & après lui avoir offert fon fecours, lui demanda qui elle étoit? La dame lui répondit: *Je fuis fille & femme de roi, & cependant je ne fuis point ce que je dis. Je fuis princeffe, & ne fuis point ce que je fuis.*

XIX. JOUR.

LE roi de la Chine ne favoit que penfer de la jeune dame, il crut qu'elle avoit perdu l'efprit. Madame, reprit-il, rappelez votre raifon, & me croyez difpofé à vous rendre tous les fervices qui dépendront de moi. Seigneur, dit-elle alors, je ne fuis point étonnée que vous me regardiez comme une folle. Le difcours que je viens de vous tenir, a dû vous paroître infenfé; mais vous me le pardonnerez fans doute, quand vous faurez mes malheurs. Je vais vous les apprendre pour reconnoître votre générofité.

HISTOIRE
DU JEUNE ROI DE THÉBET,
& de la Princeffe des Naïmans.

JE fuis, pourfuivit-elle, fille d'un roi des Naïmans. Mon père n'ayant pas d'autre enfant que moi, lorfqu'il mourut, tous les grands & le peuple me proclamèrent reine; & en attendant que je fuffe en âge de règner, car je n'avois encore que quatre ans, on confia le gouvernement de l'état au vifir Aly-Bin-Haytam, qui avoit époufé ma nourrice, & dont on connoissoit la capacité. Ce sage ministre fut aussi chargé de mon éducation; il commençoit à m'enseigner l'art de règner, & j'allois bientôt prendre connoissance des affaires, quand la fortune qui donne & ôte à son gré les diadêmes, vint me précipiter du haut du trône dans une abîme affreux. Un frère de mon père, le prince Mouaffac, qu'on croyoit mort depuis long-tems, & qu'on disoit avoir été tué dans une bataille donnée contre les Mogols, parut tout-à-coup dans le pays des Naïmans. Quelques grands seigneurs qui avoient été autrefois de ses amis, entrèrent dans ses intérêts, & secondant l'ambition qui l'animoit, excitèrent dans l'état une révolte en sa faveur. Le visir Aly s'efforça vainement de l'appaiser; au lieu d'éteindre ce feu qui s'allumoit, il ne fit que l'irriter. En un mot, tous mes peuples se laissèrent séduire par les pratiques de Mouaffac, & se déclarèrent pour lui.

L'usurpateur ne se vit pas plutôt couronné, qu'il voulut s'assurer de ma personne, & me faire mourir, pour prévenir tout ce que le zèle de quelques amis qui me restoient pourroit entreprendre pour moi. Mais le visir Aly & ma nourrice sa femme trouvèrent moyen de me soustraire à la fureur du tyran. Ils m'enlevèrent une nuit, nous sortîmes d'Albasin, & par des chemins détournés nous gagnâmes le Thébet. Nous allâmes demeurer dans la capitale de ce royaume, où le vifir paſſa pour un peintre Indien, & moi pour ſa fille; il avoit appris à peindre, & il poſſédoit cet art ſi parfaitement, qu'il acquit bientôt de la réputation. Quoique nous euſſions une grande quantité de pierreries, & que nous puſſions vivre avec éclat, nous menions une vie obſcure, comme ſi nous euſſions été réduits à ſubſiſter du pinceau d'Aly. Nous craignions les émiſſaires de Mouaſſac, & nous ne voulions point qu'on nous ſoupçonnât d'être autre choſe que ce que nous paroiſſions.

Deux années s'écoulèrent pendant ce temps-là. Je perdis inſenſiblement les idées de grandeur qu'on m'avoit inſpirées, & prenant des ſentimens conformes à mon malheur, déjà je commençois à m'accoutumer à l'obſcurité d'une condition commune; il ſembloit que je n'euſſe jamais été que la fille d'un ſimple particulier. Je ne me ſouvenois plus d'avoir été ſur le trône; la tranquillité dont je jouiſſois me faiſoit oublier le paſſé, ou ſi quelquefois encore je rappelois dans ma mémoire le rang glorieux que j'avois occupé, je ne l'enviſageois plus que comme un joug dont j'étois dégagée : & libre des ſoins attachés à la puiſſance ſouveraine, je pardonnois à la fortune de me l'avoir ôtée. Plût au ciel, hélas ! que j'eusse passé le reste de ma vie dans cet état obscur & heureux ! mais non. Il faut remplir sa destinée ; & il n'est pas moins inutile de se plaindre des disgrâces, que de vouloir les prévenir.

Le visir fit quelques tableaux qui furent admirés de la ville de Thébet. Le roi en entendit parler, & eut envie de les voir. Il vint lui-même chez Aly qui les lui montra. Ce prince en fut très-satisfait, aussi-bien que de la conversation du peintre. Pendant qu'ils s'entretenoient tous deux, j'entrai dans la chambre où ils étoient, entraînée par la curiosité de voir le roi. Je crus que ne paroissant devant lui que comme la fille du peintre, il ne feroit aucune attention à moi. Je me trompai : il me regarda ; il fut même frappé de ma vue ; je m'en apperçus, & me retirai ; il ne fit pas semblant toutefois de m'avoir remarquée, & il continua de parler au visir ; mais avec tant de trouble & d'émotion, avec un air si inquiet, qu'il ne fut pas difficile de juger que j'avois fait sur lui quelque impression. Effectivement, ce prince revint dès le lendemain chez Aly : il y revint encore les jours suivans. Sous prétexte de chercher des tableaux, il entroit dans toutes les chambres, & faisoit si bien, qu'il pénétroit toujours jusqu'à celle où j'étois ; il ne me disoit rien à la vérité, mais ses regards enflammés ne découvroient que trop ses sentimens.

Un jour il offrit au visir un appartement dans son palais, avec une grosse pension, voulant, disoit-il, arrêter dans ses états & s'attacher un si fameux peintre. Aly devina sans peine le motif de cette proposition; & comme il en voyoit les conséquences, il me dit : Je m'apperçois, ma reine, que le roi de Thébet vous aime. L'amour a plus de part que la peinture aux offres qu'il nous fait. Nous allons loger dans son palais, il ne manquera pas de chercher tous les jours à vous entretenir de sa passion. Souvenez-vous de votre naissance, & bien loin d'accorder aux soupirs de ce prince une indigne victoire, résistez courageusement aux pressantes instances de sa tendresse. S'il est assez amoureux pour vouloir vous associer à son rang, vous l'écouterez; s'il a d'autres vues, nous saurons bien les tromper. Je promis au visir de suivre exactement ses conseils; je ne lui dis point que j'avois remarqué aussi-bien que lui l'amour du roi, & encore moins ce que cette découverte avoit produit en moi. Le prince étoit jeune, beau, parfaitement bien-fait; je ne pus me défendre d'avoir pour lui les mêmes sentimens que je lui avois inspirés.

XX. JOUR.

CEpendant quelque penchant que je me sentisse pour le roi de Thébet, je me promettois bien de le lui cacher, s'il n'avoit pas d'autre dessein que de tenter ma vertu; mais ce prince m'épargna la peine de me contraindre long-tems. Je ne fus pas plutôt dans son palais, qu'il me déclara son amour de la manière que je le souhaitois. Vous m'avez charmé, me dit-il, dès le premier moment que je vous ai vue; j'ai été depuis sans cesse occupé de vous, & je sens que je ne puis vivre sans vous posséder; mais quelque vive ardeur qui m'enflamme, ne croyez pas que je veuille vous traiter comme une esclave; j'ai pour vous autant de respect que j'en aurois pour la fille du roi de la Chine, & je prétends, en vous donnant ma foi, vous placer sur le trône de Thébet.

Je remerciai le prince de l'honneur qu'il me vouloit faire, & prenant cette occasion pour lui apprendre qui j'étois, je lui contai mon histoire qui le toucha vivement. Ma princesse, s'écria-t-il, je vois bien que le ciel m'a réservé l'honneur de vous venger, puisque vous êtes venue chercher un asyle au Thébet. Oui, le perfide Mouaffac fera bientôt puni d'avoir ofé prendre votre place. Confentez que je vous époufe aujourd'hui, & foyez affurée que dès demain je lui enverrai des ambaffadeurs pour lui déclarer la guerre, s'il refufe de vous céder le trône qu'il a ufurpé. Je fis de nouveaux remercîmens au roi, & lui avouai, qu'en nous voyant tous deux pour la première fois, fi j'avois fait fur lui quelque impreffion, je ne l'avois pas auffi impunément regardé. Cet aveu le charma. Il prit une de mes mains, il la baifa avec tranfport, & me jura qu'il m'aimeroit toujours. Il m'époufa dès le jour même, & notre mariage fut célébré dans la ville par de grandes réjouiffances.

Le lendemain, le roi, comme il me l'avoit promis, nomma des ambaffadeurs pour aller au pays des Naïmans. Ils partirent en diligence, & ils ne furent pas fi-tôt arrivés à la cour de Mouaffac, qu'ils demandèrent audience. On la leur accorda; ils dirent à ce prince que leur maître m'ayant époufée, ils venoient le fommer de me reftituer le royaume des Naïmans, ou fur fon refus lui déclarer la guerre. Mouaffac, bien que hors d'état de réfifter au roi de Thébet, fut affez fier pour méprifer fes menaces; de forte que les ambaffadeurs étant de retour, annoncèrent à leur maître les refus de l'ufurpateur. Auffi-tôt on fit des levées dans tout le royaume de Thébet, &

l'on mit sur pié une armée nombreuse ; mais dans le tems que les troupes assemblées étoient prêtes à marcher contre les Naïmans, il vint des députés de la part de ces peuples pour m'assurer de leur obéissance, & m'apprendre que mon oncle Mouaffac étoit mort après quelques jours de maladie. Sur cette nouvelle, le roi congédia son armée, & résolut d'envoyer Aly règner pour moi dans le pays des Naïmans. Ce ministre étoit prêt à partir, lorsqu'une aventure à laquelle je ne me serois jamais attendue, l'en empêcha.

Un soir j'étois assise sur un sopha dans mon cabinet, & je lisois quelques chapitres de l'alcoran. Après les avoir lus, je me levai pour aller trouver le roi qui étoit déjà couché. Un phantôme effroyable se présenta tout-à-coup au-devant de mes pas, & disparut dans le moment. Je fis un si grand cri, que je réveillai le roi qui dormoit. Il accourut à moi promptement, & me demanda pourquoi j'avois crié. Je lui en dis la cause, & rassurée par sa présence, j'étois déjà disposée à croire que le phantôme qui m'étoit apparu venoit de ma seule imagination que la lecture avoit échauffée. Le prince m'écouta fort attentivement, & bien loin d'achever de dissiper ma frayeur, il me dit : Je suis plus troublé que vous, & je ne comprends pas, madame, comment vous pouvez être en même-tems dans mon lit & dans ce cabinet. Seigneur, lui dis-je, je ne conçois rien au discours que vous me tenez; parlez-moi, de grâce, plus clairement. Hé bien, repartit-il, vous n'avez qu'à vous approcher du lit, & vous allez voir la chose du monde la plus étonnante. En effet, m'étant avancée jusqu'au chevet, j'apperçus, avec toute la surprise que vous pouvez penser, une jeune dame qui me ressembloit parfaitement. Elle avoit tous mes traits & toute ma figure.

O ciel! m'écriai-je à ce spectacle, quel objet s'offre à ma vue! Quel prodige inoui...... Ah! méchante, interrompit cette dame, d'un ton de voix pareil au mien, il faut que tu sois bien effrontée pour oser prendre ma forme! Quel est donc ton dessein, scélérate enchanteresse? Crois-tu que le roi mon époux, trompé par ces apparences qui lui laissent ignorer laquelle de nous deux est sa femme, pourra me chasser de son lit, & te donner ma place? Perds cette espérance, ton artifice sera inutile. Malgré tes enchantemens, mon mari voit bien que tu n'es qu'une misérable. Mon cher seigneur, ajouta-t-elle en s'adressant au prince, faites arrêter cette perfide magicienne; ordonnez tout-à-l'heure qu'on la jete dans un sombre cachot, & que demain elle expie dans les flammes sa coupable intention.

XXI. JOUR.

SI la parfaite ressemblance qui étoit entre cette dame & moi, poursuivit la princesse des Naïmans, m'avoit étonnée, son discours insolent me surprit encore davantage. Au lieu de répondre sur le même ton, je ne pus m'empêcher de pleurer, & je dis au roi : Seigneur, je croyois avoir épuisé ma mauvaise fortune ; j'avois lieu de penser qu'après avoir uni mon sort au vôtre, tous mes malheurs étoient finis ; mais, hélas ! un démon jaloux de mon bonheur vient le traverser ; il emprunte mes traits, & veut passer pour moi-même ; il a réussi : vous ne me connoissez plus. Vous me confondez avec lui, regardez-moi de grâce. Si votre femme vous est chère encore, votre cœur doit la démêler au travers du charme qui trompe vos yeux. J'atteste le ciel que je suis la princesse des Naïmans.

La dame couchée m'interrompit pour la seconde fois : vous en avez menti, me dit-elle, vous êtes une impudente, & vous faites assez voir ce qu'on doit penser de vous. Les traîtres ont d'abord recours aux sermens ; & leurs yeux prompts à servir leur perfidie, leur fournissent toujours des pleurs. Cessez, nous dit alors le roi ; finissez des discours qui ne m'apprennent point ce que je veux savoir. Vous ne faites que m'embarrasser l'une & l'autre. Je ne puis reconnoître ma femme. L'une de vous deux est une magicienne qui cherche à me séduire; mais il ne m'est pas possible de la distinguer, & je craindrois, en voulant punir la coupable, de faire tomber le châtiment sur l'innocente.

Le roi ne pouvant donc me démêler de la magicienne, appela le chef de ses eunuques, & lui commanda de nous enfermer dans des appartemens séparés. Nous y passâmes le reste de la nuit. Le lendemain, le prince fit venir le visir Aly & sa femme, & leur conta toute l'aventure. Ils demandèrent à nous voir toutes deux ensemble, ne doutant point, quelque chose que leur pût dire le roi, qu'ils ne me reconnussent; mais ils nous trouvèrent si semblables l'une à l'autre, qu'il ne leur fut pas moins impossible qu'au roi de discerner le mensonge de la vérité. Ma nourrice même se ressouvenant que j'avois apporté en naissant une marque au genou, nous visita, & fut assez surprise lorsqu'elle vit que nous avions toutes deux le même signe au même endroit. Ils ne se rebutèrent point pour cela; ils commencèrent à nous interroger séparément. La dame répondit à leurs questions comme moi-même; de sorte qu'ils ne savoient ce qu'ils devoient penser. Il

parut

parut cependant à ma nourrice que mes réponses étoient les plus justes, & elle décida pour moi.

Mais on ne s'arrêta point à son sentiment, & tous les visirs que le roi avoit assemblés, jugeant au contraire que la dame qu'on avoit trouvée couchée dans le lit du prince étoit la reine, & l'autre la magicienne, ils conclurent qu'il falloit me brûler. Le roi ne voulut pas suivre un avis si cruel, de peur de faire mourir sa femme en croyant la venger : il se contenta de me bannir de la cour. On m'ôta mes habits, on me couvrit de haillons, & l'on me mit hors de la ville. Je suis venue jusqu'ici en vivant des provisions que les personnes charitables m'ont données. Voilà mon histoire, seigneur, ajouta la princesse des Naïmans. J'espère qu'après cela vous conviendrez que j'ai eu raison de vous dire, *que je suis fille & femme de roi, & que cependant je ne suis point ce que je dis : que je suis princesse, & ne suis point ce que je suis.*

En cet endroit la reine de Thébet ayant cessé de parler, Ruzvanschad prit la parole, & lui dit : Consolez-vous, madame, vos malheurs sont parvenus à leur comble, & vous ne devez pas douter que la fortune désormais ne vous devienne favorable; car, comme dit un de nos poëtes, une chose qui est arrivée au point de sa perfection touche au moment de sa décadence; & un malheur extrême est voisin de la prospérité. Attends-toi à périr, ajoute le même poëte, quand on te dira que tu es parfait; & prépare ton cœur à la joie, lorsque l'adversité te fera sentir ce qu'elle a de plus rigoureux. C'est ainsi que le ciel a réglé la vie des hommes. Pour vous convaincre de cette vérité, je veux, madame, vous conter l'histoire du visir Caverscha.

HISTOIRE
DU VISIR CAVERSCHA.

UN roi d'Hircanie appelé Codavende, avoit un visir nommé Caverscha. Ce ministre, homme d'un esprit supérieur, & d'une expérience consommée, voulut un jour se baigner. Il étoit auprès de la cuve du bain, il tira de son doigt sa bague en badinant, & la laissa tomber par hasard dans la cuve; mais au-lieu d'aller au fond, elle demeura sur la surface de l'eau.

Caverscha frappé de ce prodige, ordonna aussi-tôt à ses officiers d'enlever de sa maison toutes ses richesses, & de les aller cacher dans un lieu qu'il leur nomma, en leur disant que le roi son maître étoit sur le point de le faire arrêter. Effectivement, ses domestiques n'avoient pas encore emporté tous ses meubles, que le capitaine des gardes du roi arriva chez lui avec des soldats, & lui dit qu'il avoit ordre de le mener en prison. Le visir s'y laissa conduire, pendant qu'une partie des soldats se saisit de tout ce qui étoit resté dans sa maison. Ce malheureux ministre, que Codavende traitoit ainsi sur de faux rapports, demeura plusieurs années dans les fers. Il n'avoit pas la liberté d'entretenir ses amis. On lui refusoit toutes sortes de consolations, & tous les jours le roi donnoit quelque nouvel ordre qui augmentoit la rigueur de sa prison.

Il avoit envie depuis long-tems de manger du rommanaschi (a). Il en demandoit sans cesse, & l'on avoit la cruauté de lui en refuser, tant on s'attachoit à le mortifier. Cependant un jour le concierge lui en porta par pitié, & lui en présenta dans un bassin de porcelaine. Le visir, ravi d'avoir enfin ce qu'il avoit si ardemment désiré, se disposoit à contenter ses désirs, quand deux gros rats qui se battoient venant à passer tout-à-coup auprès du Rommanaschi qu'il avoit mis à terre pour un moment, tombèrent dedans, & le rendirent immonde. Caverscha n'en voulut pas manger; mais il envoya dire à ses domestiques d'aller reprendre ses richesses & de les reporter dans sa maison, parce que, disoit-il, le roi son maître

---

(a) C'est un mets où il entre des grains de Grenade.

étoit prêt à le retirer de prison, & à le rétablir dans son premier poste. Cela ne manqua pas d'arriver encore : Codavende lui rendit la liberté dès le jour même, & l'ayant fait venir en sa présence, il lui dit : J'ai reconnu votre innocence ; j'ai fait étrangler vos ennemis ; je vous redonne ma confiance avec le rang que vous occupiez auparavant.

Alors les amis de Caverscha sachant ce qui s'étoit passé, lui demandèrent comment il avoit su qu'il devoit être arrêté, & ensuite délivré de prison. Quand j'ai vu, leur dit le visir, que ma bague au lieu de s'enfoncer demeuroit sur l'eau, j'ai jugé par-là que ma gloire étoit arrivée à son dernier degré, & que mon bonheur, ne pouvant plus croître, alloit, selon l'ordre du ciel, se changer en adversité. Ce qui s'est trouvé véritable. Lorsque dans ma prison j'ai demandé en vain si long-tems du rommanaschi, j'ai bien vu que mon malheur duroit encore ; & enfin, quand on m'en a apporté, les rats qui sont tombés dedans, m'ont fait connoître que j'étois parvenu aux bornes prescrites à ma mauvaise fortune, & que ma douleur extrême seroit bientôt suivie d'une parfaite joie.

Ne vous abandonnez donc point, madame, à votre désespoir, poursuivit le roi de la Chine, vous êtes peut-être sur le point d'éprouver le plus heureux sort. Imitez-moi, livrez-vous aux plus douces espérances. Hélas! je ne sais si je ne suis pas, comme vous, le jouet d'une magicienne, ou si la personne que j'aime n'est point quelque affreux démon. Ruzvanschad en même-tems lui apprit son nom, & lui raconta l'aventure de la biche blanche.

Il en avoit à peine achevé le récit, qu'ils apperçurent tous deux un jeune homme à cheval qui attira toute leur attention. Il étoit presque nud, & il couroit à bride abattue. Il passa si près d'eux, que la reine le reconnut, & s'écria : Ciel ! voilà mon mari. Mais il ne jeta point les yeux sur elle, il avoit l'air effrayé; & en courant à toute bride, il regardoit de tems en tems derrière lui, comme s'il eût craint d'être poursuivi.

XXII. JOUR.

LA jeune reine de Thébet & Ruzvanschad, conduisirent de l'œil le jeune homme, & ils ne l'avoient point encore perdu de vue, qu'ils virent venir un autre cavalier qui pressoit aussi très-vivement les flancs de son cheval. Celui-ci avoit de magnifiques habits, & tenoit à la main un sabre nud & teint de sang ; on voyoit bien qu'il poursuivoit le premier, & qu'il brûloit d'impatience de le joindre ; mais ce qu'il y avoit de merveilleux, c'eſt qu'il lui reſſembloit ſi parfaitement, que la princeſſe l'ayant enviſagé, ne put s'empêcher de dire encore : O ciel ! voilà mon mari ! Il étoit ſi occupé de ſa pourſuite, qu'il paſſa fort près de la reine ſans la remarquer. Madame, dit le roi de la Chine, il faut avouer que rien n'eſt plus ſurprenant que ceci. Seigneur, lui répondit la princeſſe, vous pouvez juger par-là qu'en vous racontant mon hiſtoire, ce n'eſt point une fable que je vous ai débitée.

Pendant qu'ils raiſonnoient ſur la ſingularité de cet événement, il parut un troiſième cavalier. Pour celui-ci, bien qu'il ne courût pas moins vîte que les deux autres, il ne paſſa pas ſans regarder Ruzvanſchad & la reine. C'étoit le viſir Aly-Bim-Haytam ; la princeſſe & lui ſe reconnurent bien-tôt. Ce miniſtre deſcendit promptement de cheval, & ſe jetant aux piés de la reine : Ah ! madame, lui dit-il, c'eſt donc vous que je vois. Le ciel ſoit à jamais béni de vous avoir conſervée. S'il laiſſe pour un tems triompher le crime, & ſemble abandonner l'innocence, ce n'eſt que pour mieux faire éclater dans la ſuite ſa juſtice. C'en eſt fait, votre mortelle ennemie ne vit plus. Le roi lui-même l'a frappée, ſon ſabre eſt encore teint de ſon perfide ſang ; & pour achever une entière vengeance, il poursuit en ce moment un misérable, qui par le pouvoir d'un charme a pris aussi ses propres traits. Je voudrois avoir le tems de vous informer de tout ce qui s'est passé à la cour depuis que vous en avez été si indignement écartée ; mais remettons ce détail à une autre fois ; le roi s'éloigne toujours. Allons, madame, montons promptement à cheval, & courons après lui. Non, seigneur, dit alors Ruzvanschad ; au-lieu de fatiguer la reine, demeurez avec elle ici. Je me charge de joindre le roi, & de vous l'amener en ce lieu ; en disant cela, il s'approcha de son cheval, sauta légèrement en selle, marcha sur les pas du roi de Thébet, sans répondre au compliment que la princesse lui faisoit sur sa générosité.

Après son départ, le visir demanda à la reine qui étoit ce jeune inconnu, & il ne fut pas peu surpris d'apprendre que c'étoit le roi de la Chine. Satisfaites donc présentement ma curiosité, lui dit la princesse, & me contez de quelle manière on a démasqué la magicienne. Madame, répondit le ministre, le roi votre époux, persuadé que son conseil avoit bien distingué la vraie princesse des Naïmans de celle qui, par la force d'un enchantement en avoit toute la ressemblance, vivoit avec votre rivale dans une intelligence parfaite. Il étoit avec elle depuis quelques jours dans un château qu'il a, comme vous savez, à neuf ou dix lieues de sa capitale. Ce matin nous en sommes sortis tous deux avec un seul esclave pour aller à la chasse. Nous en étions déjà un peu éloignés, quand le roi s'est souvenu tout-à-coup qu'il avoit oublié de dire à la reine quelque chose de fort important. Nous sommes aussi-tôt retournés sur nos pas. Ce prince est descendu de cheval à la porte du château où il m'a dit de l'attendre, & par un escalier dérobé s'est rendu à l'appartement de la princesse. Peu de tems après, j'ai vu revenir un homme sans turban, presque nud, & qui avoit tous les traits du roi : j'ai cru que c'étoit ce prince : Ah ! seigneur, me suis-je écrié en le voyant, pourquoi êtes-vous dans cet état ? Mais au-lieu de me répondre, il a couru à son cheval d'un air épouvanté. Il est monté dessus, & a pris la fuite sans me dire un seul mot. Comme je jugeois qu'il lui étoit arrivé quelque fâcheux accident, j'avois une extrême impatience d'apprendre ce que ce pouvoit être. Pour m'en éclaircir, je commençois à le suivre, & j'allois faire mes efforts pour le joindre, quand j'ai entendu derrière moi une voix qui crioit : Attendez, visir, attendez. Je m'arrête à l'instant, je tourne la tête & vois le roi qui sort du château les yeux étincelans & le cimeterre à la main. Il vient à moi à pas précipités; visir, me dit-il, nous avons chassé la reine pour retenir une malheureuse femme qui a pris par magie toute sa figure. Je viens d'ôter la vie à cette scélérate, & il faut que je fasse le même traitement au traître qui a pris aussi mes traits. Donne-moi ton cheval, ajouta-t-il en s'adressant à l'esclave, je veux courir après ce misérable, qui prétend en vain m'échapper. En achevant ces paroles, il est monté sur le cheval de l'esclave, & marchant sur les traces de son ennemi, il le poursuit depuis ce tems-là.

Tandis que le visir Aly-Bim-Haytam faisoit ce récit à la reine, Ruzvanschad piquoit vers le roi de Thébet, & le suivoit avec autant d'ardeur, que s'il eût couru après sa biche blanche. De son côté le roi de Thébet, poussé par son ressentiment, ne donnoit point de relâche à son cheval; & comme il étoit meilleur cavalier que l'homme qu'il poursuivoit, il le joignit enfin, & le frappant à l'épaule d'un coup de cimeterre, il lui fit vider les étriers. Il descendit aussi-tôt de cheval pour achever de tuer son ennemi; mais ce misérable demanda la vie. Je te l'accorde, lui dit le roi, à condition que tu me diras qui tu es, comment & pourquoi tu as pris mes traits; en un mot, que tu me donneras un entier éclaircissement de toutes les choses que je souhaite de savoir. Seigneur, lui répondit cet homme, puisque votre majesté me fait grâce, je veux ne lui rien déguiser. Je vais lui parler avec toute la sincérité qu'elle exige de moi ; & pour lui persuader que j'ai dessein de la contenter, il faut que je commence par reprendre ma forme naturelle. En achevant ces mots, il ne fit qu'ôter une bague qu'il avoit au doigt, & le roi ne vit plus en lui que les traits d'un affreux vieillard.

XXIII. JOUR.

LE roi de Thébet fut assez surpris de cette métamorphose, qui ne servit qu'à irriter la curiosité qu'il avoit d'apprendre tout ce que ce vieillard se préparoit à lui raconter. Seigneur, dit le misérable, vous me voyez tel que je suis naturellement ; & pour vous donner une entière satisfaction, je vais vous conter l'histoire de ma vie.

Je suis fils d'un tisserand de Damas, & Mocbel est mon nom ; comme mon père étoit fort riche & encore plus avare, & qu'il n'avoit point d'autre héritier que moi, je me trouvai après sa mort maître d'un bien considérable pour un homme de ma naissance. Au-lieu de suivre l'exemple de mon père, ou du moins de ménager un peu ma fortune, je ne songeai qu'à me divertir. J'aimois les femmes, & je m'attachai particulièrement à plaire à une jeune dame qui demeuroit dans mon voifinage. Elle avoit de la beauté & beaucoup d'efprit ; mais fon efprit étoit artificieux, & d'un affez mauvais caractère. Elle étoit aimée de plufieurs hommes, qui fe flattoient tous d'avoir la préférence, parce qu'elle les traitoit tous également bien en particulier. J'y fus trompé comme les autres. Séduit par les marques d'amitié qu'elle me donnoit, je m'imaginois que mes rivaux foupiroient pour une ingrate, & que j'étois plus heureux qu'eux. Cette opinion augmenta mon amour, & mon amour me jeta dans une dépenfe effroyable. J'envoyois tous les jours quelque nouveau préfent à Dilnouaze, c'eft ainfi qu'elle fe nommoit ; & les préfens que je lui fis furent fi confidérables, qu'en trois ou quatre années je me ruinai. Mes rivaux, de leur côté, comme à l'envi l'un de l'autre, s'attachoient à conferver par des préfens la tendreffe de Dilnouaze ; de forte que cette dame s'enrichit de nos dépouilles.

Après avoir diffipé tout mon bien, je m'attendois à me voir plus mal reçu ; & j'avois cette crainte, parce que j'étois toujours fort épris ; mais quoique coquette & intéreffée, Dilnouaze me dit un jour : Mocbel, tu crois peut-être que je vais te bannir de chez moi préfentement que tu n'es plus en état de me faire des préfens. Non, mon ami; comme tu es le plus amoureux de tous mes amans, puifque tu t'es le plutôt ruiné, je veux à mon tour te montrer que je fuis généreufe. Je prétends partager avec toi tout ce que je recevrai de tes rivaux, & te rendre avec ufure ce que ton amour t'a fait prodiguer. En effet, aulieu de me laiffer manquer des chofes néceffaires, elle m'accabloit d'or & d'argent. Je paroiffois plus riche que je n'avois jamais été. Outre cela elle avoit une entière confiance en moi, elle ne faifoit rien fans me confulter, & nous vécûmes enfemble de cette forte pendant plufieurs années.

Infenfiblement Dilnouaze vieilliffoit, le nombre de fes amans diminuoit tous les jours, & enfin le tems acheva de les lui enlever tous. Quelle mortification pour une femme qui aimoit autant qu'elle la compagnie des hommes! Elle ne pouvoit fe confoler de s'en voir abandonnée. Ah! Mocbel, me dit-elle alors, je t'avouerai que la vieilleffe m'eft infupportable. Accoutumée dès l'enfance aux hommages des jeunes gens, je ne puis aujourd'hui fouffrir leurs mépris. Il faut que je meure pour m'affranchir du chagrin mortel qui me dévore, ou bien que j'aille au défert de Pharan trouver la fage Bédra. C'eft la plus habile magicienne de l'Afie; toute la terre eft soumise à ses enchantemens. Les rivières, quand il lui plaît, remontent vers leurs sources, le soleil à sa voix pâlit ou recule; & la lune s'arrête au milieu de sa carrière. J'ai envie de l'aller voir; je sais dans quel endroit du désert elle fait sa demeure: peut-être me donnera-t-elle un secret pour me faire aimer des hommes malgré ma vieillesse. Vous ferez fort bien, lui répondis-je, & je vous accompagnerai, si vous le souhaitez. Elle m'en pria. Nous nous chargeâmes de provisions & de quelques présens pour Bédra, & nous prîmes le chemin du désert.

Quand nous y fûmes arrivés, & que nous eûmes marché pendant deux jours, Dilnouaze me fit remarquer de loin une montagne, & me dit que la magicienne demeuroit là. Nous nous avançâmes jusqu'au pié de la montagne, & nous apperçûmes une vaste & profonde caverne, d'où sortoient avec bruit mille oiseaux de mauvais présage, ou plutôt, des monstres volans de diverses figures, qui s'élevant jusqu'aux nues, faisoient retentir l'air de leurs cris funèbres. Nous nous présentâmes à l'entrée, & vîmes à la clarté d'une lampe d'acier, dont toute la caverne étoit éclairée, une petite vieille qui étoit assise sur une grosse pierre. C'étoit Bédra. Cette magicienne tenoit sur ses genoux un grand livre ouvert qu'elle lisoit devant un fourneau d'or, dans lequel il y avoit un pot d'argent plein de terre noire qui bouilloit sans feu.

Nous jugeâmes bien que nous avions trouvé ce que nous cherchions. Nous entrâmes, & nous étant approchés de la vieille, nous la saluâmes d'un air fort respectueux. Nous lui présentâmes les choses que nous avions apportées pour elle, & ensuite Dilnouaze lui adressa ces paroles : Toute-puissante Bédra, j'implore votre secours. Il n'est pas besoin de vous dire le sujet qui m'amène, puisque vous savez tout par le pouvoir de votre art.

XXIV. JOUR.

La magicienne, après avoir écouté Dilnouaze, lui dit : Non, non, il n'est pas nécessaire que tu m'apprennes ce que je sais déjà. En achevant ces mots, elle alla prendre deux phioles de verre qu'elle porta hors de la caverne; elle les mit à terre, & jeta dans chacune une bague d'or. En même tems elle ouvrit son livre, & lut quelques paroles magiques. Tandis qu'elle faisoit ses conjurations, nous vîmes sortir du feu de l'une des phioles, & de l'autre une fumée noire & fort épaisse, qui s'élevant & se répandant dans l'air, excita tout-à-coup un tonnerre furieux. Mais ce tonnerre cessa bientôt, & l'on ne vit plus rien sortir des phioles. Alors Bédra en tira les bagues, & après en avoir mis une au doigt de Dilnouaze : Va, femme, lui dit elle, abandonne ton cœur à la joie ; tes souhaits sont accomplis. L'anneau que je te donne, pendant que tu l'auras au doigt, a le pouvoir de te faire prendre tous les traits de femmes qu'il te plaira. Tu n'as qu'à souhaiter de ressembler à telle fille ou femme que tu voudras, & dans le moment tu deviendras si semblable à elle, qu'on vous confondra l'une & l'autre. Et toi, Mocbel, poursuivit-elle en se tournant de mon côté, je veux te faire présent de l'autre anneau, qui a aussi la vertu de faire disparoître tes propres traits, & de te prêter toutes les formes d'hommes que tu désireras. A ces mots, elle me mit au doigt l'autre bague.

Nous remerciâmes Bédra de ses dons précieux, & nous prîmes congé d'elle. Nous n'attendîmes pas que nous fussions de retour à Damas pour éprouver nos anneaux, nous en fîmes l'essai dans le désert. Nous souhaitâmes de ressembler à des personnes de notre connoissance, & nous prîmes à l'instant toute leur figure. Dès que nous fûmes retournés à Damas, Dilnouaze qui n'étoit pas d'humeur à laisser sa bague inutile, emprunta la forme des plus belles dames de la ville, pour se prostituer à leurs amans, & en tirer de grosses sommes. De mon côté, pour me divertir, & quelquefois pour voler, je me servois aussi de mon anneau, en paroissant tantôt sous les traits d'un homme, & tantôt sous les traits d'un autre.

Après avoir long-tems vécu de cette manière à Damas, il nous prit fantaisie de voyager. Nous sortîmes de l'Egypte, & nous allâmes de ville en ville jusqu'au pays des Naïmans. Là, nous apprîmes qu'une jeune princesse, ou plutôt un enfant, occupoit le trône; que sous son nom le visir Aly-Bim-Haytam gouvernoit l'état, & qu'il avoit toute l'autorité: que cela faisoit beaucoup de mécontens: qu'on souhaitoit fort que le prince Mouaffac, oncle de la jeune reine, & frère du feu roi, revînt dans le pays; mais qu'on croyoit qu'il avoit été tué dans une bataille donnée dans le Mogolistan; parce que depuis ce tems-là on ne savoit ce qu'il étoit devenu. Nous prêtâmes l'oreille à ces discours, & Dilnouaze me dit: Voilà une belle occasion de gagner une couronne; tu n'as qu'à prendre la figure de Mouaffac.

Je me déterminai sans peine à jouer ce personnage. Je m'informai auparavant de toutes les circonstances du combat donné dans le Mogolistan. Je déterrai même des gens qui me nommèrent ceux des grands seigneurs du royaume qui avoient été les meilleurs amis de Mouaffac. Enfin, lorsque j'eus appris tout ce que je voulois savoir, je

ne

ne fis que souhaiter de ressembler à ce prince, & j'en eus aussi-tôt toute la ressemblance. Je me montrai à ceux qu'on m'avoit dit avoir été attachés à Mouaffac. Ils témoignèrent une grande joie de me revoir, & je ne leur eus pas plutôt fait connoître que j'avois dessein de m'emparer du trône, qu'ils promirent d'employer pour moi tout le crédit qu'ils avoient dans le pays. Leurs promesses ne furent pas vaines. Les Naïmans qui sont sur les rivages du fleuve Amor, gagnés par leurs sollicitations, commencèrent à se révolter en ma faveur; les ennemis du visir Aly firent le reste. Tout le royaume fut bientôt soulevé, les peuples mêmes d'Albasin m'ouvrirent les portes de leur ville, lorsque je me présentai; & après m'avoir proclamé roi des Naïmans, jurèrent de m'obéir en tout ce qu'il me plairoit de leur commander. Je voulus d'abord m'assurer de la jeune reine, & la sacrifier à ma sûreté; mais le visir Aly sauva la vie à cette princesse, en l'emmenant hors du royaume avec autant de secret que de diligence.

Je ne laissai pas de demeurer tranquillement sur le trône, & de règner avec un pouvoir absolu. Je récompensai tous ceux qui avoient contribué à mon élévation, je leur donnai les premières charges : & quand j'aurois été véritablement le prince Mouaffac, je n'aurois peut-être pas fait un meilleur usage de mon autorité. Je vivois donc fort content avec Dilnouaze, qui, sous les traits d'une belle & jeune dame, possédoit la qualité de reine. Je la faisois passer pour la fille d'un roi, à la cour duquel je disois m'être réfugié après cette bataille où j'avois disparu, & qui me l'avoit fait épouser pour me consoler de mon malheur. Elle avoit un superbe appartement dans le palais, & elle étoit servie par un nombre infini d'agréables esclaves, qui, par leurs divers talens, cherchoient sans cesse à la divertir. Nos jours enfin couloient dans les plaisirs, lorsque nous apprîmes, seigneur, par vos ambassadeurs, que vous aviez épousé la princesse des Naïmans, & que vous étiez résolu de me faire la guerre, si je ne lui rendois la couronne que je lui avois arrachée. Je fis une réponse fière, comme si j'eusse méprisé vos menaces : mais dans le fond j'en fus épouvanté, & je n'eus pas si-tôt congédié vos ambassadeurs, que nous songeâmes fort sérieusement, Dilnouaze & moi, au parti que nous avions à prendre.

Après avoir délibéré très-long-tems, persuadés que nous étions trop foibles pour vous résister, nous nous déterminâmes à vous abandonner un trône que nous ne pouvions conserver : mais nous entreprîmes de nous venger de vous & de la princesse des Naïmans, comme si vous nous eussiez fait la plus grande injustice du monde; & voici de quelle manière nous conduisîmes notre vengeance.

XXV. JOUR.

J'Eus recours à ma bague, continua Mocbel. Je feignis d'être malade pendant quelques jours, & ensuite pour faire croire au peuple que j'étois mort, j'empruntai toute la forme d'un cadavre. On fit mes obsèques, & la nuit Dilnouaze étant venue ouvrir le tombeau, où l'on m'avoit enfermé, nous sortîmes tous deux d'Albasin sous nos traits naturels. Nous prîmes le chemin de la ville de Thébet, où nous ne fûmes pas plutôt rendus, que nous vîmes arriver des députés, que les Naïmans envoyoient à la reine votre épouse, pour lui faire part de la mort du prince Mouaffac, & l'assurer qu'ils la reconnoissoient pour leur légitime souveraine. Sur cette nouvelle, vous licentiâtes les troupes que vous aviez assemblées, & vous résolûtes de confier le gouvernement du pays des Naïmans au visir Aly.

Cependant Dilnouaze, sous la ressemblance d'une jeune esclave de la reine, & moi sous celle d'un de ses eunuques, nous nous introduisîmes une nuit dans le palais. Nous nous glissâmes dans votre appartement où il ne nous fut pas difficile d'éxecuter notre dessein : car vous étiez déjà couché, & la reine lisoit dans un cabinet. Dilnouaze prit les traits de cette princesse, & se mit au lit auprès de vous ; & quand votre véritable femme voulut sortir de son cabinet pour vous aller trouver, je m'offris au devant d'elle sous l'horrible figure d'un phantôme. Elle fit un cri. Je disparus. Vous savez le reste, seigneur, & je n'ai plus qu'à vous apprendre pourquoi j'ai emprunté aujourd'hui la forme de votre majesté. Ce matin, d'abord que vous avez été hors du palais, je suis entré sous les traits du chef de vos eunuques dans votre appartement, où vous veniez de laisser Dilnouaze couchée. Mocbel, m'a-t-elle dit, déshabilles-toi, & viens sous la forme du roi occuper ici sa place. J'ai fait ce qu'elle souhaitoit ; & j'étois au lit avec elle, lorsque tout-à-coup ouvrant la porte de l'escalier dérobé, vous avez paru dans la chambre. Vous vous êtes mis en devoir de me frapper : je me suis dérobé au tranchant de votre cimeterre. Mais le ciel qui n'a pas voulu sans doute que mes crimes demeurassent impunis, m'a livré à votre ressentiment. Oui, seigneur, je conviens que je mérite la mort. Et si votre majesté, après avoir entendu tous les forfaits qui composent l'histoire de ma vie, se repent de m'avoir fait grâce, je consens qu'elle retire sa parole, & qu'elle punisse un misérable qui se reconnoît lui-même indigne de vivre.

Il est vrai, lui répondit le roi de Théber, que

je devrois te traiter comme j'ai déjà traité la malheureuse complice de tes mauvaises actions. Je devrois purger la terre d'un monstre tel que toi; mais puisque j'ai promis de te laisser la vie, je tiendrai ma promesse : je t'ôterai seulement ta bague, le fatal instrument de tes crimes; tu ne pourras plus nuire au genre humain, & ta vieillesse sera ton supplice.

Comme le roi achevoit ces paroles, il apperçut Ruzvanschad qui s'avançoit vers lui à toute bride, & jugeant à son habillement que ce ne devoit pas être un homme ordinaire, il le regardoit avec attention. Ruzvanschad l'ayant joint, mit pié-t-à-terre, & après l'avoir salué, lui dit : Prince, je viens vous annoncer une agréable nouvelle. La reine votre épouse, la princesse des Naïmans vit encore. Avec quelque indignité qu'elle ait été chassée de la ville de Thébet, malgré tout ce qu'elle a souffert depuis ce tems-là, je vous apprends qu'elle n'est point morte, & qu'il ne tiendra qu'à vous de la revoir dès aujourd'hui. O ciel! s'écria le roi de Thébet à ce discours; croirai-je ce que j'entends? Est-il bien possible que la reine soit encore en vie, après les malheurs qu'elle a éprouvés? Mais vous, ajouta-t-il en s'adressant au roi de la Chine, vous qui me paroissez instruit des étranges événemens qui sont arrivés dans ma maison, dites-moi, de grâce, qui vous êtes, &

m'informiez de toutes les obligations que je vous ai. Je fuis étranger, répondit Ruzvanfchad, & je vous dirai mon nom une autre fois. Le hafard m'a fait rencontrer la reine ; elle m'a raconté fes triftes aventures, & je n'ignore pas celle qui vous eft arrivée ce matin ; le vifir Aly vient de me l'apprendre. Il eft en ce moment avec cette princeffe dans un lieu où je leur ai promis de vous conduire.

Cette nouvelle caufa beaucoup de joie au jeune roi de Thébet, qui plein d'impatience de revoir fa véritable femme, l'alla trouver fur le champ avec Ruzvanfchad, & laiffa-là le miférable Mocbel après avoir pris fon anneau.

XXIV. JOUR.

Aussi-tôt que les deux princes fe furent rendus à l'endroit où le vifir Aly-Bim-Haytam étoit avec la reine, le roi de Thébet defcendit de cheval avec précipitation ; &, recevant dans fes bras cette princeffe, qui s'étoit avancée pour l'embraffer : Madame, lui dit-il, de quel œil verrez-vous déformais un mari qui vous a fi mal traitée ? Mais, hélas ! à quelques excès que j'aie porté la cruauté, vous ne devez point me haïr, puifqu'en vous perfécutant, je croyois vous venger de votre ennemie. Oublions le passé, seigneur, répondit la reine, votre erreur sert d'excuse au traitement que vous m'avez fait, & l'enchantement étoit tel qu'on doit vous pardonner votre erreur. Non, madame, répliqua le roi, je la trouve inexcusable, & je ne me la pardonne point. Quelque ressemblance qu'il y eût entre vous & la malheureuse femme qui avoit pris vos traits, je devois vous reconnoître à vos sentimens & à votre esprit, que celui de votre phantôme n'égaloit pas.

Après s'être tous deux abandonnés quelque tems à la joie de se revoir, la reine demanda au prince son mari, comment il s'étoit apperçu que la dame, qu'il regardoit comme sa femme, ne l'étoit pas? Je montai, lui dit le roi, par un escalier dérobé dans l'appartement de la reine, & je n'en eus pas plutôt ouvert la porte, que voyant un homme couché avec ma femme, je me sentis saisi de fureur. Je tirai mon cimeterre, & m'approchai du lit pour m'immoler ces deux amans; mais l'homme eut l'adresse d'éviter mes coups, & gagna l'escalier dérobé. Avant que de le poursuivre, je voulus me défaire d'une infidelle épouse. Elle s'étoit levée, & me demandoit grâce en me tendant les bras. J'étois trop en colère pour l'écouter; je la frappai, & lui coupai une main où elle avoit un anneau. Elle n'eut pas plutôt la main cou pée, que son beau visage disparut, & je ne vis plus devant moi qu'une horrible vieille.

Prince, me dit-elle, en me coupant la main tu as détruit le charme qui trompoit tes yeux. C'est par le pouvoir d'une bague enchantée que j'avois tous les traits de la reine, & l'homme qui vient de t'échapper a pris aussi toute ta forme par la vertu d'un autre anneau. Ne m'ôte point la vie; je suis assez misérable, puisque je te vois désabusé. O scélérate, me suis je alors écrié, ne te flatte pas d'une vaine espérance, ne crois pas pouvoir intéresser ma générosité à te laisser vivre. Non, non, ton crime est indigne de pardon. Si tu n'avois offensé que moi, j'aurois pu par pitié te faire grâce; mais tu es venue troubler l'union où je vivois avec la reine; tu es cause que j'ai traité cette princesse indignement, que je l'ai chassée de mon palais, & que je ne la reverrai plus; car je ne doute pas qu'accablée de douleur & de misère, elle n'ait achevé son déplorable destin. A ces mots, ajouta le roi, j'ai levé mon cimeterre, & j'ai coupé la tête à cette méchante vieille. Après cela, sans perdre de temps, je me suis mis sur les traces du malheureux qui avoit emprunté mes traits, & le ciel n'a pas permis qu'il se soit dérobé à mon juste ressentiment.

Lorsque le roi de Thébet eut ainsi satisfait la curiosité de la reine, il raconta tout ce qui s'étoit passé entre Mocbel & lui. Il fit un long récit de toutes les démarches que ce misérable & Dilnouaze avoient faites pour s'emparer du trône des Naïmans, & de quelle manière ils l'avoient ensuite abandonné. La princesse & le visir Aly écoutèrent cette histoire avec autant de surprise que d'attention. Lorsque le roi l'eut achevée, il se tourna vers Ruzvanschad, & lui dit : noble étranger, qui avez si généreusement contribué au bonheur dont nous jouissons, quelles marques de reconnoissance souhaitez-vous que je vous donne ? Parlez, demandez-moi tout ce qu'il vous plaira, & soyez sûr que je vous l'accorderai. Ruzvanschad alloit répondre à ce compliment, quand la jeune reine de Thébet prenant la parole, dit au prince son mari : seigneur, vous ne savez pas que l'étranger à qui vous adressez ce discours, est le roi de la Chine. Aussi-tôt que le roi de Thébet entendit parler ainsi la reine, il demanda pardon à Ruzvanschad, s'il avoit manqué aux égards qu'il lui devoit. Le roi de la Chine l'interrompit, & ces deux princes s'embrassèrent à plusieurs reprises. Après quoi ils allèrent tous au château du roi de Thébet. Ruzvanschad y demeura quelques jours, il y fut régalé magnifiquement. Puis ayant pris congé de ses hôtes, il retourna dans ses états.

Continuation de l'Histoire de Ruzvanschad, & de la Princesse de Cheheristani.

LE roi de la Chine étant arrivé dans son palais, ne manqua pas de raconter à son visir la merveilleuse aventure de la reine & du roi de Thébet. Muezin en fut étonné, & prit de là occasion de représenter encore à son maître que Cheheristani n'étoit vraisemblablement qu'une magicienne, ou plutôt qu'une femme semblable à Dilnouaze : Ruzvanschad commençoit à n'en pas douter.

Un matin que tous les courtisans étoient assemblés au palais, & que selon leur coutume, ils attendoient que ce prince se montrât, on leur vint dire qu'on ne savoit ce qu'il étoit devenu : que le soir précédent, après avoir fait retirer tous ses officiers, il s'étoit endormi sur un sopha, & qu'on ne le retrouvoit ni dans son appartement, ni dans aucun autre lieu du palais. On en fit de nouvelles perquisitions, mais elles furent toutes inutiles ; & plusieurs jours s'étant écoulés sans qu'on entendît parler de lui, & sans qu'on sût où il pouvoit être, tous les courtisans commencèrent à s'affliger, comme à l'envi l'un de l'autre. Ils se teignirent le visage de jaune, & se mirent à pleurer en répandant des roses devant le trône.

Muezin entr'autres paroissoit inconsolable. Il aimoit son maître passionnément; & dans la douleur qu'il avoit d'ignorer son sort : Ah ! mon prince, s'écrioit-il, dans quel lieu du monde êtes-vous ? Que dois-je penser de votre absence ? Auriez-vous entrepris un nouveau voyage ? Est-ce un pouvoir magique qui vous enlève à vos peuples ? ou nous abandonnez-vous de votre propre mouvement ? Non, vous connoissez trop notre zèle & notre fidélité pour vouloir nous causer une si grande affliction. C'est sans doute par l'art funeste d'une enchanteresse que nous vous avons perdu.

Pendant que le visir & les autres sujets de Ruzvanschad se livroient à la douleur, cet heureux prince étoit au comble de la joie dans l'isle de Cheheristan, où il avoit été transporté par l'ordre de Cheheristani. Cette princesse, après avoir été proclamée reine, s'étoit appliquée aux affaires de l'état, & n'avoit été occupée que du soin de sa grandeur les premiers jours de son règne : mais dans la suite, sentant qu'elle aimoit toujours le roi de la Chine, & satisfaite de sa fidélité, elle avoit enfin résolu de tenir la parole qu'elle lui avoit donnée. Pour cet effet, elle le fit enlever par un génie qui le lui apporta dans son appartement. Ah ! divine princesse, s'écria Ruzvanschad si-tôt qu'il apperçut la reine de Cheheristan, il m'est donc permis de vous revoir ? Hélas ! je n'ofois plus me flatter d'une si charmante efpérance : je craignois que vous ne m'euffiez oublié. Non, prince, répondit Cheheriftani, l'abfence ne produit pas fur les génies le même effet que fur les hommes, elle ne fauroit ébranler notre conftance. Elle n'a point affoibli la mienne, répliqua le roi de la Chine; quoique je ne fois qu'un homme, je fuis auffi conftant que les génies. Ah ! ma reine, pourfuivit-il en foupirant, que le tems qui nous a féparés m'a paru long, & que j'avois d'impatience de vous voir paroître à mes yeux ! Seigneur, dit la princeffe, je fuis contente de vous, & puifque votre tendreffe ne s'eft point démentie, je veux tenir dès aujourd'hui la promeffe que je vous ai faite. Nous allons unir nos deftins.

XXVII. JOUR.

LE jeune roi de la Chine remercia Cheheriftani de fes bontés, & lui jura un éternel amour. Après cela, tous les grands du royaume, & le peuple, s'affemblèrent devant le palais par ordre de la reine, qui leur dit : grands & petits génies qui m'écoutez, comme vous vous êtes tous engagés par ferment à m'obéir, lorfqu'après la mort de Menutcher mon père, vous m'avez revêtue de la puissance souveraine, je vous déclare que je vais épouser le prince Ruzvanschad, & je vous ordonne de le regarder comme votre maître. En même tems elle le fit venir, & le leur montra. Tous les génies applaudirent au choix de la reine ; & quoique le roi de la Chine ne fût qu'un homme, ils ne laissèrent pas, tant ils aimoient leur princesse, de le couronner roi de Cheheristan.

La cérémonie du couronnement étant achevée, on travailla aux préparatifs du mariage. Mais avant que de l'achever, Cheheristani dit à Ruzvanschad : Seigneur, il faut que vous me promettiez une chose. Je n'exige de vous cette promesse que pour notre commun bonheur : mais il est absolument nécessaire que vous me la fassiez, & que vous la teniez exactement : car si par malheur il vous arrivoit d'y manquer, nous serions tous deux fort à plaindre. Hé ! madame, de grâce, interrompit le roi de la Chine, c'est trop me tenir en suspens : dites-moi ce qu'il faut que je vous promette: vous n'avez qu'à parler, je suis prêt à faire tout ce qu'il vous plaira. Ce que j'attends de vous, reprit la reine, est un effort pénible, dont je crains que vous ne soyez pas capable. Comme je suis génie, & vous un enfant d'Adam, nous avons des humeurs différentes. Nous agissons autrement que les hommes, nous avons nos loix & nos coutumes particulières ; en un mot, nous ne pourrons vivre long-tems enfemble, fi vous n'avez une complaifance aveugle pour moi.

Hé quoi! madame, dit Ruzvanfchad, c'eft-là cet effort difficile dont vous me foupçonnez de n'être pas capable ? Ayez meilleure opinion des hommes, ou plutôt de vous-même. Croyez que vous aurez toujours fur moi un empire abfolu, & que je n'aurai jamais d'autre volonté que la vôtre. Hé bien repartit la princeffe, vous me promettez donc que fi je fais devant vous quelque action qui vous déplaife, vous vous garderez bien de la blâmer, & de m'en reprendre. Oui, ma reine, s'écria-t-il, loin de blâmer vos actions, je jure que je les approuverai toutes. J'aurai toute ma vie pour vous autant de complaifance que d'amour, & vous ne fauriez en douter fans me faire une offenfe mortelle. C'eft affez, reprit Cheheriftani : je me repofe fur la foi de ce ferment, & quelque chofe que je puiffe faire devant vous, j'efpère que vous garderez le filence. Au refte, ne penfez pas que je vous demande une complaifance injufte. Les génies ne font jamais rien mal à propos. Si quelquefois vous me voyez faire des actions qui ne vous paroiffent pas raifonnables, dites en vous-même : elle n'agit pas ainfi fans raifon. Le roi de la Chine ayant promis de nouveau qu'il ne trouveroit point à redire à tout ce que pourroit faire la princeffe, on ne fongea plus qu'à leur mariage.

La reine fit monter Ruzvanfchad fur un trône d'or, & puis s'affit auprès de lui. Tous les grands fe rangèrent devant eux, & toutes les femmes de la princeffe fe mirent aux deux côtés du trône. Les grands rendirent leurs hommages & leurs refpects au roi, & firent une cérémonie particulière aux créatures de leur efpèce. Enfuite le peuple célébra ce mariage par des réjouiffances qui durèrent trois jours. Le roi de la Chine, charmé de fon bonheur, ne s'occupa qu'à plaire à la princeffe; & confacrant tous fes momens aux jeux & aux plaifirs, il perdit pour un tems le fouvenir de la Chine.

Après une année de mariage, Cheheriftani accoucha d'un prince plus brillant que le jour. Tous les génies firent de nouvelles réjouiffances; & le roi, ravi d'avoir un fils de cette charmante princeffe, ne ceffoit d'en rendre grâces au ciel. Il étoit à la chaffe quand il apprit cette nouvelle. Il fe rendit en diligence au palais pour voir l'enfant, que la mère tenoit dans fes bras auprès d'un grand feu. Ruzvanfchad prit le petit prince, & après l'avoir baifé avec beaucoup de délicateffe, de peur de le bleffer, il le rendit à la reine qui le jeta dans le feu. Auſſi-tôt, ô prodige ſurprenant! le feu & l'enfant nouveau né diſparurent.

XXVIII. JOUR.

CE ſpectacle merveilleux ne fut pas peu mortifiant pour le roi; mais quelque douleur qu'il reſſentît de la perte de ſon fils, il ſe ſouvint de la promeſſe qu'il avoit faite à la reine. Il dévora ſon chagrin, garda le ſilence, & ſe retira dans ſon cabinet où il ſe mit à pleurer, en diſant: Ne ſuis-je pas bien malheureux? Le ciel m'accorde un fils, je le vois jeter dans les flammes par ſa propre mère, & il m'eſt défendu même de blâmer une action ſi cruelle! O mère dénaturée! ô barbare!... Mais taiſons-nous, ajouta-t-il en ſe reprenant, je pourrois offenſer la reine en lui témoignant mon affliction. Contraignons-nous, & au lieu de me révolter contre une action ſi horrible, diſons & croyons en effet que la princeſſe n'agit pas ainſi ſans raiſon.

Le roi ne dit donc rien à Cheheriſtani, quelque envie qu'il eût de lui reprocher la mort de ſon fils. Une année après elle mit au monde une princeſſe encore plus belle que le prince. On la nomma Balkis. Tous les génies de l'iſle ne manquèrent pas auſſi d'en célébrer la naiſſance par

des

des fêtes qui durèrent trois jours. Le roi fut charmé de la beauté de sa fille ; il ne pouvoit se lasser de la regarder. Elle lui fit oublier le prince de Cheheristan ; mais la joie de ce malheureux père ne fut pas de longue durée. Quelques jours après l'accouchement de la reine, on vit entrer dans le palais une grande chienne blanche qui avoit la gueule béante. Cheheristani l'ayant apperçue, l'appela, & lui dit : tiens, prends cette petite fille & son berceau. Aussi-tôt la chienne s'approcha du berceau, le prit avec sa gueule & s'enfuit.

Il seroit difficile d'exprimer quelle fut à ce spectacle la douleur du roi. Quelque complaisance qu'il eût juré d'avoir pour la reine, peu s'en fallut qu'il ne lui dît mille choses dures & désobligeantes ; il fut obligé de se retirer de peur d'éclater. Il s'enferma dans son cabinet, où rappelant dans sa mémoire le déplorable sort de son fils, & frappé de ce qu'il venoit de voir : Cheheristani ! disoit-il, ah ! inhumaine, pouvez-vous traiter ainsi vos propres enfans ? Certes, si les génies se font un plaisir de commettre des actions si contraires à la nature, qu'ils cessent de vanter les avantages de leur espèce. Je déteste leurs coutumes & leurs loix : celles des hommes sont plus raisonnables. Mais, m'a dit la reine, les génies ne font rien qui ne soit à propos, & quand je ferai quelque chofe qui vous révoltera, dites en vous-même, elle n'agit pas ainfi fans raifon. Hé! comment fe pourroit-il faire qu'elle n'eût pas tort ? Ah ! je perce le myftère, & je vois la caufe de mon malheur. Les loix des génies veulent fans doute que, quand ils fe marient avec les hommes, ils faffent mourir les enfans qui naiffent de ce mariage. Voilà le motif de cette conduite qui me furprend. O! cruelle princeffe, penfez-vous que je puiffe être dévoué à toutes vos volontés ? Non, malgré la tendreffe que j'ai pour vous, il m'eft impoffible de m'accoutumer à vos barbares loix.

Quoique Ruzvanfchad fût vivement affligé de la perte de fes enfans, il eut affez de pouvoir fur lui pour ne rien dire à la reine ; mais le féjour de l'ifle de Cheheriftan lui devint infupportable, & il réfolut de retourner à la Chine. Madame, dit-il un jour à Cheheriftani, je voudrois bien revoir mon royaume de la Chine ; permettez que j'aille retrouver mes peuples, qui font depuis long-tems des vœux pour mon retour. Hé bien, lui répondit la reine, je confens que vous leur donniez cette fatisfaction. D'ailleurs votre préfence eft néceffaire dans vos états ; je fais que les Mogols lèvent contre vous une puiffante armée. Partez, pour aller défendre votre empire. Quelque courageux que foient vos fujets, ils combattront beaucoup mieux, quand ils vous auront à leur tête; j'aurai soin de vous aller voir. En achevant ces paroles, elle appela un génie, & lui dit: portez tout-à-l'heure le roi dans son palais de la Chine. En même tems le génie obéit, & Ruzvanschad se trouva bientôt dans son palais.

Dès que Muezin le vit, il en fut transporté de joie; il se prosterna devant lui la face contre terre, & il lui dit. Ah! seigneur, le ciel a donc exaucé mes vœux, il vous rend à vos peuples. J'ai gouverné vos états pendant votre absence, & vos sujets désespérant de votre retour, m'ont élevé à l'empire; mais je revois mon seigneur & mon maître. Qu'il remonte sur son trône qu'un esclave occupe depuis trop long-tems. Le roi conta au visir tout ce qui lui étoit arrivé, & ce ministre en fut dans un extrême étonnement.

Cependant les Mogols s'approchoient de la Chine avec des forces considérables. Ils étoient déjà entrés dans ce royaume, & ils ne se promettoient pas moins que d'en faire la conquête entière. Sur le bruit de leur marche, Ruzvanschad assembla le plus de troupes qui lui fût possible, & alla au-devant de ses ennemis. Il les rencontra dans une vaste plaine où rien ne leur manquoit. Il campa assez près d'eux, & bientôt on vit arriver une grande abondance de toutes sortes de vivres, & particulièrement de biscuits, de fruits & de conserves, avec une infinité d'outres remplies de vin & d'autres boissons. Ces vivres étoient sur des chameaux & des mulets, & un visir de Ruzvanschad les conduisoit au camp. Ce ministre se nommoit Wely. Comme il arrivoit dans la plaine avec les vivres, la princesse Cheheristani parut devant lui accompagnée de plusieurs génies, qui déchargèrent les chameaux, écrasèrent les biscuits, les fruits & les conserves, les renversèrent, percèrent les outres ; enfin ils mirent tout en pièces, & répandirent toutes les boissons, de sorte qu'il ne resta rien qui fût en état d'être bu ou mangé.

XXIX. JOUR.

Wely fut fort étonné de voir ces vivres en cet état. Mais la princesse lui dit : va dire au roi que c'est la reine sa femme qui a fait tout ce désordre. Il n'y manqua pas, il se rendit en diligence sous la tente de Ruzvanschad. Sire, lui dit-il, voilà votre armée sans vivres. En même tems il lui conta tout ce que la reine venoit de faire. ce qui mit le roi au désespoir. La mort de ses enfans lui sembloit plus excusable que cette dernière action. Il en étoit encore tout hors de lui-même, lorsqu'il vit paroître la princesse : madame, lui dit-il, je ne puis plus me taire : vous avez mis ma patience à bout : vous avez jeté mon fils au feu, vous avez donné ma fille à une chienne. Quelque chagrin que cela m'ait causé, je ne vous en ai rien témoigné, j'ai dévoré ma douleur ; mais ce que vous venez de faire ne pouvant être qu'un attentat à ma vie & à ma gloire, il m'est impossible de ne me pas plaindre de vous. Ah ! ingrate, de quel prix payez-vous ma tendresse ! Quel est votre dessein ? Voilà mon armée dépourvue de toutes munitions de bouche. Que deviendra-t-elle ? Parlez ? Et que deviendrai-je moi-même ? Vous voulez sans doute que sans combattre je tombe au pouvoir de mes ennemis. Cela se peut-il souffrir !

Seigneur, répondit la reine, il auroit mieux valu vous taire encore cette fois-ci, que de rompre le silence si mal à propos ; mais puisque vous avez parlé, & que le mal est sans remède, c'en est fait : il seroit inutile de chercher les moyens de détourner le malheur que je craignois, puisqu'il est arrivé. Ah ! prince imprudent & foible, pourquoi n'avez-vous pu retenir votre langue ? Savez-vous bien quel étoit ce feu à qui je livrai votre fils ? C'étoit un Salamandre habile à qui je confiai l'éducation de ce jeune prince. Et la chienne que vous avez vue, c'est une fée qui a bien voulu fe charger de votre fille pour lui enfeigner toutes les fciences convenables à une princeffe génie. Le Salamandre & la fée répondent à mon attente, ils élèvent le prince & fa fœur d'une manière admirable. Vous en allez juger tout-à-l'heure. Hola, gardes, pourfuivit-elle en parlant aux génies de fa fuite, que l'on faffe venir ici en ce moment, mon fils & ma fille. A peine eut-elle prononcé ces paroles, que le prince de Cheheriftan & fa fœur Balkis vinrent fous la tente de Ruzvanfchad; mais il n'y eut que le roi qui les vit, tous les autres hommes qui étoient préfens ne les voyoient point.

Le roi de la Chine, malgré la fituation où l'avoient mis fes munitions gâtées, fut tranfporté de joie quand il apperçut fes enfans. Il les embraffa tous deux l'un après l'autre avec des tranfports que les pères feuls font capables de fentir. Pendant ce tems-là, Cheheriftani continua fon difcours. Seigneur, dit-elle, il faut préfentement que je vous apprenne pourquoi j'ai renverfé vos vivres. Le roi des Mogols veut éteindre le flambeau de votre vie, & réduire fous fon obéiffance l'empire de la Chine. Pour y parvenir plus fûrement, il a, par une fomme confidérable, corrompu la fidélité de Wely. Ce perfide miniftre, pour cent mille fequins d'or, s'eft obligé de faire périr votre armée, & vous-même, par le poifon.

Comme vous l'avez chargé du foin des vivres, il a fait mettre dans les bifcuits & dans le vin un poifon qui fait fon effet dans le moment. C'eft pourquoi tous vos officiers & vos capitaines auroient perdu la vie, fi je n'avois pas gâté ces munitions. Vous ne fauriez peut-être croire ce que je vous dis : mais il eft aifé de vous convaincre. Faites venir le vifir, qu'il mange en votre préfence un morceau de ces bifcuits, & vous verrez ce qui en arrivera.

Le roi fut troublé de ces paroles : il fit appeler Wely ; & quand ce miniftre fut venu : Qu'on aille, dit le prince, chercher quelques reftes des munitions renverfées. On lui apporta une boîte de confitures qui fe trouva encore toute entière, & fur laquelle étoit le cachet du vifir. Le roi fit ouvrir la boîte, & ordonna au traître de manger des confitures. Sire, dit Wely, je n'ai pas d'appétit préfentement : mais dès que j'en aurai, j'en mangerai. Si tu n'en manges tout-à-l'heure, répliqua le prince, je vais te faire trancher la tête. Alors le vifir voyant qu'il ne pouvoit éviter la mort, aima mieux obéir. Il prit quelques morceaux des confitures, & à l'inftant même il tomba roide mort devant toutes les perfonnes qui étoient fous la tente.

Seigneur, dit la reine à Ruzvanfchad, vous ne doutez plus à préfent de la trahifon de votre vifir ;

& vous êtes fans doute perfuadé que les Génies ne font rien fans raifon. Oui, madame, dit le roi, je conviens que j'ai tort de n'avoir pas exactement obfervé la loi que vous m'aviez impofée ; mais je ne fuis pas hors d'inquiétude. Mon armée demeure fans vivres, & la faim fera ce que le poifon devoit faire. Non, non, dit la princeffe, les vivres ne vous manqueront pas : vous en aurez demain plus qu'il ne vous en faut ; car cette nuit vous attaquerez vos ennemis, vous les taillerez tous en pièces, vous deviendrez maître de leurs munitions, & vous vous en retournerez dans votre capitale vainqueur & triomphant.

Ce que la reine difoit fe trouva vrai. Au milieu de la nuit, cette princeffe avec tous les génies de fa fuite fe mit à la tête des Chinois, & fondit fur les Mogols, qui voulurent d'abord faire quelque réfiftance ; mais ils furent tous renverfés. Les Génies & les Chinois en firent un fi horrible carnage, qu'à peine le roi des Mogols, qui commandoit en perfonne, put-il fe fauver. Le lendemain, quand le jour vint à paroître, on vit toute la plaine jonchée de corps morts, & Ruzvanfchad fut d'autant plus content de cette victoire, qu'elle ne lui couta que quelques foldats. Son armée fit un riche butin. Tous les équipages des Mogols, auffi-bien que leurs vivres qui étoient en abondance, devinrent la proie des victorieux.

Alors Cheheriſtani dit au roi ſon époux : Voilà tous vos ennemis ſur la pouſſière ; la guerre eſt finie. Vous pouvez retourner ſur vos pas, & aller vivre dans votre palais tranquillement. Pour moi, je vais vous quitter, il faut que nous nous ſéparions pour jamais. Vous ne me verrez plus, & moi-même je ſerai privée de votre vue. C'eſt votre faute, mon cher prince : pourquoi n'avez-vous pas tenu la promeſſe que vous m'aviez faite? Ah! juſte ciel, s'écria le roi à ce diſcours, qu'eſt-ce que j'entends? Au nom de dieu, madame, abandonnez ce funeſte deſſein. Je me repens de vous avoir manqué de parole : daignez me pardonner. Je vous proteſte que déſormais vous ne vous plaindrez plus de moi. Quelque choſe que vous faſſiez, ſoyez aſſurée que je me garderai bien de le déſapprouver. Ce ſerment eſt ſuperflu, dit la princeſſe ; nos loix m'ordonnent de m'éloigner de vous. Les loix des Génies ne ſe peuvent enfreindre. Ceſſez de vouloir m'arrêter : hélas! s'il dépendoit de moi de vous pardonner, je ne ſerois pas inexorable. Adieu, prince, ajouta-t-elle en pleurant, vous perdez vos enfans & leur mère. Vous ſouhaiterez en vain de les revoir, ils ne s'offriront plus à vos yeux. En diſant cela elle diſparut, auſſi bien que le prince de Cheheriſtan & la princeſſe Balkis.

XXX. JOUR.

Quelle vive douleur reffentit le roi de la Chine en perdant des objets fi chers ! Il n'eft pas poffible de l'exprimer. S'il eût perdu la bataille, & qu'il fût tombé entre les mains des Mogols, il n'auroit pas été fi affligé. Il fe déchira le vifage, mit de la terre fur fa tête, & fit toutes les actions d'un homme infenfé. Il reprit le chemin de fa capitale avec fon armée, & dès qu'il fut arrivé dans fon palais, il dit à Muezin : Vifir, je vous laiffe le foin des affaires, gouvernez mon empire. Faites tout ce que vous jugerez à propos ; pour moi, je vais paffer le refte de ma vie à pleurer ma femme & mes enfans que j'ai perdus par ma feule imprudence. Je ne veux voir perfonne que vous, & encore je ne vous donne la liberté de me parler, qu'à condition feulement que vous ne m'entretiendrez point de tout ce qui regarde mon royaume. Vous ne me parlerez que de Cheheriftani & de mes enfans. Je prétends faire mon unique occupation de mes chagrins.

Effectivement Ruzvanfchad s'enferma dans fon appartement, où perfonne que Muezin n'avoit la permiffion d'entrer. Ce miniftre l'alloit voir tous le jours. Il ne manquoit pas pour plaire à ce prince de flatter sa douleur, & il espéroit que le tems la diminueroit : mais au contraire elle s'augmenta de jour en jour. Le roi tomba dans une profonde mélancolie, & demeura près de dix années dans une langueur mortelle. Enfin, cédant à ses ennuis, il devint malade, & il étoit prêt à mourir, quand la reine paroissant tout-à-coup dans son appartement, lui adressa ces paroles : Prince, je viens finir vos peines, & vous rendre la vie, que vous avez déjà presque perdue. Nos loix vouloient que, pour punir votre parjure, je fusse dix ans séparée de vous, & même elles ne me permettoient pas de vous revoir, à moins que pendant tout ce tems-là vous ne m'eussiez été fidelle : c'est pourquoi lorsque je vous quittai, je crus que je vous abandonnois sans retour. Les enfans d'Adam, disois-je, ne sont pas capables d'une si longue constance : il m'aura bientôt effacée de son souvenir. Grâces au ciel, je me suis trompée, & je vois que les hommes peuvent aimer constamment. Je reviens donc à vous, prince, ajouta-t-elle, & pour comble de joie, vous reverrez aussi vos enfans.

A peine eut-elle achevé ces paroles, que le prince de Cheheristan & la princesse Balkis entrèrent & se montrèrent à Ruzvanschad qui en fut charmé. Aussi tendre père que fidelle époux, il étoit agité des plus doux mouvemens que le sang & l'amour puissent inspirer. Sa santé fut rétablie en peu de tems. Ces quatre personnes passèrent ensemble heureusement un très-grand nombre d'années : & enfin après la mort du roi & de la reine, le prince de Cheheristan prit possession du royaume de la Chine, & la princesse Balkis alla régner dans l'isle de Cheheristan, jusqu'à ce qu'elle devînt l'épouse du grand prophête Salomon.

Quand la nourrice de Farrukhnaz eut achevé de raconter cette histoire, les femmes de la princesse qui aimoient les aventures des génies & les enchantemens, l'élevèrent au-dessus de celle d'Aboulcasem ; mais toutes les autres furent d'avis contraire, & soutinrent que l'histoire du jeune homme de Basra étoit la plus intéressante. Pour moi, dit Farrukhnaz, je blâme fort le roi de la Chine de n'avoir pas tenu la promesse qu'il avoit faite à Cheheristani, puisqu'elle lui avoit dit que les génies ne faisoient rien sans raison : cela prouve bien que les hommes ne sont pas esclaves de leur parole. Madame, reprit Sutlumemé, il y en a qui la garderoient même aux dépends de leur vie, comme je vous le ferois voir par l'histoire de Couloufe & de la belle Dilara, si vous me permettiez de vous la raconter. Je le veux bien, reprit la princesse ; aussi-bien je m'apperçois que toutes mes femmes prennent beaucoup de plaisir à vous entendre. Alors la nourrice la commença de cette manière.

HISTOIRE
De Couloufe & de la belle Dilara.

Il y avoit à Damas un vieux marchand nommé Abdallah, qui passoit pour le plus riche de ses confrères. Il étoit fâché d'avoir été dans toutes les parties du monde, & de s'être exposé à mille & mille périls pour amasser du bien, puisqu'il n'avoit point d'enfans. Il n'épargnoit rien toutefois pour en avoir ; il ouvrit sa porte aux pauvres, & faisoit sans cesse des charités aux derviches, en les invitant à prier dieu de lui accorder un fils. Il fonda même des hôpitaux & des couvents, & fit bâtir des mosquées, mais tout cela étoit inutile. Abdallah ne pouvoit devenir père, & il en perdit même l'espérance.

Un jour il fit venir chez lui un médecin Indien, dont on vantoit fort la capacité. Il le fit asseoir à sa table, & après l'avoir bien régalé, il lui dit : O docteur ! il y a long-tems que je souhaite passionnément d'avoir un fils. Seigneur, lui répondit l'Indien, c'est une faveur qui dépend de dieu. Cependant il est permis aux hommes de chercher les moyens de l'obtenir. Ordonnez-moi ce qu'il faut que je fasse pour cela, reprit Abdallah, & je vous assure que je le ferai. Premièrement, dit le médecin, achetez une jeune esclave qui soit grande & droite comme un cyprès : qu'elle ait un visage agréable, de grosses joues & de grosses hanches. Secondement, le son de sa voix doit être doux ; son air toujours riant, & sa conversation enjouée. De plus, je voudrois que vous vous aimassiez l'un & l'autre. Outre cela, avant que de voir cette esclave, il faut que vous soyez chaste pendant quarante jours, & que votre esprit ne soit occupé d'aucune affaire ; que vous ne mangiez durant tout ce tems-là que de la chair de mouton noir, & que vous ne buviez que du vin vieux. Si vous observez exactement toutes ces choses, il y a lieu d'espérer que vous aurez un fils.

XXXI. JOUR.

ABDALLAH ne manqua pas d'acheter une belle esclave, & véritablement il en eut un fils, en suivant le régime que le médecin lui avoit prescrit. Pour célébrer la naissance de l'enfant, qui fut nommé Couloufe, Abdallah assembla tous ses amis, leur donna un festin, & fit de grandes aumônes pour rendre grâces au ciel d'avoir comblé ses vœux. On éleva Couloufe, & à mesure qu'il devenoit plus grand, il recevoit de nouvelles instructions. Il eut plusieurs maîtres qui le trouvèrent fort disposé à profiter de leurs leçons. On lui enseigna les langues Hébraïque, Grecque, Turque & Indienne, & à bien former les caractères de toutes ces langues. On ne se contenta pas de lui faire apprendre l'Alcoran, on lui en fit lire les commentaires. Il en possédoit jusqu'au sens mystique. Il étoit sur-tout bien instruit du point qui regarde la prédestination. Il savoit aussi l'abolissant & l'aboli, de même que les points de l'ambiguité & de la certitude. On ne voulut point qu'il ignorât l'histoire des Tribus Arabes, l'histoire de Perse, ainsi que les annales des rois. De plus, il apprit la morale, la philosophie, la médecine, & l'astronomie. Il n'avoit pas dix-huit ans, qu'outre toutes les choses que je viens de dire, il en savoit encore d'autres. Il étoit bon poëte & savant musicien. Il étoit d'ailleurs perfectionné dans tous les exercices du corps. Personne n'a jamais tiré de l'arc, ni manié le sabre & la lance avec plus d'adresse & de vigueur. Enfin, c'étoit un jeune homme d'un mérite accompli.

Quelle satisfaction pour un père d'avoir un semblable fils ! Abdallah l'aimoit plus que sa vie, & ne pouvoit vivre un moment sans lui. Cependant la mort qui en veut aux heureux du siècle, vint bientôt enlever le vieux marchand. Se voyant à l'extrêmité, il fit affeoir Couloufe au chevet de fon lit, & il employa fes derniers momens à lui donner de fages confeils. Après fa mort & fes funérailles, fon fils prit poffeffion de tous fes biens.... Mais ce jeune homme n'en fut pas plutôt maître, qu'il commença à les diffiper. Il fit bâtir un palais, acheta de belles efclaves, & choifit plufieurs jeunes gens pour être les compagnons de fes débauches. Il paffoit les jours à fe divertir avec eux. On prodiguoit chez lui les mets les plus délicats & les meilleurs vins. Ce n'étoit que feftins, que danfes & que concerts. Il vécut de cette manière pendant plufieurs années, comme fi la fource de fes plaifirs eût été inépuifable. Néanmoins il confuma tout fon patrimoine. Il lui fallut vendre fon palais & fes efclaves, & infenfiblement il fe trouva fans bien. Ce qui réjouit fort fes ennemis.

Il fe repentit alors de fa prodigalité; il alla chez tous les jeunes gens qui avoient contribué à le ruiner. Mes amis, leur dit-il, vous m'avez vu dans la profpérité, & vous me voyez préfentement dans la misère. J'ai recours à vous, aidez-moi à me relever de ma chute; fouvenez-vous des offres de fervices que vous me faifiez quand vous étiez à ma table. Je ne doute point que

que vous ne soyez touchés de l'état où je suis, & que vous ne fassiez quelques efforts pour m'en tirer. C'est ainsi que le malheux Couloufe tâchoit d'exciter la reconnoissance de ses amis, & les engager à le secourir. Mais il parloit à des sourds. Les uns lui disoient qu'ils étoient fâchés de le voir dans une situation si déplorable, & se contentoient de prier le ciel d'avoir pitié de lui. Les autres ajoutant la dureté à l'ingratitude, lui refusoient jusqu'à la consolation de le plaindre, & lui tournoient le dos. O faux amis ! s'écria-t-il, que votre procédé dur & ingrat me punit bien d'avoir été assez crédule pour m'imaginer que vous m'aimiez véritablement !

Le fils d'Abdallah encore plus pénétré de douleur d'avoir été la dupe de la fausse amitié de ses compagnons de débauche, que d'avoir dissipé tout son bien, résolut de s'éloigner de Damas où il avoit tant de témoins de son infortune. Il prit la route du pays des Keraïtes, & se rendit à Caracorom où régnoit alors Cabal-Kan. Il alla loger dans un caravansérail, où de ce qui lui restoit d'argent, il se fit faire une robe & un turban de toile des Indes. Il passoit les journées entières à se promener dans la ville. Il alloit dans les marchés & dans les jardins voir tout ce qu'il y avoit de plus curieux ; & si-tôt que la nuit approchoit, il se retiroit dans son caravansérail.

Tome XIV. L

Un jour il entendit dire que le roi des Keraïtes se préparoit à faire la guerre ; que deux rois de ses voisins qui lui payoient tous les ans un tribut confidérable, ne vouloient plus le lui payer, qu'ils s'étoient ligués enſemble, & qu'ils avoient déjà des troupes ſur pied pour s'oppoſer à Cabal-Kan, s'il entreprenoit de pénétrer dans leurs pays. Couloufe ayant appris cette nouvelle, alla offrir ſes ſervices au roi, qui lui donna de l'emploi dans ſon armée. Ce jeune homme ſe ſignala dans cette guerre par des exploits qui lui attirèrent l'admiration des ſoldats, l'eſtime des officiers, la protection du prince Mirgehan, fils du roi des Keraïtes. Il n'en demeura pas-là. Comme à l'exemple de ces deux rois voiſins, d'autres princes qui payoient auſſi tribut ſe ſoulevèrent, Cabal-Kan fut obligé de tourner ſes armes contre ces nouveaux ennemis, qu'il réduiſit à lui demander la paix. Le fils d'Abdallah fit encore paroître tant de courage dans les occaſions qu'on lui donna de ſe diſtinguer, que Mirgehan voulut l'avoir auprès de lui.

Couloufe gagna bientôt l'amitié de ce prince, qui, découvrant en lui tous les jours plus de mérite, l'honora de ſa confiance. Peu de tems après Cabal-Kan mourut. Le prince ſon fils lui ſuccéda, & fut à peine ſur le trône, qu'il combla de bienfaits le fils d'Abdallah, & en fit ſon favori. Couloufe voyant que ſes affaires avoient entièrement changé de face, & qu'il n'avoit jamais été plus heureux, dit en lui-même : Il faut bien que tous les évènemens de notre vie soient marqués dans le ciel. Quand je vivois à Damas dans les plaisirs, y avoit-il quelque apparence que je pusse tomber dans la misère ? & lorsque je suis venu à Caracorom, pouvois-je raisonnablement espérer que je deviendrois ce que je suis ? Non, non, toutes nos prospérités & nos disgrâces ne sauroient ne nous pas arriver. Vivons donc au gré de nos désirs, & subissons le sort que nous ne pouvons éviter.

C'est ainsi que raisonnoit le fils d'Abdallah, & servant ce prince, il suivoit son penchant sans contrainte. Un jour qu'il sortoit du palais, il rencontra une vieille femme couverte d'un voile de toile des Indes, lié de rubans & de bandeaux de soie. Elle avoit un gros collier de perles, un bâton à la main, & cinq esclaves aussi voilées l'accompagnoient. Il s'approcha de la vieille, & lui demanda si ces esclaves étoient à vendre ? Oui, dit la vieille. Il leva aussi-tôt leurs voiles, & vit que ces esclaves étoient jeunes & belles ; il en trouva sur-tout une fort agréable. Vendez-moi celle-ci, dit-il à la vieille, elle me plaît. Non, lui répondit-elle, je ne veux pas vous la vendre. Vous me paroissez un galant homme, il vous en faut une plus belle. J'en ai d'autres dans ma maison. J'ai des filles Turques,

Grecques, Esclavones, Ioniennes, Ethiopiennes, Allemandes, Cachemiriennes, Chinoises, Arméniennes & Géorgiennes. Je vous les préfenterai toutes, & vous prendrez celle qui vous plaira davantage; vous n'avez qu'à me fuivre. En achevant ces paroles, elle marcha devant Couloufe qui la fuivit.

Lorfqu'ils furent devant une mofquée, la vieille lui dit: O jeune homme, attendez-moi ici un moment, je vais revenir. Il attendit près d'une heure, & il commençoit à s'impatienter, mais elle parut avec une fille qui étoit chargée d'un paquet. Il y avoit dedans un voile & un furtout de femme, dont la vieille revêtit Couloufe, en lui difant: Seigneur, nous fommes des gens d'honneur & de bonne famille; il ne feroit pas de la bienféance de recevoir chez nous un étranger. Ma mère, lui répondit-il, vous n'avez qu'à ordonner, je ferai tout ce que vous voudrez. Il fe couvrit donc du furtout, & fe mit le voile fur la tête. Enfuite il accompagna la vieille, qui le mena dans un quartier qu'il ne connoiffoit point. Ils entrèrent dans une grande maifon ou plutôt dans un palais: car tout ce qui s'offroit à la vue, avoit un air de grandeur & de magnificence. Après avoir traverfé une vafte cour pavée de marbre jafpé, ils arrivèrent à un falon d'une étendue prodigieufe, au milieu duquel il y avoit un baffin de porphyre rempli d'eau, où plusieurs petits canards se jouoient ; l'on y voyoit tout autour des cages de fils d'or, où il y avoit mille oiseaux d'espèce différente qui faisoient entendre leur ramage.

XXXII. JOUR.

Pendant que Couloufe regardoit avec attention ces oiseaux, & toutes les autres choses qui contribuoient à rendre ce salon le plus amusant du monde, il entra une jeune dame qui s'approcha du jeune homme d'un air riant. Elle lui fit une profonde révérence ; & après que de son côté il l'eut saluée, elle le prit par la main, & le pria de s'asseoir sur des coussins de brocard d'or qui étoient sur des sophas de la même étoffe. Dès qu'il s'y fut assis, elle prit elle-même la peine de lui essuyer le visage & les yeux avec un mouchoir du plus fin lin : & en lui rendant cet agréable service, elle souriot & lui lançoit des œillades qui le mirent bientôt hors de lui-même.

Il la trouvoit fort à son gré, & il alloit se déterminer à l'acheter, quand une autre dame, dont les cheveux blonds flottoient par boucles sur ses épaules nues, & qui étoit beaucoup plus belle que la première, parut. Elle s'avança d'un air gracieux vers le fils d'Abdallah, lui prit les mains, les baifa, & fe mit en devoir de lui laver les pieds dans un baffin d'or. Il n'y voulut pas confentir; &, frappé de la beauté dont elle étoit pourvue, il fe leva pour fe jeter à fes genoux, & dans la réfolution de s'arrêter à celle-là. Mais il demeura tout-à-coup immobile, & comme un homme qui a perdu l'ufage de fes fens, car il apperçut vingt jeunes demoifelles, toutes plus charmantes les unes que les autres. Elles accompagnoient une jeune perfonne encore plus belle & plus richement habillée qu'elles, & qui paroiffoit être leur maîtreffe. Couloufe crut voir la lune environnée d'étoiles; & à la vue de cet objet raviffant, il s'évanouit.

Toutes les efclaves accoururent auffi-tôt à fon fecours, & l'ayant fait revenir de fon évanouiffement, la dame qui l'avoit caufé, lui adreffa la parole : Tu fois le bien-venu, lui-dit-elle, pauvre oifeau pris par les pieds. Couloufe baifa la terre, & pouffa un profond foupir. On le fit affeoir fur un fopha. Cependant on apporta du forbet dans une coupe d'or enrichie de pierreries. La dame en but, & préfenta le refte au jeune homme. Enfuite elle s'affit auprès de lui, & remarquant qu'il étoit fi troublé qu'il ne pouvoit prononcer une parole : D'où naît le trouble qui t'agite, lui dit-elle? Bannis cette fombre trifteffe qui paroît dans tes yeux. Tu t'ennuies déjà fans doute avec nous. Notre

compagnie te déplaît. Ah! belle dame, répondit-il, en la regardant d'un air tendre, cessez de grâce, cessez de m'insulter. Vous savez trop qu'on ne peut voir vos charmes impunément. Je suis, je l'avoue, hors de moi-même ; un trouble inconcevable agite tous mes esprits. Sois donc de bonne humeur, interrompit la dame, & songe que tu viens ici acheter une esclave. Allons nous mettre tous à table, j'espère que nous pourrons te divertir.

En disant cela, elle prit Couloufe par la main, & le conduisit dans une salle où ils s'assirent avec toutes les autres dames à une longue table couverte de corbeilles de sandal, pleines de tablettes & de confitures sèches : des confitures Mamouni, des pommes Tannouri, du pileau Gouzina, Lafizina, Chekerina, & autres choses encore. Après avoir mangé, ils se levèrent. On leur apporta un bassin & une aiguière d'or. Les dames se lavèrent les mains avec des pâtes d'amandes de Coufa, du favon de Ricca, du docna de Bagdad, & de la poudre d'aloès Comari ; puis s'étant essuyées avec des mouchoirs de soie de couleur de rose, elles allèrent à la chambre du vin. C'étoit un réduit agréable, orné de plusieurs caisses de baumes, de roses & d'autres fleurs odorantes, qui bordoient un bassin de marbre plein d'une fort belle eau. Ce bassin servoit à rafraîchir le vin, & contribuoit, en mêlant du frais à l'odeur des fleurs, à rendre ce réduit délicieux. Toutes les dames firent boire Couloufe, & burent aussi elles-mêmes; de sorte que la compagnie retourna dans le salon la tête un peu échauffée.

Là, quelques-unes de ces dames commencèrent à danser, & les autres à jouer de la harpe, de la guitare de David, appellée Canoun, de l'orgue Arganoun, & du violon Barbot. Mais avec quelque délicatesse qu'elles jouassent de ces instrumens, elles n'approchoient pas de la dame dont le fils d'Abdallah étoit enchanté. Cette incomparable personne voulant à son tour montrer ce qu'elle savoit faire, prit un luth *(a)*, & l'ayant accordé, elle en joua d'une manière ravissante. Puis se faisant donner une harpe, elle joua sur le mode Raste; ensuite on lui apporta une viole, & joua sur le mode Ispahani; après cela, elle prit une flûte douce, & joua sur le mode Rihaoui. En un mot, elle employa les douze modes l'un après l'autre, & les vingt-quatre branches de la musique. Elle chanta aussi, & sa voix ne fit pas moins de plaisir à l'amoureux Couloufe, que la manière dont elle avoit joué des instrumens.

Il en fut si charmé, que ne pouvant plus se posséder : Ma reine, s'écria-t-il, vous m'avez ôté la raison ; je ne puis résister aux transports que vous m'inspirez : souffrez que je baise une

(a) Aoud.

de vos belles mains, & que je mette ma tête à vos pieds. En disant cela, cet amant passionné se jeta par terre comme un homme insensé, & saisissant une des mains de la dame, il la baisa fort amoureusement. Mais cette aimable personne, choquée de sa hardiesse, le repoussa d'un air fier, & lui dit : Qui que tu sois, arrête, & ne passe pas les bornes de la modestie : je suis une fille de qualité. Il est inutile que tu désires ma possession, tu ne saurois l'acquérir : tu ne me verras plus. A ces mots, elle se retira; & toutes les autres dames, à son exemple, en firent autant.

XXXIII. JOUR.

LE fils d'Abdallah, au désespoir d'avoir fait une action désagréable à la dame qu'il aimoit, demeura dans la salle, agité de mille pensées différentes. La vieille qui l'avoit amené vint à lui : Qu'avez-vous fait, jeune homme, lui dit-elle ? Falloit-il vous laisser emporter à votre passion ? Quoique je vous aie fait accroire que j'avois ici des esclaves de toutes nations, vous avez dû juger par la magnificence de cette maison, & à la manière dont on vous a reçu, que vous n'étiez point chez une marchande d'esclaves. La dame que vous avez offensée est fille d'une des premières personnes de la cour : vous deviez être plus respectueux.

Le discours de la vieille augmenta l'amour de Couloufe, & le regret qu'il avoit d'avoir, par un transport indiscret, obligé la dame à se retirer. Il en étoit tout mortifié, & il désespéroit de la revoir, quand, plus parée & sous d'autres habits, elle revint dans le salon avec les autres dames. Elle se mit à rire en voyant le fils d'Abdallah triste & rêveur. Je crois, lui dit-elle, que tu te repens de ta faute, & je veux bien te la pardonner, à condition que tu seras désormais plus sage, & que tu m'apprendras qui tu es.

Comme il ne demandoit pas mieux que de se réconcilier avec cette charmante personne, il lui dit sans peine qu'il se nommoit Couloufe, & qu'il étoit favori du roi. Seigneur, lui dit-elle alors, il y a long-tems que je vous connois de réputation, & que j'entends parler de vous fort avantageusement ; j'ai même quelquefois souhaité de vous voir, je suis ravie d'avoir aujourd'hui cette satisfaction. Continuons nos danses & nos concerts, poursuivit-elle en se tournant vers les autres femmes ; faisons tous nos efforts pour divertir notre convive. Toutes les dames recommencèrent à danser ou jouer des instrumens, & ce divertissement dura jusqu'à la nuit. D'abord qu'elle fut arrivée, on alluma une prodigieuse quantité de bougies; & en attendant le souper, la jeune dame & le fils d'Abdallah eurent ensemble un entretien. Elle lui demanda des nouvelles du roi Mirgehan; si ce prince avoit de belles personnes dans son sérail. Oui, madame, lui dit Couloufe, il a des esclaves d'une assez grande beauté. Il en aime une présentement qui se nomme Ghulendam. Elle est jeune, bien faite, & je dirois que c'est la plus belle fille du monde, si je ne vous avois pas vue; mais vos charmes sont au-dessus des siens, & elle ne mérite pas de vous être comparée. Ces paroles flatteuses ne déplurent point à Dilara (a), c'est ainsi que se nommoit la jeune dame. Elle étoit fille de Boyruc, grand seigneur Keraïte, qui n'étoit point alors à Caracorum. Mirgehan l'avoit envoyé à Samarcande, pour féliciter de sa part Usbec-Can sur son avénement à la couronne de Tartarie. Si bien que Dilara pendant l'absence de son père, se faisoit quelquefois un plaisir d'attirer des jeunes gens chez elle pour s'en divertir seulement; car dès qu'ils vouloient perdre le respect, elle savoit bien réprimer leurs transports.

Elle fut donc bien-aise d'entendre dire à Couloufe qu'elle étoit plus belle que la maîtresse du roi. Cela la rendit plus vaine & plus gaie. Elle

___

(a) Le repos du cœur.

dit mille choses agréables en soupant, & acheva par son esprit d'inspirer à son hôte tout l'amour qu'il pouvoit sentir. Il ne laissa pas de son côté de briller dans le repas. Echauffé par la vue & l'enjouement de la jeune dame, il lui échappoit de tems en tems des saillies fort plaisantes. Lorsqu'il fut tems de se retirer, il se prosterna devant Dilara, & lui dit : Quand je demeurerois ici cent années, je croirois toujours n'être avec vous que depuis un moment; mais quelque plaisir que je prenne à votre entretien, il faut que je vous quitte, & vous laisse reposer. Demain, si vous voulez bien me le permettre, je reviendrai. J'y consens, répondit la dame : vous n'avez qu'à vous trouver sur le soir à la porte de la mosquée, où l'on a été vous prendre aujourd'hui, & l'on vous ramènera dans cette maison. Après avoir achevé ces paroles, elle se fit apporter une bourse de fils d'or & de soie qui étoit l'ouvrage de ses mains, & dans laquelle il y avoit des bijoux d'un prix considérable. Tenez, Couloufe, lui dit-elle, ne refusez pas ce petit présent, ou bien vous ne me reverrez plus. Le fils d'Abdallah prit la bourse, remercia la dame, & sortit du salon. Il rencontra dans la cour la bonne vieille, qui lui ouvrit la porte de la rue, & lui montra le chemin du palais.

Aussi-tôt qu'il y fut arrivé, il se retira dans son

appartement & se coucha. Il passa le reste de la nuit à rappeler dans sa mémoire tout ce qu'il avoit vu le jour. Il étoit si occupé de Dilara, que le sommeil ne put fermer sa paupière. Il se leva du grand matin, & se rendit chez le roi. Ce prince, qui ne l'avoit pas vu le jour précédent, & qui l'avoit demandé plusieurs fois, étoit fort en peine de lui. Hé! d'où viens-tu, Couloufe, lui dit-il d'abord qu'il l'apperçut? Qu'as-tu fait hier? Pourquoi n'as-tu pas paru? Seigneur, lui répondit le favori, quand votre majesté saura l'aventure qui m'est arrivée, elle ne sera pas surprise de ne m'avoir pas vu. En même tems il raconta tout ce qui s'étoit passé. Lorsqu'il eut achevé son récit: Est-il possible, lui dit Mirgehan, que cette jeune dame, dont tu m'entretiens, sois si belle que tu le dis? Tu en parles avec tant de vivacité, que je me défie du portrait que tu m'en fais. Seigneur, reprit le fils d'Abdallah, bien loin d'être un peintre flatteur, je puis vous assurer qu'elle est encore fort au-dessus de ce que j'ai dit. Oui, si Mani, ce fameux peintre de la Chine, entreprenoit de la peindre, il craindroit, avec raison, de ne pouvoir égaler la nature. C'en est trop, dit le roi, tu me donnes envie de voir cette dame, & je veux absolument t'accompagner tantôt, puisque tu dois retourner chez elle.

La curiosité du jeune roi des Keraïtes affligea

Couloufe. Il en appréhendoit les suites pour son amour. Hé comment ferai-je, seigneur, lui dit-il, pour vous introduire chez cette dame ; qui lui dirai-je que vous êtes ? Je me déguiserai, répartit Mirgehan, & je passerai pour ton esclave. J'entrerai avec toi, & me cacherai dans un coin, d'où j'observerai tout. Le fils d'Abdallah n'osa répliquer à son maître, qui se revêtit d'un habit d'esclave ; & tous deux à l'entrée de la nuit, ils se rendirent à la porte de la mosquée. Ils n'y furent pas long-tems sans voir paroître la vieille, qui lui dit : Il n'étoit pas besoin d'amener avec vous cet esclave. Vous n'avez qu'à le renvoyer.

XXXIV. JOUR.

LE roi fut fort mortifié d'entendre ainsi parler la vieille ; mais Couloufe prit la parole : Ma bonne mère, dit-il, permettez, je vous prie, que cet esclave nous suive. C'est un garçon qui a de l'esprit & d'agréables talens ; il fait des vers sur le champ, & chante à ravir. Votre maîtresse ne sera pas fâchée que je le lui fasse voir. La vieille ne dit plus rien. Ils marchèrent tous trois, Couloufe couvert d'un surtout de femme comme le jour précédent, & Mirgehan en habit d'esclave. Ils entrèrent dans la cour, & de-là dans le salon, qu'ils trouvèrent éclairé d'une infinité de bougies parfumées, qui répandoient d'agréables odeurs.

Dilara demanda au fils d'Abdallah, pourquoi il s'étoit fait accompagner par un esclave. Madame, lui dit-il, j'ai jugé à propos de l'amener pour vous divertir ; il est bouffon, poëte & musicien : j'espère que vous en serez contente. Cela étant, dit-elle, qu'il soit le bien-venu. Mais, mon ami, ajouta-t elle en s'adressant au roi, sois soumis & obéissant, & ne t'avise pas de manquer de respect à mes femmes, car tu pourrois t'en repentir. Le prince se voyant dans la nécessité de faire le bouffon, se mit à plaisanter, & il s'en acquitta si bien, que la dame dit au favori : en vérité, Couloufe, vous avez-là un garçon très-plaisant & très-spirituel. Je remarque même dans ses manières quelque chose de noble & de galant. Il faut qu'il nous serve d'échanson ce soir ; je me sens de l'inclination pour lui. Puisqu'il a le bonheur de vous plaire, répondit le favori, il n'est plus à moi : il est à vous, madame. Caltapan, dit-il au roi, je ne suis plus ton maître : voilà ta maîtresse. A ces mots, le prince s'approcha de la dame, lui baisa la main, & lui dit : madame, je suis à présent votre esclave, & déjà je me sens disposé à vous servir avec beaucoup de zèle.

Elle accepta Mirgehan pour esclave. Seigneur,

dit-elle à Couloufe, je regarde ce garçon-là comme un bien qui m'appartient : mais trouvez bon que je le mette en dépôt entre vos mains. Il demeurera chez vous, & vous me l'amènerez toutes les fois que vous viendrez ici. Je ne puis le garder dans ma maison, parce qu'on sait que c'est votre esclave. Tout le monde le connoît pour cela. Si on le voyoit passer de votre service au mien, on en pourroit tenir de mauvais discours, & j'ai de grandes mesures à garder. Après avoir quelque temps encore continué cette conversation, Couloufe & Dilara s'assirent à la table pour souper, & le roi se tint debout devant eux. Comme ce prince réjouissoit la dame par mille plaisanteries, elle dit au favori : Seigneur, permettez que ce garçon mange & boive avec nous. Madame, répondit Couloufe, il ne mange pas ordinairement avec moi. Ne soyez pas si rigoureux, reprit la dame, souffrez que nous buvions ensemble, afin qu'il nous en aime davantage. Mets-toi donc-là, Caltapan, dit le fils d'Abdallah, puisque madame le veut absolument.

Le faux esclave ne se le fit pas dire deux fois; il s'assit entre Couloufe & l'aimable fille de Boyruc, il mangea; & lorsqu'on eut apporté le vin, la dame en remplit une coupe jusqu'aux bords; & la lui présentant : Tiens, Caltapan, lui dit-elle, bois cette razade à ma santé. Il prit la coupe après
avoir

avoir baisé la main qui la lui donnoit, & il but. Après cela on versa du vin à la ronde, & la belle Dilara, par son exemple, excitoit ses convives à se réjouir. Elle tendit une coupe d'or toute pleine, & s'adressant au fils d'Abdallah : Couloufe, lui dit-elle, je bois à vos inclinations, à la charmante Ghulendam, la favorite du roi. Madame, répondit le favori en rougissant : A dieu ne plaise que j'aie l'audace d'élever ma pensée jusqu'à la maîtresse de mon prince ; j'ai pour lui trop de respect pour.... Ho, vous voulez faire le discret, interrompit la dame en riant ; je me souviens que vous me parlâtes hier de Ghulendam d'une manière si vive, que vous m'en parûtes charmé. Je suis sûre que vous l'aimez. Avouez-nous franchement que vous ne lui déplaisez pas, & que quelquefois vous faites la débauche ensemble. Couloufe à ces paroles, dont il voyoit les conséquences, se troubla. De grâce, madame, dit-il, cessez de plaisanter là-dessus. Je n'ai jamais eu de secret entretien avec cette dame.

Le trouble qu'il faisoit paroître redoubla les ris de Dilara. Au lieu de prendre un air sérieux, reprit-elle, vous devriez nous raconter vos aventures. Caltapan, ajouta-t-elle en regardant le faux esclave, dis à ton maître qu'il ait un peu plus de confiance en moi. Allons, seigneur Couloufe, dit le roi, donnez à madame la satisfaction qu'elle vous demande. Elle vous en prie de si bonne grâce! Contez-lui la naissance & le progrès de vos amours: apprenez-lui où vous en êtes avec Ghulendam, & de quelle manière vous trompez tous deux le roi. Madame, poursuivit-il, en se tournant vers Dilara, je ne suis pas moins curieux que vous de savoir cela ; car quoique je me pique d'être un confident assez discret, je vous assure que le seigneur Couloufe m'a fait un mystère de sa passion pour la favorite.

Mirgehan par ce discours acheva de déconcerter son favori, qui s'apperçut que les plaisanteries de Dilara ne laissoient pas de faire une mauvaise impression sur l'esprit de ce prince. Cependant ils buvoient tous trois, & insensiblement le roi, échauffé par le vin, oublia le personnage qu'il avoit résolu de faire. Ma princesse, dit-il à la dame, chantez-moi, je vous prie, quelque chose d'agréable. On dit que vous chantez à ravir. Ces paroles, quoique prononcées d'un air fort familier, ne déplurent point à la fille de Boyruc. Au lieu de s'en offenser, elle fit un éclat de rire : Très-volontiers, dit-elle, mon cher Caltapan ; il n'est rien que je ne veuille faire pour toi. Aussi-tôt elle demanda un luth tout accordé, & joua sur le mode Yrac un fort bel air qu'elle accompagna de sa voix. Ensuite prenant un tambour de basque, elle chanta un autre air sur le mode Bouselic.

Le roi qui n'avoit jamais entendu si bien chanter ni si bien jouer du luth & du tambour de basque, se sentit transporté de plaisir ; & ne se souvenant plus qu'il vouloit passer pour un esclave, vous m'enchantez, madame, s'écria-t-il ; quelque portrait avantageux que Couloufe m'ait fait de vous, il ne m'en a pas assez dit encore. Le fils d'Abdallah avoit beau lui faire signe de se taire, il n'y eut pas moyen. Non, poursuivit le prince, Isaac Mouseli mon musicien, dont on vante tant la voix, ne chante pas si agréablement que vous. Dilara reconnoissant à ces mots que l'homme qu'elle prenoit pour un esclave étoit le roi lui-même, se leva brusquement de sa place, & courut chercher un voile pour se couvrir le visage. Ah ! nous sommes perdues, dit-elle tout bas à ses femmes. Ce n'est pas un esclave qui est venu ici avec Couloufe, c'est le roi. Après leur avoir dit cela, elle revint trouver Mirgehan, & n'osoit plus s'asseoir devant lui. Asseyez-vous donc, madame, lui dit ce prince, c'est à moi de me tenir debout en votre présence. Ne suis-je pas votre esclave ? Je ne me serois point assis, si, comme ma maîtresse souveraine, vous ne me l'aviez ordonné.

La fille de Boyruc se mit à pleurer à ces paroles : Ah ! grand monarque, dit-elle en se jetant à ses pieds, je supplie très-humblement votre majesté d'avoir pitié de moi ; je suis une jeune fille sans expérience, vous êtes témoin de ma faute ; daignez, de grâce, me la pardonner. Le roi releva la dame, la consola, lui dit de ne rien craindre, & lui demanda qui elle étoit. Elle satisfit sa curiosité ; après quoi il sortit de cette maison avec Couloufe, & regagna son palais.

XXXV. JOUR.

Les plaisanteries que Dilara avoit faites à Couloufe sur Ghulendam, produisirent de tristes effets. Mirgehan soupçonna sa favorite & le fils d'Abdallah de s'aimer tous deux, & il crut que sans avoir égard à ce qu'ils lui devoient, ils goûtoient dans son palais même les douceurs d'une heureuse intelligence. Il n'auroit tenu qu'à lui, en les faisant exactement observer l'un & l'autre, d'être persuadé bientôt de la fausseté de ses soupçons. Mais c'étoit un de ces jaloux qui n'écoutent que leur jalousie, & qui se livrant aux premières impressions qu'on leur donne, croient n'avoir pas besoin d'autre éclaircissement. C'est pourquoi dès le lendemain, sans chercher à vérifier ses conjectures, il envoya dire à Cou-

Jouse qu'il lui défendoit de paroître désormais devant lui, & qu'il vouloit que dès ce jour-là il sortît de Caracorum.

Le favori, bien qu'il pénétrât la cause de sa disgrâce, & que n'ayant rien à se reprocher, il ne désespéra point de faire connoître son innocence, s'il pouvoit parvenir à se faire entendre, négligea toutefois de chercher les moyens de se justifier. Il céda de bonne grâce à son malheur. Il obéit à l'ordre du roi, & se joignant à une grosse Caravanne qui alloit en Tartarie, il se rendit avec elle à Samarcande. Comme personne ne savoit mieux que lui résister à la mauvaise fortune, il ne fut point accablé de ce nouveau coup. Outre qu'il s'étoit déjà trouvé dans une situation misérable, tous les accidens de la vie lui paroissant des choses inévitables, ainsi qu'on l'a déjà dit, rien ne pouvoit ébranler la fermeté de son esprit.

Il demeura donc à Samarcande, s'abandonnant à tout ce que le ciel avoit ordonné de lui. Il fit bonne chère, & se divertit tant qu'il eut de l'argent. Lorsqu'il n'en eut plus, il alla se placer dans le coin d'une mosquée. Les ministres l'interrogèrent sur sa religion, & le trouvant très-savant, ils lui donnèrent une aumône réglée de deux pains par jour, & une cruche d'eau, avec quoi il vivoit fort content. Or il arriva un jour qu'un gros marchand appelé Mouzaffer vint faire sa prière dans cette mosquée. Il jeta les yeux sur Couloufe, & l'appela. Jeune homme, lui dit-il, d'où es-tu, & par quel hasard es-tu venu dans cette ville ? Seigneur, lui répondit le fils d'Abdallah, je suis un enfant de famille de Damas; j'ai eu envie de voyager, je suis venu en Tartarie ; & à quelques lieues de Samarcande, j'ai rencontré des voleurs qui ont tué mes domestiques, & m'ont volé.

Mouzaffer, après avoir écouté Couloufe, le crut & lui dit : Ne t'afflige pas, les bonnes aventures sont enchaînées aux mauvaises : tu pourras trouver ici de quoi te consoler ; leve-toi, & me suis jusqu'à ma maison. Le fils d'Abdallah fit ce qu'on lui disoit, & il jugea quand il fut chez le marchand, que Mouzaffer devoit être un homme fort riche. Un magasin rempli des plus riches étoffes, des meubles précieux, & un très-grand nombre de domestiques qui s'offrirent à sa vue, lui firent porter ce jugement ; & il ne se trompoit pas : Mouzaffer avoit des biens considérables.

Ce marchand fit asseoir à table auprès de lui Couloufe, & lui présenta d'abord du sorbet. Puis on leur servit du blanc-manger & des viandes fort succulentes. Après le dîner, ils s'entretinrent tous deux, & Mouzaffer ensuite le renvoya avec quelques présens.

Le lendemain le marchand retourna dans la même mosquée; il prit le fils d'Abdallah, le mena encore chez lui, & le régala comme le jour précédent. Il se trouva là un docteur, nommé Danischemend, qui tirant à part Couloufe après le repas, lui parla dans ces termes: Jeune étranger, le seigneur Mouzaffer, le maître de cette maison, a un grand dessein sur toi; un dessein qui demande une prompte exécution, & qui doit te faire plaisir dans l'état où sont tes affaires. Tu sauras qu'il a un fils unique appelé Taher, qui est un jeune homme d'un naturel fort violent. Ce Taher a épousé depuis quelques jours la fille d'un grand seigneur étranger. Le mari suivant son humeur impétueuse, a brusqué la femme; elle a répondu à ses emportemens par des paroles pleines de mépris & de fierté, ce qui a si fort irrité Taher, qu'il l'a répudiée. Il s'en est repenti un moment après; car c'est une jeune personne fort belle, & qu'il aime passionnément; mais les loix ne lui permettent pas de la reprendre, qu'un autre homme ne l'ait auparavant épousée & répudiée. C'est pourquoi Mouzaffer souhaite que dès aujourd'hui tu l'épouses, que tu passe la nuit avec elle, & que demain matin tu la répudies. Il te donnera cinquante sequins d'or. Ne veux-tu pas bien lui faire ce plaisir-là? Très-volontiers, répondit Couloufe;

je suis fort disposé à lui rendre ce service. Il m'a trop bien reçu pour que je refuse de faire une chose qu'il désire ; & d'ailleurs, je ne me sens aucune répugnance pour ce qu'il me propose. Je le crois bien, répliqua Danischemend. Il y a dans cette ville beaucoup de gens qui ne demanderoient pas mieux que d'être choisis pour Hullas (*a*) en cette occasion, quand il n'y auroit pas cinquante sequins à gagner ; car la femme de Taher est d'une beauté parfaite ; son corps est plus droit qu'un Cyprès. Elle a le visage rond, les sourcils bien séparés, & faits comme deux arcs, & ses regards sont autant de flèches empoisonnées. La neige n'est pas plus blanche que son teint, & sa bouche petite & vermeille ressemble à un bouton de rose.

XXXVI. JOUR.

ON trouveroit donc dans Samarcande, poursuivit Danischemend, des Hullas tant qu'on en voudroit ; mais on aime mieux que ce soit un étranger, parce que ces sortes de choses doivent se faire le plus secrètement qu'il est possible. Mouzaffer a donc jeté les yeux sur toi. Je suis Nayb (*b*),

---

(*a*) Hulla. C'est ainsi qu'on appelle celui qui épouse une femme répudiée.

(*b*) Lieutenant du Cadi.

& par conséquent revêtu du pouvoir de te marier avec cette charmante dame, ce composé de toutes les perfections; & dès ce moment, si tu veux, tu en seras possesseur. J'y consens, repartit le fils d'Abdallah. Après le portrait que vous venez de m'en faire, vous pouvez bien penser que je voudrois déjà l'avoir épousée. Oui; mais, dit le Nayb, il faut que tu promettes de la répudier dès demain, & de sortir incessamment de Samarcande avec l'argent qu'on te donnera. La famille du seigneur Mouzaffer ne seroit pas bien-aise que tu demeurasses en cette ville après cette aventure. Je n'y demeurerai pas long-tems, répondit Couloufe, & si ce n'est pas assez de promettre, je jure que dès demain matin je répudierai la dame que vous m'aurez fait épouser.

Il n'eut pas plutôt fait ce serment, que le lieutenant du Cadi apprit à Mouzaffer que le jeune étranger étoit prêt à servir de Hulla; il accepte, lui dit-il, les conditions que je lui ai proposées de votre part; il ne s'agit plus que de le marier avec votre belle-fille. Aussi-tôt Mouzaffer fit venir son fils Taher & le reste de sa famille, & en leur présence le Nayb maria Couloufe sans lui faire voir la dame, parce que Taher le voulut ainsi. Il fut même résolu que le Hulla passeroit la nuit avec elle sans lumière, afin que le lendemain ne l'ayant pas vue, il eût moins de peine à la répudier.

Cependant la nuit étant venue, on introduisit Couloufe dans la chambre nuptiale où on le laissa sans lumière avec la dame qui étoit couchée dans un lit de brocard d'or. Il ferma la porte à double tour, ôta ses habits, chercha le lit à tâtons, & l'ayant trouvé, il se coucha auprès de sa femme. Vous pouvez croire qu'elle ne dormoit pas. Ce n'étoit pas sans émotion qu'elle se voyoit livrée aux caresses d'un homme dont on lui cachoit le visage, & dont elle se faisoit même une image désagréable, parce qu'elle n'ignoroit pas qu'on prenoit ordinairement pour Hullas les premiers malheureux que le hasard présentoit. D'une autre part, Couloufe, quoique Danischemend lui eût vanté la beauté de la dame, étoit mortifié de n'avoir pas le plaisir de la voir, ou plutôt, le portrait qu'on lui en avoit fait lui donnoit une vive curiosité de le vérifier. Ce désir qui le consumoit, & qu'il ne pouvoit contenter, diminuoit la vivacité de ceux qu'il pouvoit satisfaire. Madame, lui dit-il, quelque favorable que soit pour moi cette nuit, je ne puis goûter une joie parfaite. Chaque instant redouble l'envie que j'ai de voir vos charmes. Je m'en suis fait une si belle idée, & je souhaite avec tant d'ardeur de les contempler, que je ne sais si ce n'est point une aussi grande peine de vous posséder sans vous voir, que de vous voir sans vous posséder. Cependant il faudra demain que je vous cède. Ah! puisque mon bonheur doit durer si peu, du moins on auroit dû m'en faire connoître tout le prix.

Après avoir dit ces paroles, il se tut pour entendre ce que sa femme y répondroit, & il fut assez surpris lorsqu'au lieu de répondre à ce discours, elle dit : O vous que Taher a choisi pour rétablir l'union que son humeur violente a détruite, qui que vous soyez, apprenez-moi qui vous êtes; il me semble que le son de votre voix ne m'est point inconnu : je ne vous écoute pas tranquillement.

Couloufe tressaillit à ces mots. Madame, répondit-il, dites-moi vous-même quelle est votre famille; le son de votre voix trouble aussi mes sens; je crois entendre une dame Keraïte que je connois. Juste dieu, seriez-vous..... Mais non, ajouta-t-il en se reprenant, il n'est pas possible que vous soyez la fille de Boyruc. Ah! Couloufe, s'écria la dame en ce moment, est-ce vous qui me parlez? Oui, ma reine, dit-il, c'est Couloufe lui-même, qui ne sauroit croire que c'est Dilara qu'il entend. Soyez-en persuadé, reprit-elle, je suis cette malheureuse Dilara qui vous reçut chez elle avec le roi Mirgehan, qui par des discours indiscrets vous rendit suspect à ce prince, & que vous devez regarder comme votre plus grande ennemie, puisqu'elle est cause de votre disgrâce. Cessez, madame, répliqua le fils d'Abdallah, cessez de vous l'imputer. Le ciel le vouloit ainsi, & bien loin de l'accuser de rigueur, je rends grâces à sa bonté d'avoir fait succéder à mon infortune un si agréable évènement. Mais, belle Dilara, continua-t-il, comment la fille de Boyruc a-t-elle pu devenir femme de Taher ? Je vais, dit-elle, vous l'apprendre.

Mon père, pendant son ambassade à Samarcande, étoit logé chez Mouzaffer qu'il connoît depuis long-tems. Ils arrêtèrent entre eux ce mariage, & Boyruc étant de retour à Caracorum, me fit partir pour Samarcande bien accompagnée. J'obéis à mon père avec une répugnance à laquelle vous n'aviez pas peu de part; car je l'avouerai, mon cher Couloufe, je vous aimois, quoique je ne vous l'eusse pas témoigné. Et j'atteste le ciel, que votre disgrâce m'a coûté bien des larmes. Mon mariage avec Taher ne vous a point banni de ma mémoire. Ce mari brutal, & d'ailleurs peu agréable de sa personne, au lieu de vous en effacer, n'a fait que vous y maintenir. Et comme si j'eusse prévu que l'amour ou la fortune nous rassembleroit, j'ai toujours conservé l'espérance de vous revoir. Mais mon bonheur surpasse encore mon attente, puisque je retrouve mon amant dans l'époux qu'on me donne. O merveilleuse aventure! à peine y puis-je ajouter foi.

XXXVII. JOUR.

Couloufe, après ce qu'il venoit d'entendre, ne pouvoit plus douter qu'il ne fût avec la fille de Boyruc. Belle Dilara, s'écria-t-il, transporté d'amour & de joie, quel heureux changement! par quel bizarre enchaînement d'aventures suis-je parvenu au comble de mes souhaits! Quoi! c'est vous qu'on m'a fait épouser; vous dont l'image charmante est gravée dans mon cœur! vous que je croyois ne revoir jamais! Ah! ma princesse, si vous avez en effet plaint le fils d'Abdallah, si ma disgrâce vous a coûté des pleurs, partagez en ce moment la douceur des transports que mon bonheur m'inspire. Qui m'eût dit, quand le roi des Keraïtes me bannit de sa cour, que le ciel ne me faisoit éprouver ce malheur, que pour me rendre le plus heureux des hommes!

Dilara n'étoit pas insensible aux tendres mouvemens que Couloufe laissoit éclater. Ils passèrent tous deux la nuit à se témoigner mutuellement le plaisir qu'ils avoient de se rencontrer;

& ils s'en donnoient encore des assurances, lorsqu'un esclave de Mouzaffer vint frapper assez rudement à la porte de leur chambre, en criant de toute sa force : hola ho ! seigneur Hulla, prenez, s'il vous plait, la peine de vous lever, il est jour. Le fils d'Abdallah ne répondit point à la voix de l'esclave, & continua d'entretenir la fille de Boyruc; mais il sentit évanouir sa joie; une tristesse mortelle succéda tout-à-coup aux doux transports qui l'agitoient. Ma reine, dit-il, l'ai-je bien entendu ? on veut déjà nous séparer. Mouzaffer, impatient de vous voir rentrer dans sa famille, compte les momens du divorce qui vous en a fait sortir; & son fils justement jaloux de mon bonheur, n'en peut souffrir la durée; le jour même, d'accord avec mes ennemis, semble avoir précipité son retour. A peine, hélas ! vous ai-je retrouvée, qu'il faut vous perdre encore, malgré les nœuds qui nous lient ; car j'ai juré de vous répudier. Et vous pourrez, interrompit la dame, garder cet affreux serment ! Saviez-vous, lorsque vous l'avez fait, que c'étoit à moi que vous promettiez de renoncer ? Vous n'êtes point obligé de tenir une promesse téméraire; & quand vous le feriez, Dilara ne vaut-elle pas bien un parjure ? Ah ! Couloufe, ajouta-t-elle en pleurant, vous ne m'aimez point, si vous êtes capable de balancer entre ma possession & le vain honneur de tenir une parole qui choque l'amour & la raison. Mais, madame, reprit-il, est-ce qu'il dépend de moi de vous conserver à ma tendresse ? Quand même je violerois mon serment, croyez-vous qu'un étranger sans appui, sans biens, puisse résister au crédit de Mouzaffer ? Oui, repartit la fille de Boyruc, vous le pouvez; méprisez ses menaces ; rejetez ses offres ; les loix sont pour vous. Si vous avez de la fermeté, vous rendrez inutiles tous les efforts qu'on fera pour nous désunir. Hé bien, ma princesse, dit-il, emporté par sa passion, vous serez satisfaite. Mon serment en effet est téméraire, & je sens bien que je ne puis le garder sans qu'il m'en coûte le repos de ma vie. C'en est fait ; je ne vous répudierai point, puisque je puis m'en défendre ; c'est la résolution que je prends : je défie Mouzaffer & toute la terre ensemble de m'en détourner.

Tandis qu'il assuroit sa femme, & qu'il se promettoit à lui-même de demeurer ferme dans ce dessein, Taher à qui la nuit avoit paru beaucoup plus longue qu'à eux, vint aussi frapper à la porte de leur chambre. Allons donc, Hulla, s'écria-t-il, le jour s'avance : on vous a déjà averti de vous lever, vous vous faites bien presser ; car il y a long-tems que nous vous attendons pour vous remercier, & vous compter la somme promise. Habillez-vous promptement, que nous terminions cette affaire ; le lieutenant du cadi sera ici dans un moment. Couloufe se leva aussi-tôt, se revêtit de ses habits, & ouvrit la porte à Taher qui le fit conduire au bain, & servir par un esclave grec. Lorsque le fils d'Abdallah fut sorti du bain, l'esclave lui donna de beau linge & une robe très-propre, & le mena ensuite dans une salle où étoit Mouzaffer avec son fils & Danischemend. Ils saluèrent le Hulla, qui leur fit une profonde révérence : ils l'obligèrent de s'asseoir auprès d'eux à une table, & on leur servit entre autres mets des potages (*a*) de jus de mouton.

Après le repas, Danischeménd prit Couloufe en particulier, & lui présentant cinquante sequins d'or avec un turban magnifique plié dans un paquet : tiens, jeune homme, lui dit-il, voilà ce que le seigneur Mouzaffer te donne ; il te remercie du plaisir que tu lui as fait, & il te prie de ne pas demeurer plus long-tems à Samarcande. Répudie donc ta femme, sors de cette ville ; & si quelqu'un te demande : as-tu vu le chameau (*b*) ? dis que non.

(*a*) Afche rifâhé y gnipa.
(*b*) Façon de parler des Orientaux, pour dire garde le secret.

XXXVIII.

XXXVIII. JOUR.

LE Nayb (*a*) s'imaginoit que le Hulla, pénétré des bontés de Mouzaffer, alloit se répandre en discours pleins de reconnoissance, & il fut fort surpris de sa réponse. Je croyois, répondit Couloufe, en jetant loin de lui le paquet & les sequins, que la justice, la bonne-foi & la Religion régnoient à Samarcande, sur-tout depuis qu'Usbec-Kan est parvenu à la couronne de Tartarie ; mais je m'apperçois que je me suis trompé, ou plutôt qu'on trompe le roi : il ne sait pas que dans la ville même où il fait son séjour, on veut tyranniser les étrangers. Quoi donc ! j'arrive à Samarcande, un marchand s'adresse à moi, m'invite à dîner chez lui, me caresse, me fait épouser une dame suivant les loix ; je m'engage de la meilleure foi du monde ; & lorsque je suis engagé, on prétend que je répudie ma femme ! Cessez, seigneur Nayb, cessez de me proposer une action si indigne d'un honnête homme, ou bien je mettrai de la terre (*b*) sur ma tête, j'irai

---

(*a*) Lieutenant du Cadi.
(*b*) Quand les Orientaux veulent donner des marques publiques d'une extrême douleur, ils se revêtent d'un sac, & se couvrent la tête de terre & de cendre.

me jeter aux pieds d'Usbec-Kan, & nous verrons ce qu'il ordonne.

Le lieutenant du cadi, à ces paroles, tira Mouzaffer à part, & lui dit : vous avez voulu prendre cet étranger pour Hulla, vous ne pouviez faire un plus mauvais choix : il refuse de répudier sa femme ; mais je vois bien que c'est un homme qui ne fait où donner de la tête, & qui voudroit vous obliger à lui faire quelque présent considérable. Ho ! s'il ne tient qu'à cela, dit Mouzaffer, il sera bientôt content : offrez lui cent sequins d'or, & qu'il sorte de la ville avec toute la diligence & tout le secret que j'exige de lui. Non, non, seigneur Mouzaffer, s'écria Couloufe en l'entendant parler ainsi, vous avez beau doubler la somme, vous me donneriez dix mille sequins, vous y ajouteriez même inutilement les plus riches étoffes de vos magasins, je ne romprai point un si saint engagement. Jeune homme, lui dit alors Danischemend, vous ne prenez pas le bon parti dans cette affaire ; je vous conseille d'accepter les cent sequins d'or, & de répudier votre femme sans différer ; car si vous nous réduisiez à la nécessité de rendre cette aventure publique, vous vous en repentiriez sur ma parole. Vos menaces, répliqua le fils d'Abdallah, ne m'épouvantent point. Vous ne sauriez m'obliger à détruire une union que protègent les loix. Ah !

c'en eſt trop, interrompit en cet endroit l'impétueux Tahër qui avoit eu bien de la peine à ſe contraindre & à ſe taire juſque-là. Menons ce miſérable chez le cadi, & le faiſons traiter comme il le mérite. Nous allons voir s'il eſt permis d'abuſer d'honnêtes gens par de vaines promeſſes. Daniſchemend & Mouzaffer eſſayèrent encore de perſuader au Hulla qu'il devoit de bonne grâce faire ce qu'ils ſouhaitoient ; mais n'en pouvant venir à bout, ils le menèrent devant le cadi.

Ils informèrent ce juge de tout ce qui s'étoit paſſé ; & ſur leur rapport le cadi regardant Couloufe, lui parla en ces termes : Jeune étranger, que perſonne ne connoît dans cette ville, & qui vivoit dans une moſquée des aumônes que nos miniſtres te donnoient chaque jour, as-tu perdu le jugement juſqu'à t'imaginer que tu demeureras tranquille poſſeſſeur d'une dame qui a été l'épouſe de Taher ? Le fils du plus riche marchand de Samarcande verroit une femme qu'il aime, & qu'il veut reprendre, entre les bras d'un malheureux, dont une naiſſance baſſe eſt peut-être le moindre défaut. Rentre en toi-même, & te rends juſtice : tu n'es pas d'une condition égale à celle de ta femme ; & quand tu ſerois d'un rang au-deſſus même de celui de Taher, il ſuffit que tu ne ſois pas en état de faire la dépenſe qui convient à une honnête famille, pour que je ne te permette pas de vivre avec ta femme. Renonce donc à la fole espérance que tu as conçue, & qui t'a fait violer un serment; accepte l'offre du seigneur Mouzaffer, répudie ta femme, & t'en retourne en ta patrie; ou bien si tu t'obstine à n'y vouloir pas consentir, prépare-toi à recevoir tout-à-l'heure cent coups de bâton.

Le discours du cadi, bien que prononcé d'un ton de Juge, n'eut pas le pouvoir d'ébranler la fermeté du fils d'Abdallah, qui reçut les cent coups de bâton d'un air froid & sans se démentir. En voilà assez pour aujourd'hui, dit le cadi, demain nous doublerons la dose; & si elle n'est pas assez forte pour le guérir de son opiniâtreté, nous aurons recours à des remèdes plus violens: qu'il passe encore cette nuit avec sa femme: j'espère que nous le reverrons demain plus raisonable. Taher auroit fort souhaité que, sans attendre au jour suivant, on eût continué de frapper le Hulla, & il ne tint pas à lui que cela ne fût; mais le cadi ne le voulut pas : de sorte que Mouzaffer & son fils s'en retournèrent chez eux avec Couloufe, qui tout meurtri qu'il étoit des coups qu'il avoit reçus, ne laissa pas de regarder comme un doux lénitif à ses maux, la liberté qu'on lui donnoit de revoir Dilara.

XXXIX. JOUR.

Mouzaffer essaya de persuader par la douceur le fils d'Abdallah. Il lui fit de nouvelles promesses ; il lui offrit jusqu'à trois cents sequins d'or, s'il vouloit sur le champ répudier la fille de Boyruc : & pendant qu'il n'épargnoit rien pour gagner son esprit, Taher entra dans l'appartement de la dame.

Elle étoit dans une agitation qu'on ne peut exprimer. Impatiente d'apprendre ce qui s'étoit passé chez le cadi, elle attendoit Couloufe avec toute l'inquiétude qu'on peut sentir. Quoiqu'assurée de son amour, elle appréhendoit que sa fermeté ne se fût démentie, & elle ne put s'empêcher de le croire, lorsqu'elle vit paroître son premier mari. Elle frémit à sa vue, dans la pensée qu'il venoit lui annoncer cette nouvelle affreuse. Son visage se couvrit d'une pâleur mortelle, & peu s'en fallut qu'elle ne tombât évanouie. Taher se laissa tromper à ces marques de douleur. Il s'imagina que quelqu'un avoit déjà dit à la dame que le Hulla refusoit de la répudier, & que ce refus étoit la cause de cette profonde affliction dont elle paroissoit saisie. Madame, lui dit-il, ne vous abandonnez point à votre tristesse. Il n'est pas encore tems de vous défefpérer. Le miférable que j'ai choifi pour Hulla, ne veut pas, à la vérité, vous céder à mon amour, mais que cela ne vous chagrine point. Il a déjà reçu cent coups de bâton, & demain il en aura bien davantage, s'il s'obftine à ne pas faire les chofes dont il eft convenu avec le Nayb. Le cadi même eft dans la réfolution de lui faire éprouver les derniers fupplices. Confolez-vous donc, ma fultane, vous n'avez plus que cette nuit à paffer avec le Hulla; dès demain je redeviendrai votre époux. Je viens vous en affurer moi-même, & vous exhorter à prendre patience; car je ne doute pas que la néceffité de fouffrir ce gueux-là, ne foit pour vous une grande mortification. Oui, feigneur, interrompit Dilara, je vous avoue que le Hulla fait toute ma peine. Le repos de ma vie dépend de lui. Hélas! je crains que cette affaire ne tourne pas au gré de mes défirs. Pardonnez-moi, ma reine, reprit-il avec précipitation, calmez une inquiétude fi obligeante pour Taher. Vous pouvez vous flatter que demain notre union fera rétablie. En achevant ces paroles, il fortit de l'appartement de la dame, & Couloufe y entra un moment après.

Si-tôt qu'elle apperçut le fils d'Abdallah, elle paffa de la douleur à la joie: Ah! cher époux, s'écria-t-elle en lui tendant les bras, venez recevoir le prix de votre conftance. Eft-il poffible que vous ayez mieux aimé fouffrir un indigne traitement, que de renoncer à Dilara? Taher lui-même m'a conté tout ce qui vous eft arrivé chez le cadi, & fi je fuis charmée de votre fermeté, je reffens auffi très-vivement la barbarie qu'on a exercée fur vous. Je ne puis même, fans effroi, penfer aux nouveaux tourmens qui vous menacent. Madame, répondit Couloufe, quels que puiffent être les maux qu'on me prépare, ma conftance n'en fera point ébranlée: ils ne produiront pas plus d'effet que les promeffes que Mouzaffer vient de me faire; on ne peut me féduire ni m'épouvanter. J'ignore ce que l'arbitre de nos deftinées a ordonné de mon fort: j'ignore s'il veut que je meure ou que je vive pour vous, mais du moins je fais bien qu'il ne fauroit être écrit dans le ciel (*a*) que je vous répudierai. Non, reprit la fille de Boyruc, le ciel ne nous a pas joints l'un & l'autre d'une manière fi merveilleufe, pour nous féparer prefque auffi-tôt. Je ne puis croire qu'il vous laiffe périr, & je fens qu'il m'infpire un moyen de tromper nos ennemis. Avez-vous dit au cadi, ajouta-t-elle, que vous avez été favori du roi des Keraïtes?

---

(1) Les Perfans croient que tout ce qui doit arriver jufqu'à la fin du monde, eft écrit fur une table de lumière appelée *Louh*, avec une plume de feu appelée *Calam-azer*, & l'écriture qui eft deffus fe nomme *Caza* ou *Calda*, c'eft-à-dire, la prédeftination inévitable.

Non, repartit Couloufe, car le juge m'a d'abord fermé la bouche, en me difant qu'il ne permettra jamais que je vous pofsède, puifque je fuis fans biens, quand j'aurois d'ailleurs de la naiffance. Cela étant, dit-elle, fuivez exactement le confeil que je vais vous donner. Demain, lorfque vous ferez devant le cadi, ne manquez pas de dire que vous êtes fils de Maffaoud : C'eft un marchand de Cogende qui a des richeffes immenfes. Vous n'avez qu'à foutenir que c'eft votre père. Avancez même hardiment que vous en recevrez bientôt des nouvelles, qui feront connoître à tout le monde que vous ne dites rien qui ne foit très-véritable.

XL. JOUR.

Couloufe promit à Dilara d'employer ce menfonge, pour éviter, s'il étoit poffible, les maux qu'on lui préparoit ; & l'efpérance qu'ils conçurent tous deux, que par ce moyen ils obligeroient le cadi à les laiffer vivre enfemble, les rendit plus tranquilles. Ils cédèrent infenfiblement l'un & l'autre à leur penchant ; & détournant leur penfée des peines de l'avenir, ils s'abandonnèrent au plaifir préfent.

Ils pafsèrent le refte de la journée & toute la

nuit comme deux époux charmés de leur fort ; mais auſſi-tôt qu'il fut jour, on vint troubler leur joie. Les gens du cadi, conduits par Taher, arrivèrent à la porte de la chambre. Ils frappèrent rudement, en criant : debout, debout, ſeigneur Hulla ! il eſt tems de paroître devant le juge : levez-vous. Le fils d'Abdallah pouſſa un profond ſoupir à ces paroles, & ſa femme ſe prit à pleurer. Infortuné Couloufe, dit-elle, que ton épouſe te coûte cher ! Ma princeſſe, répondit-il, de grâce eſſuyez vos larmes, elles me percent le cœur ; ne nous livrons point au déſeſpoir ; ranimons plutôt notre eſpérance ; attendons tout du ciel ; je me flatte qu'il voudra bien me ſecourir ; je ſens même déjà un effet de ſa bonté, mon courage redouble, & il n'eſt point de péril qui puiſſe me faire trembler.

En parlant de cette ſorte, il s'habilla, ouvrit la porte, & ſuivit les gens du cadi qui le menèrent à leur maître. Mouzaffer & ſon fils les accompagnoient, & paroiſſoient pleins d'inquiétude. D'abord que le juge apperçut Couloufe : Hé bien, Hulla, lui dit-il, dans quelle diſpoſition es-tu aujourd'hui ? N'es-tu pas plus ſage qu'hier ? faudra-t-il te donner de nouveaux coups de bâton pour te faire répudier ta femme ? Je ne le crois pas : tu auras ſans doute fait des réflexions ſalutaires, & penſé qu'un homme de rien, comme toi, ne doit point s'obstiner à vouloir conserver une femme qui ne peut être à lui. Monseigneur, dit Couloufe, puisse la vie d'un juge tel que vous, durer plusieurs siècles; mais je ne suis pas un homme de rien. Ma naissance n'est point obscure, comme vous vous l'imaginez : & puisqu'il faut enfin que je me fasse connoître, sachez que je me nomme Rucneddin, & que je suis fils unique d'un marchand de Cogende appelé Massaoud. Mon père est encore plus riche que Mouzaffer; & s'il savoit l'état où je me trouve, il m'enverroit bientôt tant de chameaux chargés d'or, que toutes les femmes de Samarcande envieroient le bonheur de celle que j'ai épousée. Quoi donc! parce que des voleurs m'ont volé & dépouillé auprès de cette ville, & que je me suis retiré dans une mosquée, pour subsister, vous concluez de-là que je ne suis qu'un homme de rien! Ho, je vous ferai bien voir que vous vous trompez. Je vais incessamment écrire à mon père, & il n'aura pas plutôt reçu de mes nouvelles, qu'il me fera tenir en cette ville des richesses infinies.

Dès que Couloufe eut achevé ces paroles, le cadi lui dit : Vous êtes fils unique d'un riche marchand de Cogende, & ce n'est que par l'accident que vous venez de raconter que vous êtes dans la misère? Assurément, répondit le fils d'Abdallah. Vous voyez bien, monseigneur, que je ne suis pas un misérable élevé dans la poussière. Hé pourquoi, jeune homme, reprit le juge, n'avez-vous pas déclaré cela hier ? je ne vous aurois pas fait maltraiter. Seigneur, ajouta-t-il en se tournant vers Mouzaffer, ce que dit le Hulla change la thèse ; étant fils unique d'un gros marchand, les loix ne permettent pas qu'on le force à répudier sa femme. Bon ! seigneur cadi, interrompit Taher, est-ce que vous ajoutez foi à cet imposteur ? Il se dit fils de Massaoud, pour éviter les coups de bâton & gagner du tems. Je n'y saurois que faire, dit le juge ; soit qu'il mente, soit qu'il dise la vérité, il m'est défendu de passer outre ; tout ce que je puis ordonner de plus favorable pour vous, c'est d'enjoindre au Hulla de prouver ce qu'il avance. Nous n'en demandons pas davantage, dit alors Mouzaffer. Je veux bien même qu'à mes dépens on envoie un exprès à Cogende ; je connois Massaoud pour l'avoir vu ici quelquefois, je sais bien que c'est un marchand très-riche : si le Hulla est effectivement son fils, nous lui abandonnons Dilara. Oui, dit Taher ; mais en attendant le retour du courrier, il seroit à propos, ce me semble, de faire vivre les époux séparément ? Cela est contre les règles, repartit le cadi, la femme doit demeurer avec son mari : on ne sauroit la lui enlever sans commettre une violence condamnée par les loix. Envoyez donc un homme à Cogende, qui n'est qu'à sept journées d'ici. Dans quinze jours nous saurons ce que nous devons penser du Hulla. S'il est fils de Massaoud, il ne répudiera pas la dame; mais je jure, par la pierre noire du sacré temple de la Mecque, & par le saint bosquet de Medine, où est le tombeau du prophète, que s'il nous trompe, un supplice cruel & ignominieux punira l'imposteur, & terminera le cours de sa vie.

XLI. JOUR.

Cette affaire ainsi décidée par le cadi, les parties se retirèrent : Mouzaffer & son fils firent partir pour Cogende un de leurs domestiques, avec ordre de s'informer parfaitement de ce qu'ils vouloient savoir, & de faire toute la diligence possible. Pour Couloufe, il alla promptement rendre compte à sa dame de ce qui s'étoit passé chez le juge. Elle en eut beaucoup de joie : ah! cher époux, dit-elle, tout va bien : nous ne devons plus rien appréhender. Avant que le courier soit revenu de Cogende, avant même qu'il y soit arrivé, nous prendrons tous deux la fuite; nous sortirons une nuit de Samarcande, nous nous rendrons à Bocara le plutôt qu'il nous sera possible, & nous y vivrons de ma dot dans un repos que nos ennemis ne pourront troubler.

Couloufe approuva la penſée de Dilara. Ils réſolurent de ſe ſauver; mais comme ils étoient trop obſervés dans la maiſon où ils demeuroient, pour pouvoir impunément exécuter leur deſſein, ils jugèrent qu'ils devoient aller loger ailleurs; qu'il falloit le déclarer à Mouzaffer; & que s'il s'y oppoſoit, ils en demanderoient la permiſſion au cadi. Cela étant arrêté entr'eux, le fils d'Abdallah alla trouver ſur le champ Mouzaffer & ſon fils: il leur dit que, dès ce jour-là il vouloit changer de demeure; qu'il prétendoit, puiſque les loix le rendoient maître de ſa femme, diſpoſer d'elle à ſon gré, & la mener où il lui plairoit. Mouzaffer & ſon fils ne manquèrent pas de s'y oppoſer. Taher ſur-tout proteſta qu'il ne conſentiroit pas que Dilara ſortît de chez lui. Couloufe de ſon côté n'en démordit point, de ſorte qu'il fallut encore avoir recours au cadi.

Ce juge, informé du ſujet qui les ramenoit devant lui, demanda au Hulla pourquoi il avoit envie de quitter la maiſon de Mouzaffer? Monſeigneur, lui répondit le fils d'Abdallah, j'ai ouï dire ſouvent à Maſſaoud mon père, que lorſqu'on demeure avec ſes ennemis, il faut s'en ſéparer le plutôt qu'il eſt poſſible: ainſi je voudrois aller vivre ailleurs en attendant des nouvelles de Cogende. Ma femme le ſouhaite autant que moi. Ah! le menteur, s'écria Taher en cet endroit. Dilara gémit, Dilara est dans les pleurs depuis que ce misérable est son mari, & il a l'impudence de dire qu'elle s'ennuie chez moi! Oüi, je l'ai dit, reprit Couloufe, & je le dis encore; ma femme m'aime, & ne désire rien avec plus d'ardeur, que de s'éloigner de vous. Si cela n'est pas vrai, si elle a d'autres sentimens, je suis prêt à la répudier tout-à-l'heure. Seigneur cadi, dit alors Taher, vous l'entendez, je le prends au mot : ordonnez que Dilara vienne ici, & qu'elle s'explique là-dessus. J'y consens, dit le juge : Allez, Nayb, ajouta-t-il en se tournant vers Danischemend qui étoit présent, transportez-vous chez Mouzaffer, & dites à Dilara que je veux lui parler : amenez-la ici, dans un moment nous verrons bientôt dans quelle disposition elle est; & je déclare que si elle dément le Hulla, elle sera répudiée sur le champ.

Le Nayb s'acquitta de sa commission avec beaucoup de diligence; il amena la dame chez le juge, qui ne la vit pas si-tôt paroître, qu'il lui demanda si elle souhaitoit de sortir de chez Mouzaffer, & si elle avoit plus d'inclination pour le Hulla que pour son premier mari. Taher ne doutoit point qu'elle ne prononçât en sa faveur; & cédant à un mouvement de joie dont il ne fut pas maître, il prit la parole avant qu'elle répondît : parlez, madame, dit-il, vous n'avez qu'à déclarer vos véritables sentimens, & vous serez dès-aujourd'hui délivrée de ce que vous haïssez. Puisqu'on me donne cette assurance, dit la fille de Boyruc, je vais ne vous rien déguiser. Mon second mari, le fils de Massaoud, a toute ma tendresse, & je supplie très-humblement le seigneur cadi d'ordonner qu'il nous sera permis de loger ailleurs que chez Mouzaffer. Ho, hô, dit alors le juge, en s'adressant au premier mari, vous voyez que le Hulla n'a rien avancé témérairement, il étoit bien sûr de son fait. Ah! la traîtresse, s'écria Taher tout étourdi de l'aveu sincère de la dame, comment a-t-elle pu se laisser séduire depuis hier ? J'en suis fâché pour l'amour de vous, reprit le cadi, car je ne puis me dispenser de leur permettre d'aller loger où il leur plaira. Vous laisserez donc triompher cet étranger, lui dit Taher, & sans savoir s'il est véritablement fils de Massaoud, vous souffrirez qu'il possède tranquillement Dilara ? Non, répondit le juge, s'il n'est pas en effet ce qu'il dit; si c'est un misérable, je le ferai mourir pour nous avoir trompés. Et vous vous imaginez, répliqua le fils de Mouzaffer, que s'il a sujet de craindre le châtiment dont vous le menacez, il sera assez sot pour attendre en cette ville que nous ayons reçu des nouvelles de Cogende ! Quelle erreur ! persuadez-vous plutôt qu'il a deſſein de ſortir de Samarcande, & qu'il engagera peut-être la dame à le ſuivre; mais que dis-je, peut-être? leur complot eſt déjà fait, & ils ne veulent ſans doute changer de demeure, que pour pouvoir plus aiſément exécuter leur réſolution. Cela n'eſt pas impoſſible, repartit le cadi; mais j'y mettrai ordre. En quelqu'endroit de la ville qu'ils prennent un logement, je me charge de les faire obſerver par une garde nombreuſe & vigilante qui m'en rendra bon compte.

Couloufe & Dilara eurent donc la liberté de quitter la maiſon de Mouzaffer. Ils en ſortirent dès ce jour-là même, pour aller demeurer dans un Caravanſerail. Ils achetèrent quelques eſclaves pour les ſervir. Ils ne manquoient ni d'argent ni de quoi en faire; car la dame avoit une dot conſidérable avec une aſſez grande quantité de pierreries. Ils ne ſongèrent d'abord qu'à ſe réjouir. Le plaiſir de pouvoir ſans contrainte s'abandonner à leur amour, les empêcha les premiers jours de faire les triſtes réflexions que l'état où ils étoient devoit leur inſpirer. Ils vivoient comme ſi le Cadi ne leur eût pas donné de garde, & qu'ils euſſent pu facilement ſe ſauver, ou comme ſi Couloufe eût été véritablement fils de Maſſaoud, & qu'ils euſſent attendu des nouvelles agréables de Cogende.

XLII*

XLII. JOUR.

L'Aventure du Hulla, quelques soins qu'eussent apportés Mouzaffer & son fils pour la rendre secrète, fit tant de bruit dans Samarcande, que plusieurs honnêtes gens voulurent voir les deux personnes que l'amour avoit si fortement unies; de sorte que Couloufe & Dilara, en butte à la curiosité publique, recevoient tous les jours de nouvelles visites.

Un jour entr'autres, il entra chez eux un homme de bonne mine, qui leur dit qu'il étoit un officier du roi, qu'il avoit appris ce qui s'étoit passé chez le cadi, & qu'il venoit les assurer qu'il s'intéressoit à leur fortune; enfin, il leur offrit ses services de si bonne grâce, & il sut si bien leur persuader qu'il entroit dans leurs intérêts, qu'ils crurent ne pouvoir lui témoigner trop de reconnoissance. Ils le prièrent de manger avec eux; & pour lui marquer l'extrême considération qu'ils avoient pour lui, Dilara ôta son voile : de sorte que l'officier, étonné de la beauté de la dame, ne put s'empêcher de s'écrier : Ah ! seigneur Hulla, je ne suis plus surpris de la fermeté que vous avez fait paroître chez le juge. Ils s'assirent tous trois à une table couverte de plusieurs mets. Il y avoit toutes sortes de pilau, du bogra où il entroit du gingembre, du poivre long, du noir & du blanc avec du beurre frais : du rifchtéy poulad compofé de fafran, de vinaigre, de miel & de térébenthine ; & un joufchberré, c'eft-à-dire, un agneau à l'étuvée, dont le dombé, ou la queue remplie d'herbes aromatiques, faifoit un plat particulier.

Les efclaves, après le repas, apportèrent du vin rouge de Chiras, du vin blanc de Kifmifche, & du roffoli ambré, nommé Raqui-moanber ; enfuite les parfums furent préfentés à la ronde. Et alors la dame s'étant fait donner un tambour de bafque, commença d'en jouer en chantant un air fur le mode Uzzal. Après cela elle demanda un luth ; elle l'accorda & en joua d'une manière qui charma l'officier du roi : puis elle prit une guittare, & chanta un air tendre fur le mode Nava, dont on fe fert pour pleurer l'abfence des amans.

C'étoit une chanfon qu'elle avoit compofée à Caracorom, après la difgrâce de Couloufe. Mais elle ne put la chanter fans retracer à l'efprit de cet amant des images qui l'attendrirent. Ce jeune homme tomba dans une profonde rêverie, & bientôt fe mit à pleurer amèrement.

L'officier du roi en fut furpris, & lui demanda quel étoit le fujet de fes pleurs. Hélas, répondi le fils d'Abdallah, de quoi vous servira d'en savoir la cause ? il ne vous est pas moins inutile de l'apprendre, qu'à moi de vous le dire. Je viens de rappeler dans ma mémoire mes malheurs passés, & je ne puis songer à ceux qui me menacent, sans être pénétré de la plus vive douleur. Cette réponse ne satisfit point l'officier du roi : Jeune étranger, dit-il, au nom de dieu, racontez-moi vos aventures. Ce n'est point par curiosité que je veux les entendre ; je me sens disposé à vous servir, & peut-être ne vous repentirez-vous point de m'avoir fait cette confidence. Dites-moi qui vous êtes, je vois bien que vous ne manquez pas de naissance : parlez, & ne me déguisez rien. Seigneur, reprit Couloufe, mon histoire est un peu longue, & pourra vous ennuyer : Non, non, dit l'officier ; je vous prie même de n'en supprimer aucune circonstance. Alors le fils d'Abdallah commença le récit de ses aventures : il raconta tout sans déguisement. Il avoua qu'il n'étoit point fils de Massaoud, & qu'il avoit eu recours à l'imposture pour s'assurer la possession de Dilara ; mais, ajouta-t-il, mon mensonge n'a pas eu tout l'effet que j'en attendois : on n'a pas voulu me croire sur ma parole ; on a envoyé à Cogende un courrier qui sera de retour dans trois jours : Ainsi le cadi, qui nous fait garder à vue, découvrira bientôt ma fourberie, & m'en punira par une mort infâme. Cette mort pourtant n'eſt pas ce qui m'afflige; c'eſt l'approche du funeſte moment qui doit pour jamais me ſéparer de l'objet que j'aime : cette ſeule penſée fait toute ma peine.

Pendant qu'il tenoit ce diſcours, qu'il entremêloit de ſoupirs & de larmes, la dame de ſon côté fondoit en pleurs, & faiſoit aſſez connoître par la douleur dont elle paroiſſoit ſaiſie, qu'elle étoit dans les mêmes ſentimens que Couloufe. L'officier du roi ne vit pas ce ſpectacle ſans compaſſion : tendres époux, dit-il, je ſuis touché de votre affliction. Je voudrois pouvoir vous rendre ſervice, & vous empêcher tous deux de boire la coupe empoiſonnée du malheur de la ſéparation. Plût à dieu, jeune homme, que je puſſe vous ſouſtraire au danger que vous courez! mais cela me paroît bien difficile! Le cadi eſt un juge vigilant & inflexible. On ne ſauroit ſurprendre ſa vigilance, & il ne vous pardonnera point de l'avoir trompé. Tout ce que j'ai à vous conſeiller, c'eſt de mettre votre confiance en dieu, qui ſait ouvrir les portes les mieux fermées, & lever les plus inſurmontables difficultés. Implorez ſon ſecours par de ferventes prières, & ne déſeſpérez pas de ſortir heureuſement de cette affaire, bien que vous n'y voyez nulle apparence. A ces mots, l'officier prit congé de Couloufe & de la dame, & se retira.

Il faut avouer, dit alors la fille de Boyruc, qu'il y a dans le monde une espèce de gens assez particulière. Ils viennent vous offrir leurs services : si vous leur paroissez affligé, ils vous pressent de leur raconter vos peines, en vous promettant de les soulager ; & lorsque par leurs complimens importuns, ils vous ont contraint de satisfaire leur curiosité, toute la consolation qu'ils vous donnent, c'est de vous exhorter à prendre patience. Qui n'eût pas cru, en voyant cet homme-ci entrer avec tant de chaleur dans nos intérêts, qu'il avoit dessein de nous être utile, & de faire au moins tous ses efforts pour nous servir ? Cependant, après avoir écouté le récit de nos aventures, il nous quitte, & nous abandonne à la providence. Madame, dit le fils d'Abdallah, que voulez-vous qu'il fasse pour nous ? rendons-lui plus de justice ; il a trop l'air d'un honnête homme, pour pouvoir être soupçonné de ne m'avoir arraché que par curiosité la confidence de mes malheurs. Non, non, il étoit disposé à nous faire plaisir ; je m'en fie à la pitié généreuse qu'il nous a marquée, & qui a paru jusque dans son silence ; mais quand il a vu le mal sans remède, pouvoit-il nous dire autre chose que ce qu'il nous a dit? & de qui pouvons-nous en effet recevoir du secours? Le ciel seul est capable de me délivrer du péril où je suis.

XLIII. JOUR.

CEs malheureux époux s'attendrirent l'un & l'autre, en se rappelant toute l'horreur de leur destinée, & passèrent les deux jours suivans à gémir & à se lamenter. Ils songèrent pourtant aux moyens de se sauver; ils tentèrent la fidélité de leurs gardes; mais ils les trouvèrent incorruptibles. Ainsi, le quinzième jour arriva, jour auquel devoit revenir le courrier de Cogende, & qu'ils craignoient autant tous deux, qu'il étoit ardemment souhaité du fils de Mouzaffer.

Dès que les premiers rayons de ce jour terrible vinrent éclairer l'appartement de Couloufe, ce jeune homme, croyant voir la lumière pour la dernière fois, se leva pour aller à la mort. Il regarda sa femme avec des yeux où étoient peints la douleur & le désespoir, & lui dit d'une voix presque éteinte: Adieu, je vais remplir mon destin, & porter ma tête au cadi: pour vous, belle Dilara, vivez, & souvenez-vous quelquefois d'un homme qui vous a si tendrement aimée. Ah! Couloufe, répondit la dame en fondant en pleurs, vous allez mourir, & vous m'exhortez à vivre! penfez-vous que la vie puiffe avoir des charmes pour moi? cruel! tu veux donc que je traîne des jours languiffans & déplorables? Non, non, je veux t'accompagner, & defcendre avec toi dans le tombeau. Taher, l'odieux Taher, verra périr ce qu'il aime avec ce qu'il hait; il n'aura pas lieu de fe réjouir de ton trépas. Hé! pourquoi faut-il que tu meures? c'eft fur moi feule que doit tomber le châtiment; c'eft ta femme qui t'a rendu parjure, & qui t'a fuggéré le menfonge qu'on veut que ta mort expie; c'eft donc à moi de fervir de victime: il eft jufte du moins que je fois auffi punie. Allons, marchons au lieu où ton fupplice s'apprête; je veux faire connoître à tout le monde que j'aime mieux périr avec toi que de te furvivre.

Le fils d'Abdallah combattit le deffein de la dame, il la conjura de ne lui pas donner une fi funefte marque de fa tendreffe; & Dilara, de fon côté, s'obftinant à vouloir mourir avec lui, le prioit de ne pas s'oppofer à fa réfolution. Pendant qu'ils ne pouvoient s'accorder là-deffus, ils entendirent un grand bruit à la porte de la rue, & bientôt ils virent entrer dans la cour le cadi, fuivi de plufieurs perfonnes, parmi lefquelles étoient Mouzaffer & fon fils. A cette vue la fille de Boyruc s'évanouit, & pendant qu'elle étoit entre les bras de quelques efclaves qui s'empreffoient de la fecourir, Couloufe profita de ce moment, & courut au-devant du cadi. Mais ce juge, bien loin de le venir chercher pour le conduire à la mort, lui fit la révérence, & lui dit d'un air riant : Seigneur, le courrier qu'on avoit envoyé à Cogende eft arrivé, accompagné d'un domeftique de Maffaoud votre père, qui vous envoie quarante chameaux chargés d'étoffes, de linge fin, & d'autres marchandifes. Nous ne doutons plus que vous ne foyiez fils de ce riche marchand, & nous vous prions d'oublier le mauvais traitement que nous vous avons fait.

Après que le juge eut tenu ce difcours, qui caufa un extrême étonnement à Couloufe, Mouzaffer & fon fils témoignèrent à ce Hulla qu'ils étoient fâchés des coups de bâton qu'il avoit reçus. Je renonce, lui dit Taher, aux prétentions que j'avois fur Dilara. Je conviens qu'elle eft à vous, & je vous l'abandonne, à condition que s'il vous prend fantaifie de la répudier bientôt, & de la vouloir reprendre, vous me choifirez auffi pour Hulla. Couloufe ne favoit que penfer de tout ce qu'il entendoit, il crut que Taher & le cadi le railloient, & qu'ils alloient lui parler d'un autre ton, lorfqu'une manière d'efclave qui arriva, lui baifa la main, & dit en lui préfentant une lettre:

Seigneur, votre père & votre mère se portent bien, ils souhaitent passionnément de vous revoir; leurs yeux & leurs oreilles sont sur le chemin.

Couloufe rougit à ces paroles; & ne sachant ce qu'il devoit répondre, il prit la lettre, l'ouvrit, & y trouva ces mots :

Louanges à dieu seul, & ses bénédictions soient répandues sur son grand prophète, sur sa famille, & ses amis. Mon cher fils, depuis que tu n'es plus devant mes yeux, je n'ai point de repos, je suis sur les épines de l'inquiétude; le poison de ton absence s'est emparé de mon cœur, & consume peu à peu ma vie. J'ai appris par le courrier que m'a envoyé le seigneur Mouzaffer, l'aventure qui t'est arrivée. Aussi-tôt j'ai fait charger quarante chameaux noirs, à yeux ronds, de plusieurs sortes de marchandises que je t'envoie à Samarcande, sous la conduite de Gioher, capitaine de mes charrois. Mande-moi au plutôt l'état où tu es, afin que notre cœur se console, & reprenne la joie & le salut.

MASSAOUD.

A peine le fils d'Abdallah eut-il lu cette lettre, qu'il vit entrer dans sa cour les quarante chameaux qui venoient de Cogende. Alors le capitaine Gioher lui dit : Monseigneur & mon maître, ayez, s'il vous plaît, la bonté d'ordonner qu'on décharge les chameaux, & qu'on mette les ballots dans quelque grande salle. Que diable signifie tout ceci, dit Couloufe en lui-même! J'ai bien vu arriver des aventures surprenantes; mais, par Ali, celle-ci les surpasse toutes. Ce capitaine Gioher m'a abordé, comme s'il me connoissoit parfaitement ; le cadi & Mouzaffer semblent donner dans ces apparences ; hé bien, quoique tout cela passe ma pénétration, ne laissons pas d'en profiter ; la fortune sans doute veut me sauver par un de ses coups capricieux, ou le ciel a voulu faire un miracle en ma faveur.

XLIV. JOUR.

QUELQUE étonné que fût Couloufe de ce merveilleux événement, il eut la force de cacher sa surprise, il fit mettre les ballots dans une salle, & ordonna qu'on eût soin des chameaux; il eut même l'assurance de faire des questions au chamelier : Gioher, lui dit-il, apprends-moi des nouvelles de toute ma famille ; n'ai-je pas quelque cousin ou quelque cousine malade à Cogende ? Non, seigneur, répondit Gioher, tous vos parens, grâces à dieu, sont en parfaite santé, à la réserve de votre père, qui compte les momens de votre absence, & qui m'a chargé de vous dire qu'il souhaiteroit fort que vous vous en retournassiez promptement à Cogende avec la dame que vous avez épousée.

Pendant que le conducteur des chameaux parloit ainsi, le Cadi, Taher & son père prirent congé du fils d'Abdallah, & s'en retournèrent chez eux, persuadés qu'il étoit effectivement fils de Massaoud : mais avant que de s'en aller, le juge congédia la garde qu'il avoit donnée aux nouveaux époux. Après qu'ils se furent tous retirés, Couloufe retourna dans l'appartement où il avoit laissé Dilara. Cette dame, par les soins de ses esclaves, étoit revenue de son évanouissement. Il lui conta ce qui venoit de se passer, & lui montra la lettre de Massaoud. Elle n'en eut pas achevé la lecture, qu'elle s'écria : juste ciel ! c'est à vous qu'il faut rendre grâces de ce prodige étonnant ; vous avez eu pitié de deux amans fidelles dont vous avez formé les nœuds. Madame, lui dit le fils d'Abdallah, il n'est pas encore temps de nous livrer à la joie ; nos peines ne sont pas finies ; que dis-je, finies ? je suis plus que jamais dans le péril ; vous m'avez fait prendre le nom d'un homme qui est sans doute à Samarcande ; le fils de Massaoud doit être en cette ville, son père lui écrit, & lui envoie quarante chameaux chargés de marchandises, sous la conduite de Gioher ; ce Gioher, qui n'a jamais vu apparemment le fils de son maître, aura suivi le courrier de Mouzaffer : il est aisé de comprendre le reste. Cette erreur, je l'avoue, nous seroit favorable, si elle pouvoit durer long-tems ; rien ne nous empêcheroit de prendre la fuite, parce que désormais nous ne serons plus observés ; mais la nouvelle de l'arrivée des chameaux s'est peut-être déjà répandue dans Samarcande ; le véritable fils de Massaoud l'apprendra, & ira trouver le cadi, qu'il désabusera : que sais-je, si dans un moment ce juge ne reviendra pas me chercher pour me traîner au supplice ?

C'est ainsi que raisonnoit Couloufe, qui flottant entre la crainte & l'espérance, se trouvoit plus à plaindre que s'il n'eût eu rien à espérer ; il croyoit voir sans cesse Taher & le cadi revenir détrompés & furieux ; chaque moment augmentoit son inquiétude. Tandis qu'il étoit dans cette agitation, l'officier du roi, ce même homme qui étoit venu chez lui deux jours auparavant, arriva. Seigneur Hulla, dit-il en entrant, j'ai appris que vos malheurs sont finis, & qu'enfin le ciel a jeté sur vous un regard favorable ; je viens vous en témoigner ma joie, & vous faire un reproche en même-tems ; vous n'êtes pas sincère : pourquoi m'avez-vous dit que vous n'étiez pas fils de Massaoud ? pourquoi m'avez-vous trompé ? Mon cher seigneur, répondit le fils d'Abdallah, je vous ai dit la vérité; je ne suis point de Cogende, je suis de Damas, comme je vous l'ai déjà dit. Il y a long-tems que mon père est mort, & que j'ai consumé tout le bien qu'il m'a laissé. Cependant, reprit l'officier, on dit qu'il vous est arrivé quarante chameaux chargés de diverses sortes d'étoffes, & que Massaoud vous écrit, comme si vous étiez son propre fils. Il est vrai, repartit Couloufe, que j'ai reçu sa lettre & ses marchandises; mais je ne suis pas pour cela son fils. L'officier demanda de quelle manière s'étoit passé la chose, & quand le Hulla eut fait ce détail, il lui dit : Je crois, comme vous, que c'est une méprise, & que le fils de Massaoud est à Samarcande; ainsi je suis d'avis que vous vous sauviez tous deux cette nuit. C'est notre dessein, répondit Couloufe; pourvu que le cadi demeure jusqu'à demain dans l'erreur où il est, nous n'en demandons pas davantage. Vous ne devez point avoir d'inquiétude là-dessus, répliqua l'officier; il faut espérer que tout ira bien. Le ciel, sans doute, ne veut pas que vous périssiez, puisque par une aventure qui tient du miracle, il vous a dérobé au supplice qu'on vous préparoit. A ces paroles, il en ajouta d'autres encore pour dissiper la crainte dont les deux époux paroissoient agités, ensuite il leur dit adieu, en leur souhaitant toutes sortes de prospérités.

Quand Couloufe & Dilara furent feuls, ils commencèrent à s'entretenir de leur fuite, & à s'y préparer. Ils attendoient la nuit avec beaucoup d'impatience; mais avant qu'elle arrivât, ils entendirent un grand bruit, & virent tout-à-coup paroître dans la cour du Caravanferail plufieurs gardes à cheval. A cette vue, les deux époux furent faifis d'effroi, & crurent que c'étoit le cadi qui venoit chercher le fils d'Abdallah pour le faire mourir. Ils perdirent pourtant bientôt cette frayeur : c'étoient des gardes du roi. Le capitaine qui les conduifoit defcendit de cheval ; & , chargé d'un paquet, entra dans la chambre où étoit Couloufe avec fa femme. Il les falua l'un & l'autre d'un air refpectueux ; & s'adreffant au mari : Seigneur, lui dit-il, je viens ici de la part du grand Usbec-Kan ; il veut voir le fils de Maffaoud ; il a fu votre aventure, il fouhaite que vous la lui racontiez vous-même, & il vous envoie cette (a) robe d'honneur pour vous mettre en état de paroître devant lui. Le fils d'Abdallah fe feroit fort bien paffé d'aller fatisfaire la curiofité du roi : cependant il fallut obéir. Il fe revêtit de la robe d'honneur, & fortit avec le capitaine des gardes, qui lui montrant dans la cour une mule qui avoit une felle & une bride d'or, enrichies de pierreries, & dont un page, magnifiquement vêtu, tenoit

---

(a) Caftan.

l'étrier, lui dit : montez sur cette mule royale, & je vais vous conduire au palais. Couloufe s'approcha de la mule, le page baifa l'étrier, & le lui préfenta; en même-tems le Hulla y mit le pied, fauta légérement en felle, & fe rendit au palais avec les gardes.

XLV. JOUR.

Dès qu'il fut arrivé au palais, les officiers du roi vinrent le recevoir, & le conduifirent jufqu'à la porte de la falle, où ce prince avoit coutume de donner audience aux ambaffadeurs. Là, le grand vifir le prit par la main, & l'introduifit dans la falle, où le roi, revêtu d'habits couverts de diamans, de rubis & d'émeraudes, étoit affis fur un trône d'ivoire autour duquel étoient debout tous les grands feigneurs de Tartarie. Couloufe fut ébloui de l'éclat qui environnoit Ufbec-Kan; & au-lieu d'élever fes regards jufqu'à ce prince, il baiffa les yeux, & alla fe profterner au pied du trône.

Le roi le voyant dans cet état, lui dit : fils de Maffaoud, on m'a dit qu'il t'eft arrivé des aventures affez fingulières; je fouhaite que tu me les racontes, & que tu me parle fans déguifement. Couloufe, frappé du fon de la voix qui lui adressoit ces paroles, leva les yeux, & reconnoissant dans le roi le même homme qui l'étoit venu voir, qu'il avoit pris pour un officier d'Usbec-Kan, & à qui il avoit confié tous ses secrets, il se jeta la face contre terre, & se mit à pleurer. Le visir le releva, & lui dit: ne craignez rien, jeune homme, approchez-vous du roi, & baisez le bas de sa robe. Le fils d'Abdallah tremblant, éperdu, s'avança jusqu'aux pieds du roi; & après lui avoir baisé la robe, recula quelques pas, & se tint debout, la tête baissée sur sa poitrine. Mais Usbec-Kan ne le laissa pas long-tems dans cette situation; ce prince descendit de son trône, le prit par la main, & le mena dans son cabinet, où il lui dit: Couloufe, ayez désormais l'esprit en repos, & n'appréhendez plus la fortune. Vous n'éprouverez plus ses rigueurs; vous ne serez point séparé de Dilara: vous vivrez avec elle dans ma cour, & vous tiendrez auprès de moi la place que vous occupiez à Caracorom auprès du roi Mirgehan. Quand, sur le rapport qu'on m'avoit fait de votre fidélité pour votre femme, je vous allai voir par curiosité, vous me plûtes; & la confiance que vous eûtes en moi, acheva de me déterminer à vous sauver la vie, & à vous laisser uni pour jamais avec l'objet que vous aimez: ce que j'ai voulu faire de la manière que vous l'avez vu. Les quarante chameaux que

vous

vous avez chez vous, ont été tirés de mes écuries : j'ai fait acheter les étoffes qu'ils portoient, & ce Gioher qui les conduifoit, eft un eunuque qui fort rarement du férail : j'ai fait écrire par mon debirkhaffe (*a*) la lettre que vous avez reçue; & de peur que le courrier de Mouzaffer ne la vînt démentir, j'envoyai hier au-devant de lui fur le chemin de Cogende un de mes officiers, qui lui ordonna de ma part de faire à fon maître un rapport tel que je le fouhaitois : c'eft un plaifir que je voulois me donner, & je l'ai eu tout entier.

Auffi-tôt que le roi eut achevé de parler, Couloufe fe profterna aux pieds de ce prince, le remercia de fes bontés, & promit d'en avoir toute fa vie une vive reconnoiffance. Dès ce jour-là même, ce jeune homme amena au palais Dilara. Usbec-Kan leur donna un magnifique appartement, avec une penfion confidérable, & fit écrire l'hiftoire de leurs amours, par le meilleur écrivain de Samarcande.

La nourrice de Farukhnaz, après avoir ainfi conté l'hiftoire de Couloufe, fe tut pour entendre ce qu'en diroit fa maîtreffe, qui, toujours prévenue contre les hommes, ne fut pas encore du fentiment de fes femmes, qui foutenoient

---

(*a*) Secrétaire du Cabinet.

Tome XIV.   P

toutes que le fils d'Abdallah avoit été un parfait amant. Non, non, dit la princesse, lorsqu'on le bannit de la cour du roi des Keraïtes, il sortit de Caracorom, sans dire adieu à Dilara, sans chercher même à lui parler : j'avoue que le roi lui ordonnoit de sortir de la ville très-brusquement ; mais l'amour est ingénieux, & il lui auroit fourni les moyens d'entretenir la fille de Boyruc, s'il en eût été fort épris : encore n'est-ce pas le seul reproche que j'aie à lui faire. Quelques jours après son arrivée à Samarcande, pour peu qu'il eût été occupé de sa dame, il ne se feroit pas offert de bon cœur à servir de hulla. D'ailleurs, bien qu'il eût reconnu sa maîtresse, ne vouloit-il pas la répudier ? n'étoit-il pas prêt à garder son serment ? & ne l'auroit-il pas fait, si, pour l'en détourner, elle n'eût pas elle-même employé jusqu'à ses larmes ? Un amant bien enflammé n'est pas si scrupuleux. Madame, dit Sutlumemé, il est vrai que le premier mouvement de Couloufe fut pour l'honneur, & c'est ce que je ne puis lui reprocher ; j'admire au contraire un jeune homme qui fait paroître de l'horreur pour le parjure, au milieu même de ses plaisirs : je crois qu'un amant de ce caractère est plus estimable qu'un autre, & qu'on peut faire fond sur ses sermens ; mais, madame, ajouta-t-elle, puisque vous êtes si délicate, il faut que je vous conte une autre hiſtoire, qui pourra mettre votre délicateſſe en défaut, & que vous trouverez peut-être plus intéreſſante que celles de Couloufe & d'Aboulcaſem. A ces paroles de la nourrice, toutes les femmes de la princeſſe pouſsèrent des cris de joie, & parurent fort curieuſes d'entendre cette nouvelle hiſtoire. Sutlumemé la commença dans ces termes, auſſi-tôt que Farrukhnaz lui en eut accordé la permiſſion.

HISTOIRE

DU PRINCE CALAF,
& de la Princeſſe de la Chine.

APRÈS avoir entendu l'hiſtoire de Couloufe, vous allez entendre celle du prince Calaf, fils d'un ancien kan des Tartares Nogaïs. L'hiſtoire de ſon ſiècle en fait une glorieuſe mention; elle dit qu'il ſurpaſſoit tous les princes de ſon tems en bonne mine, en eſprit & en valeur; qu'il étoit auſſi ſavant que les plus grands docteurs; qu'il perçoit le ſens myſtique des commentaires de l'Alcoran, & ſavoit par cœur les ſentences de Mahomet; enfin, elle l'appelle le héros de l'Aſie, & le phénix de l'Orient.

En effet, ce prince, dès l'âge de dix-huit ans,

n'avoit peut-être pas son semblable dans le monde ; il étoit l'ame des conseils de Timurtasch son père. S'il ouvroit un avis, les ministres les plus consommés l'approuvoient, & ne pouvoient assez admirer sa prudence & sa sagesse. Outre cela, s'il s'agissoit de faire la guerre, on le voyoit à la tête des troupes de l'état, aller chercher l'ennemi, le combattre & le vaincre. Il avoit déjà remporté plusieurs victoires, & les Nogaïs s'étoient rendus si redoutables par leurs heureux succès, que les nations voisines n'osoient se brouiller avec eux. Les affaires du kan son père étoient dans cette disposition, lorsqu'il vint à sa cour un ambassadeur du Sultan de Carizme, qui dans l'audience qu'on lui donna, déclara que son maître prétendoit qu'à l'avenir les Tartares Nogaïs lui payassent un tribut tous les ans, autrement qu'il viendroit en personne les y forcer avec deux cens mille hommes, & ôter la couronne & la vie à leur souverain, pour le punir de ne s'être pas soumis de bonne grâce. Le kan, là-dessus, assembla son conseil. On mit en délibération si l'on payeroit le tribut, plutôt que d'en venir aux mains avec un si puissant ennemi, ou si l'on mépriseroit ses menaces. Calaf, & la plupart de ceux qui assistoient au conseil, furent de ce dernier avis, de sorte qu'on renvoya l'ambassadeur avec un refus.

Après cela, on envoya des députés chez les peuples voisins, pour leur représenter l'intérêt qu'ils avoient de s'unir avec le kan contre le sultan de Carizme, dont l'ambition étoit excessive, & qui ne manqueroit pas d'exiger aussi d'eux le même tribut, s'il y pouvoit contraindre les Nogaïs. Les députés réussirent dans leurs négociations ; les nations voisines, & entr'autres les Circassiens, promirent de se joindre au kan, & de lui fournir cinquante mille hommes. Sur cette promesse, outre l'armée que ce prince avoit ordinairement sur pied, il leva de nouvelles troupes.

Pendant que ces préparatifs se faisoient chez les Nogaïs, le sultan de Carizme, de son côté, assembla deux cens mille combattans, & passa le Jaxartes (a) à Cogende. Il traversa les pays d'Ilac & de Saganac, où il trouva des vivres en abondance; & il s'avança jusqu'à Jund, avant que l'armée du kan, commandée par le prince Calaf, pût se mettre en campagne, parce que les Circassiens, & les autres troupes auxiliaires, n'avoient pu joindre plutôt. D'abord que Calaf eut reçu tous les secours qu'il attendoit, il marcha droit à Jund; mais à peine eut-il passé Jengikunt, que ses courreurs lui rapportèrent que les enne-

_____
(a) Fleuve, autrement nommé le Sihon.

mis paroiffoient, & venoient à lui en bataille. Auffi-tôt le jeune prince fit faire alte, & difpofa fes troupes à combattre.

XLVI. JOUR.

LEs deux armées étoient à peu près égales en nombre, & les peuples qui les compofoient n'étoient pas moins belliqueux les uns que les autres; auffi le combat qui fe donna fut-il fanglant & opiniâtre. Il commença le matin, & dura jufqu'à la nuit. Des deux côtés les officiers & les foldats s'acquittèrent bien de leur devoir. Le fultan fit pendant l'action tout ce que pouvoit faire un guerrier confommé dans le métier des armes, & le prince Calaf, plus qu'on ne devoit attendre d'un fi jeune général. Tantôt les tartares Nogaïs avoient l'avantage, & tantôt ils étoient obligés de céder aux efforts des Carizmiens. De manière que les deux partis, fucceffivement vainqueurs & vaincus, fonnèrent la retraite à l'entrée de la nuit, réfolus de recommencer le combat le lendemain. Mais le commandant des Circaffiens alla fecrètement trouver le fultan, & lui promit d'abandonner les Nogaïs, pourvu que par un traité, qu'il jureroit d'obferver religieufement, il s'engageât à ne jamais exiger de tribut des peuples de Circaſſie, ſous quelque prétexte que ce fût. Le ſultan y conſentit; le traité fut fait; le commandant regagna ſon quartier; & le jour ſuivant, lorſqu'il fallut retourner à la charge, on vit tout-à-coup les Circaſſiens ſe détacher de leurs alliés, & reprendre le chemin de leur pays.

Cette trahiſon cauſa beaucoup de chagrin au prince Calaf, qui ſe voyant alors beaucoup plus foible que le ſultan, auroit fort ſouhaité d'éviter le combat; mais il n'y eut pas moyen. Les Carizmiens attaquèrent bruſquement; & profitant du terrain qui leur permettoit de s'étendre, ils enveloppèrent de toutes parts les Nogaïs. Ceux-ci cependant, quoiqu'abandonnés de leurs meilleures troupes auxiliaires, & environnés d'ennemis, ne perdirent pas courage. Animés par l'exemple de leur prince, ils ſe ſerrèrent, & ſoutinrent long-tems les plus vives charges du ſultan; ils furent toutefois enfoncés; & alors Calaf déſeſpérant de remporter la victoire, ne ſongea plus qu'à échapper à ſon ennemi. Il choiſit quelques eſcadrons, & ſe mettant à leur tête, il ſe fit jour au travers des Carizmiens. Le ſultan, averti de ſa retraite, détacha ſix mille chevaux pour le pourſuivre; mais il trompa leur pourſuite en prenant des chemins qui ne leur étoient pas connus; & enfin, il arriva peu de jours après la bataille à la cour de ſon père, où il répandit la triſteſſe &

la terreur, en apprenant le malheur qui lui étoit arrivé.

Si cette nouvelle affligea Timurtafch, celle qu'on reçut bientôt après, acheva de le mettre au défefpoir. Un officier échappé du combat, vint dire que le fultan de Carizme avoit fait paffer fous le fabre prefque tous les Nogaïs, & qu'il s'avançoit à grandes journées, dans la réfolution de faire mourir toute la famille du kan, & de foumettre la nation à fon obéiffance. Le kan fe repentit alors d'avoir refufé de payer le tribut ; mais, comme dit le proverbe Arabe : *A quoi fert le repentir après la ruine de la ville de Bafra.* Comme le tems preffoit, & qu'il falloit fe fauver, de peur de tomber au pouvoir du fultan, le kan, la princeffe Elmaze (*a*) fa femme, & Calaf fe chargèrent de tout ce qu'il y avoit de plus précieux dans leur tréfor, & fortirent d'Aftracan, leur ville capitale, accompagnés de plufieurs officiers du palais qui ne voulurent point les abandonner, & des troupes qui s'étoient fait jour avec le jeune prince au travers des ennemis.

Ils prirent la route de la grande Bulgarie ; leur deffein étoit d'aller mendier un afyle chez quelque prince fouverain. Il y avoit plufieurs jours

---

(*a*) Elmaze fignifie Diamant.

qu'ils étoient en marche, & ils avoient déjà gagné le mont Caucase, lorsque quatre mille brigands, habitans de cette montagne, vinrent tout-à-coup fondre sur eux. Bien que Calaf eût à peine quatre cents hommes, il ne laissa pas de soutenir l'impétuosité des brigands; il en tua même une grande partie; mais il perdit toutes ses troupes, & demeura enfin au pouvoir de ces bandits, dont les uns se saisirent des richesses qu'ils trouvèrent, pendant que les autres ôtoient la vie à toutes les personnes qui suivoient le kan. Ils n'épargnèrent que ce prince, sa femme & son fils, encore les laissèrent-ils presque nuds au milieu de la montagne.

On ne peut exprimer quelle fut la douleur de Timurtasch, lorsqu'il se vit réduit à cette extrèmité. Il envioit le sort de ceux qui venoient de périr à ses yeux; & se livrant à son désespoir, il vouloit se donner la mort. La princesse de son côté fondoit en pleurs, & faisoit retentir l'air de plaintes & de gémissemens. Calaf seul avoit la force de soutenir le poids d'une si mauvaise fortune; pénétré des maximes de l'Alcoran, & des sentences de Mahomet sur la prédestination, il avoit une fermeté d'ame inébranlable. L'extrême affliction que le kan & sa femme faisoient éclater, étoit sa plus grande peine. O mon père ! ô ma mère! leur disoit-il, ne succombez point à vos malheurs, songez que c'est dieu qui veut que vous soyez si misérables. Soumettons-nous sans murmure à ses ordres absolus. Sommes-nous les premiers princes que la verge de sa justice ait frappés ? Combien de souverains avant nous ont été chassés de leurs états ; & après avoir mené une vie errante, & passé même pour les plus vils mortels dans des terres étrangères, sont remontés sur leurs trônes ? Si dieu a le pouvoir d'ôter les couronnes, il peut aussi les rendre. Espérons donc qu'il sera touché de notre misère, & qu'il fera succéder la prospérité à la déplorable situation où nous sommes.

Il ajouta plusieurs autres paroles consolantes ; & à mesure qu'il parloit, son père & sa mère, attentifs à ses discours, sentoient une secrète consolation. Ils se laissèrent enfin persuader. Je le veux, mon fils, dit le kan, abandonnons-nous à la providence ; & puisque les maux qui nous environnent sont tracés sur la table fatale (*a*), souffrons-les donc sans nous plaindre. A ces mots, ce prince, sa femme & son fils, résolus d'avoir de la fermeté dans leur malheur, continuèrent leur chemin à pied ; car les voleurs leur avoient ôté leurs chevaux. Ils marchèrent assez long-tems, & vécurent des fruits qu'ils trouvèrent dans les

---

(*a*) Voyez page 199.

vallées; mais ils s'engagèrent dans un défert où la terre ne produifant rien dont ils puffent fubfifter, leur courage s'abattit. Le kan, déjà dans un âge avancé, commençoit à fentir que les forces lui manquoient; & la princeffe, fatiguée du chemin qu'elle avoit fait, pouvoit à peine fe foutenir; fi bien que Calaf, quoiqu'il fût lui-même affez las, les portoit fur fes épaules l'un après l'autre pour les foulager. Enfin, accablés tous trois de faim, de foif & de laffitude, ils arrivèrent à un endroit rempli de précipices affreux. C'étoit une colline très-élevée & entrecoupée de creux épouvantables, entre lefquels il paroiffoit fort dangereux de paffer, & l'on ne voyoit pas d'autre chemin pour entrer dans une vafte plaine qui étoit au-delà, parce que des deux côtés de la colline, le pays paroiffoit fi embarraffé de ronces & d'épines, qu'on ne pouvoit s'y faire un paffage. Quand la princeffe apperçut les abîmes, elle en fut fi effrayée, qu'elle pouffa un grand cri, & le kan perdit enfin patience. Il entre en fureur: C'en eft fait, dit-il au prince fon fils, je cède à mon mauvais deftin, je fuccombe à tant de peines, je vais me précipiter moi-même dans un de ces gouffres profonds que le ciel fans doute m'a réfervé pour tombeau; je veux m'affranchir de la tyrannie de mon infortune; j'aime mieux la mort qu'une vie fi pénible.

XLVII. JOUR.

LE kan se laissant entraîner au mouvement furieux qui l'agitoit, alloit se jeter dans un précipice, lorsque le prince Calaf le prit entre ses bras & le retint. Ah! mon père, lui dit-il, que voulez-vous faire ? à quel transport vous abandonnez-vous ? est-ce ainsi que vous témoignez la soumission que vous devez aux ordres du ciel ? Rentrez en vous-même ; au lieu de marquer une impatience rebelle à ses volontés, tâchons de mériter par notre constance, qu'il nous regarde d'un œil plus favorable. Nous sommes, je l'avoue, dans un état très-fâcheux, & nous ne saurions sans péril marcher parmi ces abîmes ; mais il y a peut-être quelque chemin pour entrer dans la plaine : permettez-moi de le chercher. Vous, cependant, seigneur, calmez la violence de vos mouvemens, & demeurez ici avec la princesse ; je serai bientôt de retour. Allez, mon fils, répondit le kan, nous vous attendrons, ne craignez point mon désespoir, j'en serai maître jusqu'à ce que vous soyez revenu.

Le jeune prince parcourut toute la colline sans pouvoir découvrir aucun chemin. Il en fut fort affligé ; il se prosterna, gémit & implora le secours du ciel. Il se leva ensuite, & cherchant de nouveau quelque sentier qui conduisît à la plaine ; enfin, il en trouva un : il le suivit en rendant grâces à dieu de ce bonheur ; il s'avança jusqu'au pied d'un arbre qui étoit à l'entrée de la plaine, & qui couvroit de son ombre une fontaine d'une eau pure & transparente. Il apperçut aussi d'autres arbres chargés de fruits d'une grosseur surprenante. Charmé de cette découverte, il courut en donner avis à son père & à sa mère, qui reçurent cette nouvelle avec d'autant plus de joie, qu'ils jugèrent par-là que le ciel commençoit d'avoir pitié de leur misère. Calaf les conduisit à la fontaine, où ils se lavèrent tous trois le visage & les mains, & soulagèrent l'ardente soif qui les dévoroit. Ensuite ils mangèrent des fruits que le jeune prince alla cueillir, & qui, dans le pressant besoin qu'ils avoient de nourriture, leur parurent excellens. Seigneur, disoit Calaf à son père, vous voyez l'injustice de vos murmures, vous vous imaginiez que le ciel nous avoit abandonnés. J'ai imploré son secours, & il nous a secourus ; il n'est point sourd à la voix des malheureux qui ont une entière confiance en lui.

Ils demeurèrent près de la fontaine deux ou trois jours à se reposer, & à réparer leurs forces épuisées. Après cela ils se chargèrent de fruits,

& s'avancèrent dans la plaine, espérant qu'elle les conduiroit à quelque lieu habité. Ils ne se flattèrent pas d'une fausse espérance ; ils apperçurent bientôt au-devant d'eux une ville qui leur parut grande & superbement bâtie : ils y allèrent, & quand ils furent arrivés aux portes, ils s'arrêtèrent pour attendre la nuit, ne voulant point entrer dans la ville pendant le jour, couverts de sueur & de poussière, & presque nuds. Ils s'assirent sous un arbre qui faisoit beaucoup d'ombre, & s'étendirent sur l'herbe. Il y avoit déjà quelque tems qu'ils se reposoient en cet endroit, lorsqu'un vieillard, sorti de la ville, vint sous le même arbre prendre le frais, & s'assit auprès d'eux, après leur avoir fait une profonde révérence. Ils se mirent à leur séant pour le saluer à leur tour, & ensuite ils lui demandèrent comment se nommoit cette ville? Elle s'appelle Jaïc, répondit le vieillard, c'est la capitale du pays où le fleuve Jaïc a sa source : le roi Ilenge-Kan y fait son séjour : il faut que vous soyez bien étrangers, puisque vous me faites cette question. Oui, dit le kan, nous sommes d'un pays assez éloigné d'ici. Nous avons pris naissance dans le royaume de Carizme, & nous demeurons sur les bords de la mer Caspienne: nous nous mêlons du négoce. Nous allions avec plusieurs autres marchands dans le Capchac : une grosse troupe de voleurs est venue attaquer notre caravane, & l'a pillée. Ils nous ont laissé la vie, mais ils nous ont mis dans l'état où vous nous voyez. Nous avons traversé le mont Caucase, & nous sommes venus jusqu'ici sans savoir où nous portions nos pas.

Le vieillard, qui étoit un homme fort compatissant aux peines de son prochain, leur témoigna qu'il étoit sensible à leur malheur; & pour mieux le leur persuader, il leur offrit sa maison. Il leur fit cette offre de si bonne grâce, que quand ils n'auroient pas eu besoin de l'accepter, ils n'auroient pu s'en défendre. Il les mena donc chez lui dès que la nuit fut venue: c'étoit une petite maison fort simplement meublée, mais où tout étoit propre, & avoit plutôt un air de modestie que d'indigence. Le vieillard en entrant, donna quelques ordres tout bas à un de ses esclaves, qu'on vit revenir peu de tems après suivi de deux garçons marchands, dont l'un portoit un gros paquet d'habits d'hommes & de femmes tout faits, & l'autre étoit chargé de toutes sortes de voiles, de turbans & de ceintures. Le prince Calaf & son père prirent chacun un caftan de drap, & une veste de brocard avec un turban de toile des Indes, & la princesse un habillement de femme aussi complet. Après cela l'hôte paya les marchands, les renvoya, & demanda à souper : deux esclaves dressèrent aussi-tôt une table avec un buffet couvert de porcelaines, de plats de bois de sandal & d'aloës, & de plusieurs coupes de corail, parfumées avec de l'ambre gris. Ils servirent un excellent chourva (*a*), accompagné de deux assiettes d'œufs d'esturgeon. Le kan, sa femme & Calaf se mirent à table avec le vieillard, & mangèrent de ces mets, auxquels succédèrent un pâté de gazelle, un grand plat de pilau en pyramide, dans lequel il y avoit trois francolins dépecés par morceaux. Un plat de tziberica (*a*), excellent poisson du Volga, & deux d'esturgeon furent ensuite apportés, & une grillade de cuisse de cavalle fut le dernier service; après quoi ils burent trois grandes bouteilles de cammiez, & de l'eau-de-vie de dattes.

(*a*) Chourva est un bouillon gras, dans lequel on met des morceaux de pain pour servir de potage.

(*b*) Le Tziberica est un poisson long de cinq pieds, qui a la gueule longue & large comme un Canard, & le corps tacheté de noir & de blanc; il a le goût de Saumon.

XLVIII.

XLVIII. JOUR.

LE vieillard échauffé par les liqueurs qu'il avoit bues, se mit en belle humeur, & fit tous ses efforts pour inspirer de la joie à ses hôtes ; mais s'appercevant qu'il n'en pouvoit venir à bout, & qu'ils paroissoient toujours préoccupés de leur malheur : je vois bien, leur dit-il, que je m'efforce inutilement de détourner votre esprit de l'accident qui vous est arrivé : vous en rappelez sans cesse le souvenir : cependant permettez-moi de vous représenter qu'au lieu de vous abandonner à ces tristes images, vous devriez tâcher de les bannir de votre mémoire : consolez-vous de la perte des biens que des voleurs vous ont enlevés : l'aventure qui vous afflige n'est pas nouvelle : les voyageurs & les négocians l'éprouvent tous les jours : j'ai moi-même, en ma jeunesse, été volé sur le chemin de Mousel à Bagdad : des voleurs me prirent des biens considérables, & je pensai perdre la vie : je me trouvai dans la situation où vous êtes, & je ne laissai pas de me consoler : il étoit pourtant bien désagréable pour un homme de ma condition, de me voir réduit à la mendicité. Il faut que je vous raconte mon histoire ; je veux vous faire cette confidence, elle vous sera peut-être de quelque utilité; le récit de mes malheurs pourra vous encourager à soutenir les vôtres. Après avoir achevé ces paroles, le bon vieillard ordonna à ses esclaves de se retirer; ensuite il parla en ces termes.

HISTOIRE

DU PRINCE FADLALLAH, fils de Bin-Ortoc, Roi de Mousel.

JE suis fils du roi de Mousel, du grand Bin-Ortoc. Aussi-tôt qu'il me vit parvenu à la vingtième année de mon âge, il voulut me marier. Il fit présenter à ma vue un grand nombre de jeunes esclaves, parmi lesquelles il y en avoit de fort belles. Je les regardai toutes avec indifférence; il n'y en eut pas une qui fît sur moi la moindre impression; elles s'en apperçurent, elles en rougirent, & se retirèrent pleines de dépit d'avoir manqué mon cœur. Mon père fut aussi fort surpris de mon insensibilité; il ne l'avoit pas prévue: au contraire, il avoit cru que, frappé à la fois de plusieurs beautés différentes, j'aurois de la peine à faire un choix. Je lui dis que je ne me sentois pas encore de goût pour le mariage; que cela venoit peut être de ce que j'avois une extrême envie de voyager; que je le conjurois de m'accorder la permiffion d'aller feulement à Bagdad, & qu'à mon retour je pourrois me déterminer à prendre une femme. Il ne voulut pas me contraindre, il me permit de faire un voyage à Bagdad; &, pour paroître en fils de roi dans cette grande ville, il ordonna qu'on me fît un magnifique équipage: il ouvrit fes tréfors, & on en tira la charge de quatre chameaux de pièces d'or: il me donna des officiers de fa maifon pour me fervir, avec cent foldats de fa garde pour m'efcorter.

Je partis donc de Moufel avec ce nombreux cortège, pour aller à Bagdad. Il ne nous arriva point d'accidens les premières journées; mais une nuit, pendant que nous repofions dans une prairie où nous étions campés, nous fûmes attaqués fi brufquement, & par un fi grand nombre d'Arabes Bédouins, que la plupart de mes gens furent égorgés, avant même que je connuffe tout le péril où je me trouvois. Je me mis en défenfe avec ce qui me reftoit de gardes & d'officiers de la maifon de mon père. Nous chargeâmes les Bédouins avec tant de furie, qu'il en tomba fous nos coups plus de trois cens. Le jour étant furvenu, les brigands qui nous tenoient enveloppés, honteux & irrités de l'opiniâtre réfiftance d'une poignée de gens, redoublèrent leurs efforts; & nous eûmes beau combattre en désespérés, il nous accablèrent : enfin, il fallut céder à la force, ils nous ôtèrent nos armes & nos habits ; & au-lieu de nous réserver à l'esclavage, ou de nous laisser aller comme des gens qui étoient assez misérables de se voir dans l'état où nous étions réduits, ils voulurent venger la mort de leurs compagnons ; ils furent assez lâches & assez barbares pour faire passer sous le sabre, des hommes qui ne pouvoient plus se défendre. Tous mes gens périrent ; & j'allois avoir le même sort, lorsque me faisant connoître aux voleurs : Arrêtez, téméraires, leur dis-je, respectez le sang des Rois. Je suis le prince Fadlallah, le fils unique de Bin-Ortoc, roi de Mousel, & l'héritier de ses états. Je suis bien aise, me dit alors le chef des Bédouins, d'apprendre qui tu es. Il y a long-tems que nous haïssons mortellement ton père ; il a fait pendre plusieurs de nos camarades qui sont tombés entre ses mains, tu seras traité de la même manière.

En effet, il me fit lier ; & les voleurs, après s'être saisis de mon équipage, me menèrent avec eux au pied d'une montagne entre deux forêts, où une infinité de petites tentes grises étoient dressées. C'étoit-là leur retraite. On me mit sous la tente du chef, qui s'élevoit au milieu des autres, & paroissoit beaucoup plus grande. On me garda un jour entier, après quoi on m'attacha à un arbre, où en attendant la mort lente qui devoit venir borner des jours qui n'étoient encore qu'au commencement de leur courfe, j'avois le chagrin de me voir environné de tous ces bandits qui m'infultoient par de piquantes railleries, & prenoient plaifir à m'outrager.

XLIX. JOUR.

IL y avoit déjà long-tems que j'étois lié à l'arbre, & le dernier moment de ma vie n'étoit pas fort éloigné, quand un efpion vint avertir le chef des Bédouins, qu'il y avoit un beau coup à faire à fept lieues de-là; qu'une groffe caravanne devoit camper la nuit prochaine dans un certain endroit qu'il nomma. Ce chef ordonna auffi-tôt à fes compagnons de fe préparer à partir, ce qui fut fait en peu de tems. Ils montèrent tous à cheval, & me laifsèrent dans leur retraite, ne doutant point qu'à leur retour, ils ne me trouvaffent fans vie. Cependant le ciel qui rend inutiles toutes les réfolutions des hommes, lorfqu'elles ne s'accordent pas avec fes defseins éternels, ne vouloit pas que je périffe fi-tôt. La femme du chef des voleurs eut pitié de moi. Elle vint pendant la nuit auprès de l'arbre où j'étois attaché, & me dit: Jeune homme, je fuis touchée de ton malheur, & je voudrois te tirer du danger où tu es; mais si je te déliois & te mettois en liberté, aurois-tu encore assez de force pour te sauver? Oui, lui répondis-je; comme c'est dieu qui vous a inspiré ce mouvement charitable, il me prêtera des forces pour marcher. Cette femme m'ôta mes liens, me donna un vieux caftan de son mari avec deux ou trois pains; & me montrant un sentier: va par-là, me dit-elle, suis cette route, & tu arriveras à un lieu habité. Je remerciai ma libératrice, & marchai toute la nuit sans m'écarter du chemin qu'elle m'avoit enseigné.

Le lendemain j'apperçus un homme à pied, qui chassoit devant lui un cheval chargé de deux gros ballots. Je le joignis; & après lui avoir dit que j'étois un malheureux étranger qui ne connoissoit point le pays, & s'étoit égaré, je lui demandai où il alloit. Je vais, répondit-il, vendre des marchandises à Bagdad, où j'arriverai dans deux jours. J'accompagnai cet homme: je ne le quittai qu'en entrant dans cette grande ville; il alla où ses affaires l'appeloient, & moi je me retirai dans une mosquée, où je demeurai deux jours & deux nuits. J'avois peu d'envie d'en sortir; je craignois de rencontrer des gens de Mousel qui me reconnussent. J'avois tant de honte de me voir dans la situation où j'étois, que bien loin de songer à découvrir ma condition, j'aurois voulu me la cacher à moi-même. La faim toutefois m'ôta une partie de ma honte ; ou, pour mieux dire, il me fallut céder à cette nécessité qui nous entraîne tous. Je me résolus à mendier mon pain comme un misérable, en attendant que je prisse un meilleur parti.

Je me présentai devant une fenêtre basse d'une grande maison, & je demandai l'aumône d'un ton de voix élevé. Une vieille esclave parut presque aussi-tôt avec un pain à la main, qu'elle voulut me donner. Dans le tems que je m'avançois pour le prendre, le vent par hasard leva le rideau de la fenêtre, & me laissa voir dans la salle une jeune dame d'une beauté surprenante ; son éclat frappa ma vue comme une éclair ; j'en fus tout ébloui. Je reçus le pain sans songer à ce que je faisois, & je demeurai immobile devant la vieille esclave, au lieu de lui rendre les grâces que je lui devois. J'étois si surpris, si troublé, si éperdu d'amour, qu'elle me prit sans doute pour un insensé : elle disparut, & me laissa dans la rue, occupé à regarder inutilement la fenêtre; car le vent ne leva plus le rideau. Je passai pourtant le reste de la journée à attendre un second coup de vent favorable. Quand je vis que la nuit s'approchoit, je songeai à me retirer ; mais avant que de m'éloigner de cette maison, je demandai à un vieillard qui paſſoit, s'il ne ſavoit pas à qui elle appartenoit ? C'eſt, répondit-il, la maiſon du ſeigneur Mouaffac, fils d'Adbane : c'eſt une perſonne de qualité, qui de plus eſt riche & homme d'honneur. Il n'y a pas long-tems qu'il étoit gouverneur de cette ville ; mais il ſe brouilla avec le cadi, qui trouva moyen de le perdre dans l'eſprit du calife, & de lui faire ôter ſon gouvernement.

En rêvant à cette aventure, je ſortis inſenſiblement de la ville, & j'entrai dans un grand cimetière, réſolu d'y paſſer la nuit. Je mangeai mon pain avec peu d'appétit, bien que je duſſe en avoir beaucoup ; enſuite je me couchai près d'un tombeau, la tête appuyée ſur un monceau de briques. Je n'eus pas peu de peine à m'endormir ; la fille de Mouaffac agitoit terriblement mes ſens ; ſon image charmante échauffoit mon imagination, & d'ailleurs le mets que j'avois mangé n'étoit pas aſſez ſucculent, pour me procurer par ſes vapeurs un ſommeil aiſé. Je m'aſſoupis pourtant, malgré les idées qui m'occupoient ; mais mon aſſoupiſſement ne fut pas de longue durée, un grand bruit qui ſe faiſoit entendre dans le tombeau me réveilla bientôt.

L. JOUR.

Effrayé de ce bruit, dont je ne favois pas la caufe, je me levai pour prendre la fuite, & m'éloigner du cimetière, quand deux hommes qui étoient à l'entrée du tombeau, m'ayant apperçu, m'arrêtèrent, & me demandèrent qui j'étois, & ce que je faifois dans ce cimetière ? Je fuis, leur dis-je, un malheureux étranger, que la fortune réduit à fubfifter d'aumônes; & je fuis venu paffer ici la nuit, parce que je n'ai point de logement dans la ville. Puifque tu es un mendiant, me dit un de ces deux hommes, remercie le ciel de nous avoir rencontrés; nous allons te faire faire bonne chère. En difant cela, ils m'entraînèrent dans le tombeau, où quatre de leurs camarades mangeoient de groffes raves & des dattes, & vuidoient de grandes cruches d'eau-de-vie.

Ils me firent affeoir auprès d'eux, autour d'une longue pierre, qui leur fervoit de table, & je fus obligé de manger & de boire par complaifance. Je les foupçonnai d'abord d'être ce qu'ils étoient, c'eft-à-dire, des voleurs, & ils me confirmèrent bientôt par leurs difcours dans mes foupçons. Ils commencèrent à s'entretenir d'un vol confidérable qu'ils venoient de faire; & s'imaginant que ce seroit un grand plaisir pour moi que d'entrer dans leur compagnie, ils m'en firent la proposition, ce qui me jeta dans un terrible embarras. Vous jugez bien que je n'étois nullement tenté de m'associer avec ces gens-là, mais je craignois de les irriter en n'acceptant pas le parti qu'ils me proposoient; c'étoit ce qui m'embarrassoit. Je ne savois donc ce que je devois leur répondre, quand tout-à-coup je me vis tiré de cette peine. Le lieutenant du cadi, accompagné de vingt ou trente asas (*a*) bien armés, entra dans le tombeau, se saisit des voleurs & de moi, & nous mena tous en prison, où nous passâmes le reste de la nuit. Le jour suivant, le cadi vint interroger les prisonniers. Les voleurs confessèrent leur crime, parce qu'ils virent bien qu'il leur seroit inutile de nier : pour moi je contai au juge de quelle manière je les avois rencontrés; & comme ils assurèrent la même chose, on me fit mettre à part. Le cadi vouloit m'interroger en particulier, avant que de me laisser sortir de ses mains. En effet, il vint à moi, & me demanda ce que j'étois allé faire dans le cimetière, où j'avois été pris, & comment je passois le tems à Bagdad ? Enfin, il me fit mille questions, & j'y répondis avec beaucoup de sincérité, excepté que je ne lui découvris pas ma naissance. Je lui rendis sur-tout un

---

(*a*) Archers.

compte exact de toutes mes démarches, & même je lui contai que le jour précédent m'étant présenté devant une fenêtre de la maison de Mouaffac, pour demander l'aumône, j'avois vu par hasard une jeune dame qui m'avoit charmé.

Au nom de Mouaffac, je vis les yeux du cadi s'animer. Ce juge demeura quelques momens à rêver; ensuite il prit un air gai, & me dit : Jeune homme, il ne tiendra qu'à toi de posséder la dame que tu as vue hier. C'est sans doute la fille de Mouaffac, car on m'a dit qu'il a une fille d'une beauté parfaite. Quand tu serois le dernier des hommes, je te ferai arriver au comble de tes vœux. Tu n'as qu'à me laisser faire, je vais travailler à ta fortune. Je le remerciai sans pénétrer encore le dessein qu'il méditoit, & je suivis l'aga de ses eunuques noirs, qui par son ordre me fit sortir de prison, & me mena au hamman (*a*).

Pendant que j'y étois, le juge envoya deux chaoux (*b*) chez Mouaffac, pour lui dire qu'il souhaitoit de lui parler pour l'entretenir d'une affaire de la dernière conséquence. Mouaffac vint avec les chaoux. Dès que le cadi l'apperçut, il alla au-devant de lui, le salua, & l'embrassa à plusieurs reprises. Mouaffac fut assez étonné de cette réception. Ho, ho, dit-il en lui-même, d'où

(*a*) Bains publics.
(*b*) Exempts.

vient que le cadi, mon plus grand ennemi, me fait aujourd'hui tant de civilités? Il y a quelque chose là-deſſous. Seigneur Mouaffac, lui dit le juge, le ciel ne veut pas que nous demeurions plus long-tems ennemis. Il nous offre une occaſion d'éteindre cette haine qui ſépare depuis quelques années votre famille & la mienne. Le prince de Baſra arriva hier au ſoir à Bagdad. Il eſt venu loger chez moi. Il eſt partit de Baſra, ſans prendre congé du roi ſon père. Il a ouï parler de votre fille, & ſur le portrait qu'on lui en a fait, il en eſt devenu ſi amoureux, qu'il a pris la réſolution de vous la demander en mariage. Il veut que ce ſoit par mon entremiſe que cette union ſe forme; ce qui m'eſt d'autant plus agréable, que c'eſt un moyen de me réconcilier avec vous. Je ſuis étonné, lui répondit Mouaffac, que le prince de Baſra ſonge à me faire l'honneur d'épouſer Zemroude ma fille, & que ce ſoit vous qui m'annonciez cette nouvelle, vous qui vous êtes toujours montré ſi ardent à me nuire. Ne parlons plus du paſſé, ſeigneur Mouaffac, reprit le cadi, oublions, de grâce, tout ce que nous avons fait mutuellement l'un contre l'autre; & en faveur des beaux nœuds qui vont lier à votre fille le prince de Baſra, vivons le reſte de nos jours en bonne intelligence.

Mouaffac étoit naturellement auſſi bon que le juge étoit mauvais. Il ſe laiſſa tromper au faux témoignage d'amitié que son ennemi lui donnoit. Il étouffa sa haine en ce moment, & se livra sans défiance aux caresses perfides du cadi. Ils s'embrassoient tous deux en se jurant l'un à l'autre une inviolable amitié, lorsque j'entrai dans la chambre où ils étoient, conduit par l'aga, qui m'avoit fait prendre au sortir du bain une belle robe, avec un turban de mousseline des Indes, dont le bout de la toile d'or pendoit jusque sur mon oreille. Grand prince, me dit le cadi, dès qu'il m'apperçut, bénis soient vos pieds & votre arrivée à Bagdad ; puisque vous avez bien voulu venir loger chez moi, quelle langue pourroit vous marquer toute la reconnoissance que j'ai d'un si grand honneur? Voilà le seigneur Mouaffac que j'ai informé au sujet de votre voyage en cette ville. Il consent de vous donner sa fille, qui est belle comme un astre, pour en faire votre légitime épouse. Mouaffac me fit alors une profonde révérence, & me dit : ô fils de Grand ! je suis confus de l'honneur que vous souhaitez de faire à ma fille : elle se trouveroit assez heureuse d'être l'esclave d'une des princesses de votre sérail.

Jugez dans quel étonnement me jetèrent ces discours, auxquels je ne savois que répondre ; je saluai Mouaffac sans lui rien dire ; mais le cadi me voyant troublé, & craignant que je ne fisse quelque réponse qui renversât son projet, se hâta de prendre la parole : il faut, dit-il, que le contrat de mariage se fasse tout-à-l'heure en préfence de bons témoins. En parlant ainsi, il ordonna à son aga d'aller chercher des témoins; & pendant ce tems-là il dressa le contrat.

LI. JOUR.

QUAND l'aga eut amené des témoins, on lut devant eux le contrat que je signai. Mouaffac le signa aussi, & ensuite le cadi, qui y mit la dernière main. Alors le juge renvoya les témoins, & dit à Mouaffac : vous savez que les affaires des grands ne se font pas comme celles des autres hommes, il faut du secret & de la diligence : conduisez ce prince à votre maison, il est présentement votre gendre; donnez promptement vos ordres pour la sommation du mariage, & ayez soin que tout se fasse comme il faut.

Je sortis de chez le cadi avec Mouaffac. Nous trouvâmes à la porte deux beaux mulets très-richement enharnachés qui nous attendoient, & sur lesquels le juge nous fit monter avec d'assez grandes cérémonies. Mouaffac me mena chez lui; & lorsque nous fûmes entrés dans sa cour, il descendit le premier; &, d'un air fort respectueux, se présenta pour me tenir l'étrier, ce que je fus obligé de souffrir. Après, cela il me prit par la main, & me fit monter à l'appartement de sa fille, où il me laissa seul avec elle, aussi-tôt qu'il l'eut instruite de ce qui s'étoit passé chez le cadi.

Zemroude, persuadée que son père venoit de la marier avec le prince de Basra, me reçut comme un mari qui devoit un jour la placer sur le trône; & moi, le plus content & le plus amoureux des hommes, je passai la journée aux pieds de cette jeune dame, à qui je tâchai, par des manières tendres & complaisantes, de donner un peu de goût pour moi. Je m'apperçus bientôt que je ne perdois pas mon tems, & que ma jeunesse & mon amour faisoient sur elle quelque impression : que cette découverte eut de charmes pour moi ! Je redoublai mes soins, & j'avois le plaisir de remarquer de moment en moment, que je faisois quelque progrès dans son cœur. Pendant ce tems-là Mouaffac, pour célébrer les noces de sa fille, fit préparer un grand repas où se trouvèrent plusieurs personnes de sa famille. La mariée y parut plus brillante & plus belle que les Houris (*a*); les sentimens que je lui avois déjà inspirés, sembloient ajouter un nouvel éclat à sa beauté.

―――――――――――――――――――――
(*a*) Ce sont les filles du paradis de Mahomet.

Le repas fut suivi de danses & de concerts ; plusieurs esclaves assez jolies commencèrent à danser, à chanter & à jouer de toutes sortes d'instrumens. Tandis que la compagnie étoit occupée à les regarder & à les entendre, je vis disparoître la mariée avec sa mère. Quelque tems après, Mouaffac vint me prendre par la main, & me conduisit à un fort bel appartement. Nous entrâmes dans une chambre très-richement meublée, où il y avoit un grand lit de brocard d'or, autour duquel on voyoit des bougies de cire parfumée, qui brûloient dans des flambeaux d'argent. Zemroude, que sa mère & deux esclaves venoient de déshabiller, y étoit déjà couchée. Mouaffac, sa femme & les esclaves se retirèrent, & me laissèrent dans cette chambre, où après avoir rendu grâces au ciel de mon bonheur, j'ôtai mes habits, & me mis au lit auprès de la personne que j'aimois plus que ma vie.

Le lendemain matin, j'entendis frapper à la porte de ma chambre ; je me levai, j'allai ouvrir ; c'étoit l'aga noir qui portoit un gros paquet de hardes. Je m'imaginai que c'étoit le cadi qui nous envoyoit, à ma femme & à moi, deux robes d'honneur ; mais je me trompois. Seigneur aventurier, me dit le nègre d'un air railleur, le cadi vous salue, & vous prie de lui rendre l'habit

bit qu'il vous prêta hier pour faire le prince de Basra; je vous rapporte votre vieille robe, & vos haillons : vous pouvez reprendre vos habits naturels. Je fus assez surpris de ce compliment; je connus alors toute la malice du cadi; je remis entre les mains de l'aga, le turban & la robe de son maître, & repris mon vieux caftan qui étoit tout déchiré. Zemroude avoit entendu une partie du discours du nègre; & me voyant couvert de lambeaux : O ciel! dit-elle, que signifie ce changement? & qu'est-ce que cet homme vient de vous dire? Ma princesse, lui répondis-je, le cadi est un grand scélerat; mais il est la dupe de sa malice. Il croit vous avoir donné pour époux un misérable, né dans la plus obscure condition, & c'est avec un prince que vous êtes mariée; je ne suis point au-dessous du mari dont vous vous imaginez avoir reçu la main; le rang du prince de Basra n'est pas au-dessus du mien. Je suis fils unique du roi de Mousel, l'héritier du grand Bin-Ortoc; & Fadlallah est mon nom. En même tems je lui contai mon histoire, sans en supprimer la moindre circonstance. Lorsque j'en eus achevé le récit : mon prince, me dit-elle, quand vous ne seriez pas le fils d'un grand roi, je ne vous en aimerois pas moins; & j'ose vous assurer que si j'ai de la joie d'apprendre votre haute naissance, ce n'est que par rapport à mon père

Tome XIV. R

qui est plus senfible que moi aux honneurs du monde. Toute mon ambition est d'avoir un mari qui m'aime uniquement, & qui ne me faſſe pas le déplaiſir de me donner des rivales.

Je ne manquai pas de lui protester que je l'aimerois toute ma vie. Elle me parut charmée de cette aſſurance ; elle appela une de ſes femmes, & lui donna ordre d'aller ſecrètement, & en diligence, chez un marchand, acheter un habit d'homme tout fait & des plus riches. L'eſclave qui fut chargée de cette commiſſion, s'en acquitta comme on le ſouhaitoit ; elle revint promptement chargée d'une robe & d'une veſte magnifique, avec un turban de mouſſeline des Indes, auſſi beau que l'autre ; de ſorte que je me trouvai en un inſtant encore plus richement vêtu qu'auparavant. Hé bien, ſeigneur, me dit alors Zemroude, croyez-vous que le cadi ait grand ſujet de s'applaudir de ſon ouvrage ? Il a voulu faire un affront à ma famille, & il lui a procuré un honneur immortel : il s'imagine ſans doute en ce moment, que nous ſommes accablés de douleur. Quel ſera ſon chagrin, lorſqu'il apprendra qu'il a ſi bien ſervi ſes ennemis ! Mais avant que de lui faire connoître qui vous êtes, il faut punir ſa mauvaiſe intention. Je me charge de ce ſoin-là : je ſais qu'il y a dans cette ville un teinturier qui a une fille d'une laideur effroyable....

Je ne veux pas vous en dire davantage, ajouta-t-elle en se reprenant, il faut vous laisser le plaisir de la surprise. Qu'il vous suffise de savoir que je médite un projet de vengeance qui mettra le cadi au désespoir, & le rendra la fable de la cour & de la ville.

LII. JOUR.

Je croyois ce juge assez puni de m'avoir donné pour gendre à Mouaffac, & j'aurois souhaité qu'on se fût contenté de lui découvrir ma condition ; mais Zemroude paroissoit avoir un désir extrême de se venger. Vous connoissez les femmes, je ne lui aurois pas fait plaisir de m'opposer à son dessein. Elle prit de simples habits, mais propres ; & après s'être couvert le visage d'un voile fort épais, elle me demanda permission de sortir : je la lui accordai. Elle sortit toute seule, se rendit à l'hôtel du cadi, & se tint debout dans un coin de la salle où ce juge donnoit audience tant aux Musulmans qu'aux Infidèles.

Il ne l'eut pas plutôt apperçue, que, frappé de son port majestueux, il lui envoya demander par un exempt qui elle étoit, & ce qu'elle désiroit. Elle répondit qu'elle étoit fille d'un artisan de la ville, & qu'elle souhaitoit d'entretenir le cadi d'une affaire secrète. L'exempt ayant porté cette réponse au cadi, ce juge qui aimoit naturellement le beau sexe, fit signe à Zemroude d'approcher, & d'entrer dans un cabinet qui étoit à côté de son tribunal. Elle obéit en faisant une profonde inclination de tête ; elle s'assit sur un sofa, & leva son voile. Le cadi la suivit, se mit auprès d'elle, & fut surpris de sa beauté : Hé bien, ma chère enfant, lui dit-il, qu'y a-t-il pour votre service ? Seigneur, lui répondit-elle, vous qui avez le pouvoir de faire observer les loix, & qui rendez justice aux pauvres comme aux riches, soyez, je vous prie, attentif & sensible à mes plaintes : ayez pitié de la triste situation où je me trouve. Explique-moi ton affaire, reprit le cadi déjà tout ému ; je jure sur ma tête & sur mes yeux, que je ferai pour toi le possible & l'impossible.

Alors Zemroude ôta son voile entièrement, & montrant au juge de beaux cheveux de couleur de musc, qui flottoient par boucles sur ses épaules : Voyez, monseigneur, lui dit-elle, si cette chevelure est désagréable ; examinez, de grâce, mon visage, & me dites sans façon ce que vous en pensez. Le cadi, à ces paroles qui lui donnoient si beau jeu, ne demeura pas muet : Par le sacrifice du mont Arafate (*a*), s'écria-t-il, je

---

(*a*) *Arafate.* C'est une montagne voisine de la Mecque : les Mahométans croient qu'Adam & Eve ayant été chassés du paradis, l'un

n'apperçois en vous aucun défaut; vôtre front ressemble à une lame d'argent, vos sourcils à deux arcs, vos joues à des roses, vos yeux à deux pierres précieuses qui jettent un éclat éblouissant, & l'on prendroit votre bouche pour une boîte de rubis qui renferme un brasselet de perles.

La fille de Mouaffac ne s'en tint pas-là; elle se leva de dessus le sopha, & fit quelques pas dans le cabinet en se donnant de bons airs: regardez ma taille, monseigneur, disoit-elle, considérez-la bien; y trouvez-vous quelque chose d'irrégulier? n'est-elle pas libre & dégagée? ai-je les manières contraintes, le geste embarrassé? qu'y a-t-il de choquant dans ma démarche? Je

___

vers l'Orient, l'autre vers l'Occident, à cause de leur désobéissance, ils errèrent sur la terre pendant cent vingt ans par pénitence, en se cherchant; & qu'enfin ils se rencontrèrent & se reconnurent sur le mont Arafate, qui pour cette raison, a tiré son nom du mot arabe *arafa*, qui signifie reconnoître. Le dixième jour de la lune de *Zulhaja*, qui est la dernière des douze de l'année Arabique, jour appellé *Aïdalaha*, c'est-à-dire, fête du sacrifice, les pélerins de la Mecque y font une procession générale nommée *Tavaf*. Ils amènent chacun un mouton ou un chameau, qu'ils égorgent, & dont ils remportent les membres dans leurs pays comme des reliques. Il arrive ordinairement que le troisième jour après le sacrifice, il tombe une grosse pluie qui emporte le sang des bêtes, & nettoie la montagne; ce qui est regardé comme un miracle, sans qu'on fasse réflexion qu'elle est l'effet de la vapeur grossière qui sort du sang des bêtes, & qui s'élève dans l'air; car on égorge un nombre prodigieux d'animaux, puisque chaque homme amène sa victime, & qu'il y a ordinairement plusieurs millions d'hommes.

suis enchanté de toute votre personne, répliqua le juge, je n'ai jamais rien vu de si beau que vous. Et que vous semble de mes bras, reprit-elle en les decouvrant, ne sont-ils pas assez blancs & assez ronds ? Ah! cruelle, interrompit en cet endroit le cadi transporté d'amour, tu me fais mourir! Si tu as d'autres choses à me dire, parle vîte, car la raison m'abandonne, & je ne puis plus soutenir ta vue.

Vous saurez donc, monseigneur, reprit Zemroüde, que malgré les attraits dont le ciel m'a pourvue, je vis dans l'obscurité d'une maison interdite, non-seulement à tous les hommes, mais aux femmes mêmes, qui pourroient par leurs discours me donner quelque consolation. Ce n'est pas qu'il ne se soit présenté souvent des partis pour moi, & il y a long-tems que je serois mariée, si mon père n'avoit pas eu la cruauté de me refuser à tous ceux qui m'ont demandée en mariage. Il dit aux uns que je suis plus sèche que du bois, & aux autres que je suis bouffie ; à celui-ci, que je suis boiteuse & manchotte ; à celui-là, que j'ai perdu l'esprit ; j'ai un cancer au dos ; je suis hydropique & couverte de gale. Enfin, il me fait passer pour une créature indigne de la compagnie des hommes, & il m'a si fort décriée, qu'il m'a rendue l'opprobre du genre humain ; personne ne me recherche plus, & je suis condamnée à un éternel célibat. En achevant ces paroles, elle fit semblant de pleurer, & joua son personnage avec tant d'art, que le juge s'y laissa tromper. O père barbare, s'écria-t-il, peux-tu traiter avec tant de rigueur une fille si aimable ! tu veux donc qu'un si bel arbre demeure stérile : ho, c'est ce que je ne souffrirai point ! Hé quel est donc, poursuivit-il, le dessein de votre père ? parlez, mon ange, pourquoi ne veut-il pas vous marier ? Je n'en sais rien, seigneur, repartit Zemroude en redoublant ses fausses larmes; j'ignore quelles peuvent être ses intentions, mais je vous avouerai que ma patience est à bout : je ne puis plus vivre dans l'état où je suis. J'ai trouvé moyen de sortir de chez mon père; je me suis échappée pour venir me jeter entre vos bras, & implorer votre secours : ayez donc la bonté, monseigneur, d'interposer votre autorité pour me faire rendre justice, ou je ne réponds plus de ma vie : je me frapperai moi-même de mon propre cangiar (*a*), & je me tuerai pour mettre fin à mes souffrances.

(*a*) Poignard.

LIII. JOUR.

ZEMROUDE par ces derniers mots, acheva de renverser la cervelle au cadi. Non, non, dit-il, vous ne mourrez point, & vous ne passerez pas toute votre jeunesse dans les pleurs & les gémissemens. Il ne tiendra qu'à vous de sortir des ténèbres qui récèlent vos perfections, & d'être même dès aujourd'hui femme du cadi de Bagdad : Oui, parfaite image des Houris (*a*), je suis prêt à vous épouser, si vous voulez bien y consentir. Monseigneur, répondit la dame, quand vous ne seriez pas une des plus considérables personnes de cette ville, je n'aurois point de répugnance à vous donner la main, car vous me paroissez un homme fort aimable; mais je crains que vous ne puissiez obtenir l'aveu de mon père, quelque honneur que lui fasse votre alliance.

N'ayez point d'inquiétude là-dessus, reprit le juge, je réponds de l'évènement : dites-moi seulement dans quelle rue demeure votre père, comment il se nomme, & de quelle profession il est? Il s'appelle Ousta Omar, repartit Zemroude; il est teinturier; il demeure sur le quai oriental du

___

(*a*) Filles du Paradis de Mahomet qui ne vieillissent jamais.

Degela (a), & l'on voit à la porte de sa boutique un palmier chargé de dattes. Cela suffit, dit le cadi, vous pouvez présentement vous en retourner au logis, vous entendrez bientôt parler de moi, sur ma parole.

Alors, la dame après avoir regardé le juge d'un air gracieux, se couvrit le visage de son voile, sortit du cabinet, & revint me trouver. Elle me rendit compte de l'entretien qu'elle venoit d'avoir avec lui; à peine pouvoit-elle se posséder, tant elle étoit transportée de joie. Nous serons vengés, me disoit-elle, notre ennemi qui croit nous faire servir de risée au peuple, en sera lui-même le jouet. Effectivement, le juge n'eut pas perdu de vue Zemroude, qu'il envoya un exempt chez Ousta Omar, qui se trouva dans sa maison: venez parler au cadi, lui dit l'exempt, il veut vous entretenir, & il m'a donné ordre de vous mener devant lui. Le teinturier pâlit à ces paroles, il crut que quelqu'un avoit été se plaindre de lui au juge, & que c'étoit à cause de cela qu'on le venoit chercher: il suivit l'exempt avec beaucoup d'inquiétude.

Aussi-tôt qu'il fut devant le cadi, ce juge le fit entrer dans le même cabinet où il avoit entretenu Zemroude, & le fit asseoir sur le même sopha: l'artisan étoit si confus de l'honneur qu'on lui

---
(a) C'est-à-dire le Tigre.

faisoit, qu'il changea plusieurs fois de couleur. Maître Omar, lui dit le cadi, je suis bien aise de vous voir, il y a long-tems que j'entends parler de vous avantageusement. On dit que vous êtes un homme de bonnes mœurs; que vous faites régulièrement vos cinq prières par jour, & que vous ne manquez jamais d'assister à celle du vendredi dans la grande mosquée; outre cela je sais que vous ne mangez point de porc, que vous ne buvez ni vin, ni eau-de-vie de dattes, & qu'enfin pendant que vous travaillez, un de vos garçons lit l'Alcoran. Cela est vrai, monseigneur, répondit le teinturier, je sais même par cœur plus de quatre mille hadits (*a*), & je me prépare à faire bientôt le pélerinage de la Mecque. Je vous assure, reprit le juge, que tout cela me fait beaucoup de plaisir : car j'aime passionnément les bons musulmans. On m'a dit aussi, poursuivit-il, que vous avez derrière le rideau de chasteté (*b*), une fille qui est en âge d'être mariée, cela est-il véritable ? Grand juge, repartit Ousta Omar, dont le palais sert de port & de refuge aux malheureux qui sont agités des tempêtes de ce monde, on vous a dit vrai. J'ai une fille qui est assez âgée pour avoir un mari, car elle a trente ans passés; mais la pauvre créature n'est pas en état d'être

---

(*a*) Ce sont les sentences de Mahomet.
(*b*) C'est-à-dire, dans l'appartement des femmes.

présentée à un homme; elle est laide, ou plutôt effroyable, estropiée, galeuse, imbécile; en un mot, c'est un monstre que je ne saurois trop cacher. Bon, dit le cadi en souriant, je m'attendois à celui-là, maître Omar; j'étois bien persuadé que vous me feriez ainsi l'éloge de votre fille. Mais apprenez, mon ami, que cette galeuse, cette imbécile, cette estropiée, cette effroyable, ce monstre avec tous ses défauts, est aimée à la rage d'un homme qui souhaite de l'avoir pour femme, & que cet homme-là, c'est moi.

A ce discours, le teinturier regarda le juge en face, & lui dit: Si monseigneur le cadi veut plaisanter, il est le maître; il peut, tant qu'il lui plaira, se moquer de ma fille. Non, non, répliqua le cadi, je ne plaisante point; je suis amoureux de votre fille, & je vous la demande. L'artisan fit un éclat de rire à ces paroles: Par le prophète, s'écria-t-il, quelqu'un veut vous en donner à garder; car je vous avertis, monseigneur, que ma fille est manchotte, boiteuse, hydropique.... Justement, interrompit le juge, je la reconnois à ce portrait-là; j'aime ces sortes de filles, c'est mon goût. Encore une fois, reprit le teinturier, elle ne vous convient pas, elle se nomme Cayfacattaddahri (*a*), & je vous proteste qu'elle est bien nommée. Oh! ç'en est trop, dit

_____

(*a*) C'est-à-dire le monstre du tems.

la cadi d'un ton brufque & impérieux, je fuis las de tous ces raifonnemens : Maître Omar, je veux que tu m'accordes cette Cayfacattaddahri, telle qu'elle eft, & ne me réplique pas davantage.

Le teinturier le voyant déterminé à époufer fa fille, & perfuadé plus que jamais que quelqu'un, pour s'en divertir, l'avoit rendu amoureux d'elle fur un faux portrait, dit en lui-même : il faut que je lui demande un gros Schirbeha (*a*) ; cette fomme pourra le dégoûter de ma fille ; & il ceffera de m'en parler. Monfeigneur, lui dit-il, je fuis difpofé à vous obéir ; mais je ne livrerai point Cayfacattaddahri, que vous ne m'ayez donné auparavant une dot de mille fequins d'or. La fomme eft un peu forte, dit le cadi ; cependant je vais te la mettre entre les mains. En même-tems il fe fit apporter un grand fac plein de fequins ; on en compta mille, on les pefa, & le teinturier les prit. Alors le juge ordonna qu'on dreffât contrat ; mais lorfqu'il fut queftion de le figner, l'artifan protefta qu'il ne le figneroit qu'en préfence de cent perfonnes de loi. Tu es bien défiant, lui dit le cadi ; n'importe, je veux te fatisfaire, car je ne prétends pas que ta fille m'échappe. Il envoya chercher fur le champ des docteurs & des alfaquihs, des moullas, des gens de

---

(*a*) Dot en argent comptant, que le marié doit donner au père de la fille en fe mariant, ou à la fille en la répudiant.

mosquée & de justice; & il en vint plus que le teinturier n'en avoit demandé.

LIV. JOUR.

Lorsque tous les témoins furent assemblés chez le juge, Ousta Omar prit la parole: Seigneur cadi, dit-il, je vous donne ma fille pour être votre épouse légitime, puisque vous voulez absolument que je vous l'accorde; mais je déclare devant tous ces seigneurs, que c'est à condition que si elle vous déplaît quand vous l'aurez vue, & qu'il vous prenne envie de la répudier, vous lui donnerez mille sequins d'or comme ceux que j'ai reçus de vous. Hé bien, je te le jure, dit le cadi, & j'en atteste toute l'assemblée: es-tu content? Le teinturier répondit qu'oui, & sortit en disant qu'il alloit lui envoyer la mariée.

Après le départ d'Omar, toute l'assemblée se sépara, & le cadi demeura seul chez lui. Il y avoit deux ans qu'il étoit marié avec la fille d'un marchand de Bagdad, avec qui jusque-là il avoit vécu en assez bonne intelligence. Cette femme ayant appris que son mari songeoit à de nouvelles noces, se mit en colère contre lui: Comment donc, lui dit-elle, deux têtes dans un bonnet! deux mains dans un gant! deux épées dans un fourreau! deux femmes dans une maison! Ah volage!

puisque les caresses d'une épouse fidelle, & jeune encore, ne sont pas capables de fixer ton inconstance, je suis prête à céder ma place à ma rivale, & à me retirer chez mes parens : tu n'as qu'à me répudier, & me compter ma dot, & tu ne me reverras plus. Tu me fais plaisir de me prévenir, lui répondit le juge, car je me faisois une peine de t'annoncer mon nouveau mariage. Aussi-tôt il tira d'un coffre une bourse où il y avoit cinq cents sequins d'or, & la lui mettant entre les mains : Tiens, femme, lui dit-il, ta dot est là-dedans : Va, emporte ton trousseau, *je te répudie une fois, deux fois, trois fois je te répudie (a)*. Et afin que tes parens ne doutent point que je ne t'aie répudiée, je vais te donner ces paroles écrites & signées de moi & de mon nayb, selon les loix. Il n'y manqua pas, & sa femme se retira chez son père avec son écrit & son argent.

Il ne la vit pas hors de sa maison, qu'il fit meubler magnifiquement un appartement pour recevoir sa nouvelle épouse. On y mit des tapis de pied de velours, avec des tapisseries & des sophas de brocard d'or & d'argent : plusieurs cassolettes remplies d'agréables odeurs, parfumoient la chambre nuptiale. Tout étoit déjà prêt, & le cadi attendoit impatiemment Cayfacattaddahri,

---

(*a*) Ce sont les termes dont se servent les Orientaux, quand ils répudient leurs femmes.

qui ne venoit point : il appela son fidèle aga *(a)*, & lui dit : L'aimable objet de mes désirs devroit, ce me semble, être ici ; qui peut la retenir si long-tems chez son père ? que les momens qui retardent mon bonheur me paroissent longs !

Le cadi, impatient de voir sa nouvelle femme, alloit envoyer son aga chez Ousta Omar, lorsqu'il arriva un porte-faix chargé d'une caisse de sapin, couverte d'un tapis de taffetas vert. Que m'apportes-tu là, mon ami, lui dit le juge ? Monseigneur, lui répondit le porte-faix, en posant la caisse à terre, c'est la mariée ; vous n'avez qu'à ôter le tapis, & vous verrez comme elle est faite. Le cadi ôta le tapis, & apperçut une fille de trois pieds & demi ; elle avoit le visage long & couvert de gale ; des yeux enfoncés dans la tête, & plus rouges que du feu ; elle n'avoit point de nez ; il paroissoit seulement au-dessus de la bouche faite en forme de gueule de crocodile, deux larges nazeaux très-dégoûtans. Il ne put voir cet objet sans horreur ; il remit dessus promptement le tapis, & dit au porte-faix : Que veux-tu que je fasse de cet horrible animal ? Seigneur, repartit le porte-faix, c'est la fille de maître Omar le teinturier, qui m'a dit que vous l'avez épousée par inclination. Juste ciel ! s'écria le cadi, est-ce qu'on peut épouser un monstre pareil à celui-là ?

(a) C'est le chef des Eunuques noirs.

Dans ce moment, le teinturier qui avoit bien prévu la surprise du juge, arriva. Misérable, lui dit le cadi, pour qui me prends-tu ? il faut que tu sois bien effronté pour me faire de semblables tours : tu m'oses traiter ainsi, moi qui puis me venger facilement de mes ennemis ! moi qui, quand il me plaît, mets tes pareils dans les fers. Crains ma colère, malheureux ! au lieu de cet épouvantable objet que tu m'as envoyé, donne, donne-moi ton autre fille dont rien n'égale la beauté, autrement tu éprouveras bientôt ce que peut un cadi irrité. Monseigneur, dit Omar, cessez de me menacer, je vous en supplie, & ne soyez plus en colère contre moi : je jure par le créateur de la lumière, que je n'ai pas d'autre fille que celle-ci. Je vous ait dit mille fois qu'elle ne vous convenoit point : vous n'avez pas voulu me croire ; à qui vous en prenez-vous ?

LV. JOUR.

LE cadi, à ce discours, rentra en lui-même, & dit au teinturier : Maître Omar, il est venu ici ce matin une fille parfaitement belle, qui m'a dit que vous étiez son père, & que vous la faisiez passer dans le monde pour un monstre, afin que personne n'eût envie de vous la demander en mariage.

mariage. Monseigneur, lui dit l'artisan, cette belle fille-là est assurément une friponne, & il faut que vous ayez quelque ennemi.

Alors le cadi baissa la tête sur son estomach, & demeura quelque tems à rêver : ensuite prenant la parole ; c'est, dit-il, un malheur qui devoit m'arriver : n'en parlons plus. Fais, je te prie, remporter ta fille chez toi, garde les mille sequins d'or que je t'ai donnés ; mais ne m'en demande pas davantage, si tu veux que nous soyons amis.

Quoique le juge eût juré devant les gens de loi qu'il donneroit encore mille sequins, si la fille d'Omar ne lui plaisoit pas, cet artisan n'osa l'obliger à tenir sa parole, de peur de se brouiller avec lui ; car il le connoissoit pour un homme très-vindicatif, & qui savoit trouver facilement l'occasion de nuire à ses ennemis. Il aima mieux se contenter de ce qu'il avoit reçu : Monseigneur, lui dit-il, je vais vous obéir, & vous débarrasser de ma fille ; mais il faut, s'il vous plaît, la répudier auparavant. Oh vraiment, dit le cadi, je n'ai pas dessein d'y manquer, & je t'assure que cela sera bientôt fait. Effectivement, il envoya chercher son Nayb à l'heure même, & la répudiation se fit dans les formes. Après quoi maître Omar prit congé du juge, & fit emporter chez lui par le porte-faix, l'horrible Cayfacatraddahri.

Cette aventure fut bientôt sue dans la ville.

Tome XIV. S

Tout le monde en rit, & approuva fort la tromperie qu'on avoit faite au cadi, qui n'en fut pas quitte pour le ridicule que cela lui donna dans Bagdad. Nous pouſsâmes la vengeance plus loin: j'allai, par le conſeil de Mouaffac, trouver le prince des fidèles *(a)*, à qui je dis mon nom & contai mon hiſtoire. Je ne ſupprimai pas, comme vous pouvez penſer, les circonſtances qui marquoient davantage la malignité du cadi. Le calife, après m'avoir écouté fort attentivement, me fit d'obligeans reproches: Prince, me dit-il, pourquoi n'avez-vous pas eu d'abord recours à moi? vous aviez honte ſans doute de votre fortune; mais vous pouviez, ſans rougir, vous préſenter à mes yeux dans un état miſérable. Dépend-il des hommes d'être heureux ou malheureux, & n'eſt-ce pas dieu qui compoſe à ſon gré le tiſſu de notre vie? deviez-vous craindre que je ne vous fiſſe pas un accueil favorable? non: Vous ſavez que j'aime & que j'eſtime le roi Bin-Ortoc votre père; ma cour étoit un aſyle aſſuré pour vous.

Le calife me fit mille careſſes; il me donna la galate *(b)* avec un fort beau diamant qu'il avoit au doigt: il me régala d'un excellent ſorbet; & lorſque je fus de retour chez mon beau-père, j'y trouvai ſix gros paquets de brocard de Perſe, d'or

---

(a) C'eſt le titre qu'on donne aux Califes.
(b) *Galate*, en Arabe, robe d'honneur; & en Turc, *Caftan*.

& d'argent, deux pièces de Kemkha (a), avec un très-beau cheval Perfan, richement enharnaché. Outre cela, il redonna à Mouaffac le gouvernement de Bagdad : & pour punir le cadi d'avoir voulu tromper Zemroude & fon père, il dépofa ce juge, & le condamna à une prifon perpétuelle, où, pour combler fa misère, il lui ordonna de vivre avec la fille d'Oufta Omar.

Peu de jours après mon mariage, j'envoyai un courrier à Moufel, pour informer le roi mon père de tout ce qui m'étoit arrivé depuis mon départ de fa cour, & pour l'affurer en même tems que je m'en retournerois bientôt avec la perfonne que j'avois époufée. J'attendis impatiemment le retour de mon courrier; mais, hélas! il m'apporta des nouvelles qui m'affligèrent fort; il m'apprit que » Bin-Ortoc ayant fu que quatre mille Arabes
» Bédouins m'avoient attaqué, & que mon ef-
» corte avoit été taillée en pièces, perfuadé que
» je ne vivois plus, en avoit conçu tant de cha-
» grin, qu'il s'étoit enfin laiffé mourir; que le
» prince Amadeddin Zengui, mon coufin ger-
» main, occupoit le trône; qu'il régnoit avec
» beaucoup d'équité, & que cependant, quoiqu'il
» fût généralement aimé, les peuples n'avoient
» pas plutôt appris que j'étois encore vivant,

(a) Damas à grandes fleurs.

» qu'ils en avoient témoigné une joie incroya-
» ble. » Le prince Amadeddin lui-même, par
une lettre que le courrier me donna de sa part,
m'assuroit de sa fidélité, & me marquoit beaucoup d'impatience de me voir pour me remettre
le diadême, & devenir mon premier sujet.

Ces nouvelles me firent prendre la résolution
de hâter mon retour à Mousel. Je pris congé du
prince des fidèles, qui me donna trois mille
chevaux de sa garde pour m'escorter jusque dans
mes états; &, après avoir embrassé Mouaffac
& sa femme, je partis de Bagdad avec ma
chère Zemroude, qui seroit morte de douleur
en quittant son père & sa mère, si l'amour
qu'elle avoit pour moi n'en eût modéré le sentiment.

LVI. JOUR.

JE n'avois pas fait la moitié du chemin de
Bagdad à Mousel, que l'avant-garde de mon
escorte découvrit la tête d'un corps de troupes
qui marchoit droit à nous. Je crus que c'étoient
encore des Arabes Bédouins. Je mis aussi-tôt
mes gens en bataille, & nous étions déjà disposés à combattre, lorsque mes coureurs me vin-

rent rapporter que les hommes que nous prenions pour des brigands & des ennemis, étoient des troupes de Moufel qui venoient au-devant de moi, & qu'Amadeddin Zengui les conduifoit.

Ce prince, de fon côté, ayant appris qui nous étions, fe détacha de fa petite armée pour me venir trouver avec les principaux feigneurs de Moufel. Il me parla conformément à fa lettre, c'est-à-dire, d'une manière foumife & refpectueufe; & toutes les perfonnes de qualité qui l'accompagnoient, m'affurèrent de leur zèle & de leur fidélité. Quelque fujet que j'euffe de me défier d'eux, & de penfer que mon coufin, fous prétexte de me faire honneur, avoit peut-être deffein de m'ôter la vie, pour demeurer maître de mon royaume, j'aimais mieux bannir toute défiance, que de faire connoître que je n'étois pas fans crainte. Je renvoyai les foldats de la garde du calife, & confiai mes jours au prince Amadeddin. Je n'eus pas lieu de me repentir de ma confiance : au-lieu d'être capable de former un noir attentat, il ne fongea qu'à me donner des marques de fon attachement.

Lorfque nous fûmes arrivés à Moufel, tout le peuple témoigna par des acclamations, le plaifir qu'il avoit de me revoir, & fit pendant trois jours de grandes réjouiffances. Les boutiques des afouaques (*a*) & des badiftans (*b*) furent tapiffées en-dedans & en-dehors, & la nuit elles étoient éclairées de lampions qui formoient les lettres d'un verfet de l'alcoran : de forte que chaque boutique ayant fon verfet particulier, ce facré livre fe lifoit tout entier dans la ville ; & il fembloit que l'ange Gabriel l'apportât une feconde fois à notre grand prophète en caractères lumineux.

Outre cette pieufe illumination, il y avoit fur le devant des boutiques, de grands plats de pileau de toutes fortes de couleurs en pyramides, avec de grandes jattes pleines de forbet & de jus de grenades, dont les paffans buvoient & mangeoient à difcrétion. A tous les carrefours, on voyoit des danfes de tchenguis (*c*) animés par le fon des tambouras (*d*) & des deffs (*e*) ; & les calendets, felon leur coutume, couroient par la ville comme des foux furieux. Tous les gens de métier, montés fur des chariots, parés de clin-

―――――――――――

(*a*) *Afouaques.* Ce font les rues marchandes.

(*b*) *Badiftan.* C'eft un lieu comme la foire faint-germain ou le palais, tout rempli de boutiques de bijoutiers.

(*c*) Les *Tchenguis* font des baladins.

(*d*) *Tambouras*, efpèce de luths fort petits, qui ont cinq cordes de laiton, & le manche long de deux pieds. On en touche les cordes avec un petit morceau d'écaille de tortue, ce qu'on appelle *Tazana*. Cet inftrument eft d'ordinaire accompagné de la voix.

(*e*) *Deff.* C'eft une efpèce de tambour de bafque, qui fert à marquer la mefure dans les concerts.

quant & de banderoles volantes de diverses couleurs, avec des outils qui marquoient leurs professions, après avoir traversé la grande rue, venoient au son des fifres, des timbales & des trompettes, passer devant mon balcon, où Zemroude étoit assise auprès de moi, & ils nous saluoient en criant de toute leur force : (*a*) *Essalat ou csselam Aleck ya resoul Allah, Allah yn sor Assultan* (*b*).

Je ne me contentai pas de partager ces honneurs avec la fille de Mouaffac, je m'étudiai à chercher tout ce qui pouvoit lui faire quelque plaisir. Je fis mettre dans son appartement tout ce qu'il y avoit de plus rare & de plus agréable à la vue. Je composai sa suite de vingt-cinq jeunes dames Géorgiennes, esclaves du sérail de mon père ; les unes chantoient & jouoient parfaitement du luth, les autres de la harpe, & les autres dansoient avec autant d'art & de grâce que de légèreté. Je lui donnai aussi un aga (*c*) noir avec douze eunuques, qui tous avoient quelque talent propre à la divertir.

(*a*) Manière de crier *vive le roi* chez les Arabes.
(*b*) C'est à dire, bénédiction & salut sur toi, ô apôtre de dieu ; dieu donne la victoire au roi.
(*c*) Aga, chef des eunuques noirs.

LVII. JOUR.

JE règnois sur des sujets fidèles & zélés; j'aimois plus que jamais Zemroude, & j'en étois aimé. Je vivois heureux, lorsqu'un jeune derviche parut à ma cour. Il s'introduisit auprès des principaux seigneurs par un esprit plaisant & agréable; il gagna bientôt leur amitié par ses bons mots & ses reparties justes & brillantes. Il les accompagnoit à la chasse; il faisoit la débauche avec eux; il étoit de toutes leurs parties. Quelques-uns m'en parloient tous les jours, comme d'un homme qui avoit la conversation charmante; & enfin, ils firent si bien, qu'ils me donnèrent envie de le voir & de l'entretenir.

Loin de trouver qu'on m'en eût fait un portrait flatteur, il me parut encore plus spirituel qu'on ne me l'avoit dépeint. Son entretien me charma, & me tira d'une erreur où sont encore aujourd'hui beaucoup de gens de qualité, qui croient qu'on ne voit qu'à la cour des esprits fins & délicats. Je pris tant de goût aux discours du derviche, & il me sembla même si propre aux grandes affaires, que je voulus le mettre au nombre de mes ministres; mais il me remercia, & me dit qu'il avoit fait vœu de n'exercer jamais aucun emploi ; qu'il aimoit à mener une vie libre & indépendante ; qu'il méprisoit les honneurs & les richesses, & se contentoit de ce que dieu, qui a soin des plus vils animaux, lui faisoit trouver pour subsister : en un mot, qu'il étoit content de sa condition.

J'admirois un homme si détaché des choses du monde, & j'en avois plus d'estime pour lui ; je le recevois agréablement toutes les fois qu'il se présentoit pour me faire sa cour ; s'il étoit dans la foule des courtisans, mes yeux l'alloient chercher, & il étoit un de ceux à qui j'adressois le plus souvent la parole : je conçus insensiblement tant d'amitié pour lui, que j'en fis mon favori.

Un jour que je chassois dans un bois, je m'écartai du gros de la chasse, & le derviche se trouva seul avec moi. Il commença de m'entretenir de ses voyages ; car quoiqu'il fût encore jeune, il ne laissoit pas d'avoir voyagé. Il me parla de plusieurs choses curieuses qu'il avoit vues dans les Indes, & entr'autres d'un vieux brachmane qu'il y avoit connu. Ce grand personnage, me dit-il, savoit une infinité de secrets, tous plus curieux les uns que les autres : la nature n'avoit rien d'impénétrable pour lui. Il mourut entre mes bras ; mais comme il m'aimoit, avant que d'expirer il me dit : mon fils, je veux t'apprendre un secret, afin que tu te souvienne de moi, à condition que tu ne le diras à perſonne. Je le lui promis, ajouta le derviche, & ſur la foi de ma promeſſe, il m'apprit ce ſecret.

Hé! de quelle nature eſt ce ſecret, lui dis-je? n'eſt-ce pas celui de faire de l'or? Non, ſire, répondit-il, c'eſt un ſecret plus rare & bien plus précieux; c'eſt de ranimer un corps mort. Ce n'eſt pas, pourſuivit-il, que je puiſſe rendre à un cadavre la même ame qu'il a perdue, le ciel ſeul a le pouvoir de faire ce miracle; mais je puis faire entrer mon ame dans un corps privé de vie, & j'en ferai l'épreuve devant votre majeſté quand il lui plaira. Très-volontiers, lui dis-je, & ce ſera tout-à-l'heure, ſi vous voulez.

Il paſſa fort à-propos auprès de nous, dans ce moment, une biche; & je lui décochai une fleche qui la perça & l'abattit. Nous allons voir, repris-je alors, ſi vous ranimerez cet animal. Sire, repartit le derviche, votre curioſité ſera bientôt ſatisfaite : remarquez bien ce que je vais faire. A peine eut-il achevé ces paroles, que je vis tout à-coup tomber ſon corps ſans ſentiment; & en même-tems je vis la biche ſe relever avec beaucoup de légèreté. Je vous laiſſe à juger de ma ſurpriſe; quoiqu'il ne fût pas permis de douter de ce que je voyois, je me défiois du rapport de mes yeux. Cependant la biche me vint flatter; & après avoir fait pluſieurs bonds, elle tomba, & aussi-tôt le corps du derviche qui étoit étendu par terre, se ranima.

Je fus charmé d'un si beau secret, & je priai le derviche de me l'apprendre. Sire, me dit-il, je suis fâché de ne pouvoir contenter votre envie; mais je promis au brachmane mourant, de ne faire part de ce secret à personne, & je suis esclave de ma parole. Plus le derviche se défendoit de satisfaire mes désirs curieux, plus je sentois qu'il les irritoit: au nom de dieu, lui dis-je, ne me refuse point la satisfaction que je te demande; je te promets aussi de ne pas découvrir ce secret, & je jure par celui qui nous a créés tous deux, que je n'en ferai jamais un mauvais usage. Le derviche rêva un moment, ensuite reprenant la parole : je ne puis, dit-il, tenir contre un roi que j'aime plus que ma vie : je me rends à tant d'instances; aussi-bien, ajouta-t-il, je ne fis au brachmane qu'une simple promesse, je ne me liai point par un serment inviolable : je vais donc apprendre mon secret à votre majesté : il ne s'agit que de retenir deux mots; il suffit de les dire mentalement, pour ranimer un cadavre. En même tems il me les apprit.

Je ne le sus pas plutôt, que je voulus en éprouver la vertu; je les prononçai dans l'intention de faire passer aussi mon ame dans le corps de la biche, & je me vis à l'instant métamorphosé en cet animal. Mais le plaifir que j'avois de fentir que l'opération fe faifoit heureufement, fe changea bientôt en douleur; car dès que mes efprits furent entrés dans le corps de la biche, le perfide fit paffer les fiens dans mon cadavre ; &, bandant promptement mon arc, il alloit me percer d'une de mes flèches, fi jugeant à fon action de fon deffein, je ne me fuffe dérobé à fes coups par une prompte fuite. Il ne laiffa pas de décocher une flèche, mais par bonheur il me manqua.

LVIII. JOUR.

ME voilà donc réduit à vivre avec les animaux des montagnes & des bois ; heureux, fi je leur euffe plus parfaitement reffemblé, & qu'en perdant la forme humaine, j'euffe auffi perdu la raifon ! je n'aurois pas été la proie de mille affligeantes réflexions.

Pendant que je déplorois mon infortune dans les forêts, le derviche occupoit le trône de Moufel ; &, ce qui me faifoit beaucoup plus de peine, il poffédoit Zemroude. Il laiffa dans le bois fon corps de derviche ; &, fort fatisfait d'avoir pris le mien, il goûtoit en paix la douceur de régner. Comme il craignoit pourtant qu'avec le même secret qui m'avoit été si funeste, je ne trouvasse moyen de m'introduire dans le palais, & de me venger de sa perfidie, il ordonna dès le même jour qu'il se vit à ma place, qu'on tuât toutes les biches qu'on trouveroit dans le royaume; voulant, disoit-il, purger ses états de cette sorte de bêtes qu'il haïssoit mortellement: & pour mieux engager ses sujets à détruire ces animaux, il fit publier qu'il donneroit trente sequins pour chaque biche dont on lui apporteroit la tête.

Les peuples de Mousel, animés par l'espérance du gain, se répandirent dans les campagnes avec leurs arcs & leurs flèches; ils entrèrent dans les forêts, parcoururent les montagnes, & percèrent de leurs traits toutes les biches qu'ils rencontrèrent. Heureusement leurs coups n'étoient pas à craindre pour moi, car ayant apperçu au pied d'un arbre un rossignol mort, je le ranimai; & sous cette nouvelle forme, je volai vers le palais de mon ennemi, & me glissai dans l'épais feuillage d'un arbre du jardin. Cet arbre n'étoit pas éloigné de l'appartement de la reine. Là, rêvant à ma triste aventure, & au bonheur de mon rival, je m'attendris, & je commençai à chanter mes peines. C'étoit un matin, le soleil se levoit, & déjà plusieurs oiseaux, charmés de revoir sa lumière, exprimoient par leurs chants la joie qui les animoit. Pour moi, peu fenfible à la clarté du nouveau jour, je n'étois occupé que de mes ennuis; les yeux triftement tournés vers l'appartement de Zemroude, je pouffois dans les airs une voix fi plaintive, que j'attirai cette princeffe à une fenêtre. Je continuai mon douloureux ramage à fa vue, je m'efforçai même de le rendre encore plus touchant, comme fi j'euffe pu lui faire comprendre le fujet de ma douleur. Mais hélas! elle prenoit plaifir à m'écouter, & j'avois la mortification de remarquer, qu'au lieu de fe laiffer toucher à mes pitoyables accens, elle n'en faifoit que rire avec une de fes efclaves, qui étoit auffi accourue à la même fenêtre pour m'entendre.

Je ne fortis point du jardin ce jour-là ni les autres fuivans, & j'avois foin tous les matins de chanter au même endroit. Zemroude ne manquoit pas non plus de fe mettre à fes fenêtres; &, ce qui me parut l'ouvrage du ciel, elle eut envie de m'avoir. Ecoutez, dit-elle à fes femmes, je veux qu'on prenne ce roffignol: qu'on aille chercher des oifeliers, j'aime cet oifeau, j'en fuis folle; qu'on faffe fi bien qu'on s'en faififfe, & qu'on me l'apporte. On obéit à la reine, on fit venir d'habiles oifeliers qui me tendirent des filets; & comme je n'avois pas deffein de leur échapper, parce que je voyois bien qu'on n'en vouloit à ma liberté que pour me rendre esclave de ma princesse, je me laissai prendre.

D'abord que je fus entre ses mains, elle fit paroître une grande joie : mon mignon, dit-elle en me flattant, charmant rossignol, je veux être ta rose (*a*). Je me sens déjà pour toi une tendresse infinie. A ces mots elle me baisa, & moi je portai mon bec doucement sur ses lèvres. Ah le petit fripon, s'écria-t-elle en riant, il semble qu'il entende ce que je lui dis. Enfin, après m'avoir caressé, elle me mit elle-même dans une cage de fil d'or, qu'un eunuque de sa maison avoit été acheter dans la ville.

Je chantois tous les jours dès qu'elle étoit éveillée ; & lorsque pour me flatter ou me donner quelque chose, elle se présentoit devant ma cage, bien loin de paroître farouche, j'étendois mes aîles pour marquer ma joie, & lui tendois mon petit bec. Elle étoit étonnée de me voir apprivoisé en si peu de tems ; quelquefois elle me tiroit de ma cage, & me laissoit voler dans sa chambre ; j'allois toujours à elle pour lui faire des caresses & recevoir les siennes ; & si quelqu'une de ses esclaves me vouloit prendre, je la

---

(*a*) Les Orientaux disent que le rossignol est amoureux de la rose. Tous les poëtes Turcs, dans leurs ouvrages, font mention de cet amour, & ne parlent jamais du rossignol, qu'ils ne parlent en même-tems de la rose & du rosier.

pinçois très-rudement. Je me rendis par ces manières peu-à-peu si cher à Zemroude, qu'elle disoit souvent que si par malheur je venois à mourir, elle en seroit inconsolable, tant elle se sentoit attachée à moi.

Si dans mon malheur j'avois quelque plaisir d'être dans l'appartement de la reine, je le payois bien cher, quand le derviche la venoit voir. Quel affreux supplice ! je ne puis même encore aujourd'hui y penser sans frémir ; je levois de tems en tems les yeux au ciel pour lui demander vengeance ; mes plumes se hérissoient, & le cœur bouffi de colère, je m'agitois, je me tourmentois extraordinairement dans ma cage. Si quelquefois la reine me caressoit devant le traître, & qu'il voulût lui-même me flatter, je donnois des coups de bec de toute ma force, & faisois paroître beaucoup de fureur ; mais ma rage ne servoit qu'à les réjouir l'un & l'autre, & ne pouvoit me venger.

Zemroude avoit aussi dans sa chambre une chienne qu'elle aimoit ; cet animal, un jour que nous étions seuls, mourut en faisant ses petits. Sa mort m'inspira la pensée de faire une troisième épreuve du secret : il faut, dis-je en moi-même, que je passe dans le corps de cette chienne, je veux voir ce que produira le chagrin que la princesse aura de la mort de son rossignol. Je ne

sais

fais pourquoi cette fantaisie me prit, car je ne prévoyois pas à quoi cette nouvelle métamorphose pourroit aboutir; mais ce mouvement me parut un avis secret du ciel, & je le suivis à tout hasard.

LIX. JOUR.

Lorsque Zemroude revint dans la chambre, son premier soin fut de venir se présenter devant la cage. Dès qu'elle s'apperçut que le rossignol étoit mort, elle fit un cri qui attira toutes ses esclaves. Qu'avez-vous, madame, lui dirent-elles d'un air effrayé, vous est-il arrivé quelque malheur? Vous me voyez au désespoir, répondit la princesse en pleurant amèrement, mon rossignol est mort! mon cher oiseau! mon petit mari! pourquoi m'es-tu si-tôt enlevé? je ne goûterai donc plus la douceur de tes chants! je ne te reverrai plus! qu'ai-je fait pour mériter que le ciel me punisse avec tant de rigueur?

Elle étoit si affligée, que ses femmes tâchèrent vainement de la consoler; leurs discours ne servirent qu'à irriter sa douleur. Une d'entre elles courut avertir le derviche de l'état où se trouvoit la reine. Il se rendit auprès d'elle en diligence, & lui représenta que la mort d'un oiseau ne devoit pas causer une si grande affliction; que la perte n'étoit pas irréparable ; que si elle aimoit tant les rossignols, & qu'elle en voulût avoir, il étoit aisé de la contenter. Mais il eut beau parler, tous ces raisonnemens furent inutiles, il ne put rien gagner sur Zemroude. Cessez, seigneur, lui dit-elle, cessez de combattre ma douleur, vous ne la vaincrez jamais ; je sais bien que c'est une grande foiblesse de ne pouvoir se consoler de la mort d'un oiseau, j'en suis persuadée comme vous, & toutefois je ne puis résister à la force du coup qui m'accable ; j'aimois ce petit animal, il paroissoit sensible aux caresses que je lui faisois, & il y répondoit d'une manière qui me ravissoit. Si mes femmes s'en approchoient, il se montroit farouche, ou plutôt dédaigneux, au lieu qu'il venoit au-devant de ma main quand je l'avançois pour le prendre. Il sembloit qu'il se sentît de l'amour pour moi ; il me regardoit d'un air tendre & languissant ; & l'on eût dit quelquefois qu'il étoit mortifié de n'avoir pas l'usage de la parole pour m'exprimer ses sentimens ; je lisois cela dans ses yeux : ah ! je n'y puis penser sans désespoir ; mon aimable oiseau, je t'ai perdu pour jamais ! En achevant ces mots, elle redoubla ses pleurs, & parut ne pouvoir souffrir aucune consolation. Je conçus un présage favorable de la vivacité de cette douleur ; j'étois dans un coin de la chambre, où je donnois à teter à mes petits chiens, d'où j'entendois tout ce qui se difoit, & obfervois tout ce qui se faifoit fans qu'on prît garde à moi. J'eus un preffentiment que le derviche, pour confoler la reine, mettroit en œuvre fon fecret, & ce preffentiment ne fut pas faux.

Le derviche voyant que la princeffe n'étoit pas capable d'écouter la raifon, comme il l'aimoit éperdument, & qu'il étoit touché de fes larmes, au-lieu de fe répandre en difcours fuperflus, il ordonna aux efclaves de la reine de fortir de la chambre, & de le laiffer feul avec elle. Madame, lui dit-il alors, croyant que perfonne ne l'entendoit, puifque la mort de votre roffignol vous fait tant de peine, il faut qu'il revive; ne vous affligez plus, vous le reverrez vivant; je promets de le rendre à votre tendreffe; dès demain à votre réveil vous l'entendrez chanter encore, & vous aurez le plaifir de le careffer.

Je vous entends, feigneur, lui dit Zemroude, vous me regardez comme une infenfée dont il faut flatter la douleur; vous me faites efpérer que demain je reverrai mon roffignol en vie; demain vous remettrez ce miracle au jour fuivant, & ainfi en différant toujours, vous comptez que peu-à-peu vous me ferez oublier mon oifeau : ou bien, pourfuivit-elle, vous avez deffein d'en faire chercher un autre aujourd'hui, & de le mettre à sa place pour tromper mon affliction. Non, ma reine, repartit le derviche, non, c'est cet oiseau que vous voyez étendu dans sa cage sans sentiment, ce rossignol, l'heureux objet d'une si vive douleur, c'est lui-même qui chantera; je lui donnerai une vie nouvelle, & vous pourrez lui prodiguer vos bontés; il en connoîtra mieux le prix, & vous le verrez encore plus empressé à vous plaire; car ce sera moi qui l'animerai; tous les matins je le ferai revivre pour vous divertir. Je puis faire ce prodige, continua-t-il, c'est un secret que je possède : si vous en doutez, ou si vous avez trop d'impatience de revoir votre oiseau ranimé, je vais le faire revivre tout-à l'heure.

Comme la princesse ne lui répondoit point, & qu'il jugeoit par son silence qu'elle n'étoit pas bien persuadée qu'il pût faire ce qu'il disoit, il alla s'asseoir sur un sopha, où, par la vertu des deux paroles cabalistiques qui servoient comme de véhicule à l'ame pour la faire passer dans un cadavre, il laissa son corps, ou plutôt le mien, & entra dans celui du rossignol. L'oiseau se mit tout aussi-tôt à chanter dans sa cage, au grand étonnement de Zemroude. Mais la voix ne tarda guère à lui manquer; car d'abord qu'il eut commencé son ramage, je quittai le corps de la chienne, & me hâtai de reprendre le mien. En même tems, courant à la cage, j'en tirai brusquement l'oiseau, & lui tordis le cou. Que faites-vous, seigneur, me dit la princesse ? pourquoi traitez-vous ainsi mon rossignol ? si vous ne vouliez pas qu'il vive, vous ne deviez pas le rappeller à la vie.

Grâce au ciel, m'écriai-je alors, sans faire attention à ce qu'elle disoit, tant j'étois occupé de la vengeance que je venois de tirer de l'outrage fait à mon honneur & à mon amour, c'en est fait, je viens de punir le perfide dont l'exécrable trahison méritoit un plus rigoureux châtiment ! Si Zemroude avoit été surprise de revoir son rossignol vivant, elle ne le fut pas moins de m'entendre prononcer ces paroles avec beaucoup d'émotion. Seigneur, me dit-elle, quel transport vous agite, & que signifie ce que vous venez de dire ?

Je lui racontai tout ce qui m'étoit arrivé ; & je remarquai qu'en lui faisant ce récit elle frémissoit à tous momens : tantôt la honte de m'avoir été infidelle, quoiqu'innocemment, la faisoit rougir, & tantôt la douleur qu'elle en ressentoit la rendoit plus pâle que la mort.

Elle ne pouvoit douter que je ne fusse véritablement Fadlallah, parce qu'elle savoit qu'on avoit trouvé dans le bois le corps du derviche ; & l'ordre qu'il avoit donné de tuer toutes les biches.

LX. JOUR.

Après avoir achevé d'instruire Zemroude d'une si étrange aventure, je m'en repentis; j'aurois pu lui dire seulement que quelque grand cabaliste m'avoit appris le secret de ranimer un corps mort, sans lui parler du tour que le derviche m'avoit fait. Plût au ciel qu'elle eût toujours ignoré cette horrible perfidie! peut-être, hélas! vivroit-elle encore. Mais que dis-je, où mon esprit va-t-il s'égarer? ne sais-je pas que les biens & les maux qui doivent nous arriver, sont marqués dans le ciel!

La fille de Mouaffac conçut tant de chagrin d'avoir fait le bonheur d'un misérable, qu'il me fut impossible de la consoler. J'eus beau lui représenter que son erreur l'excusoit entièrement, & que tout le crime devoit être imputé au derviche qui l'avoit expié par sa mort; malgré ce que je lui pus dire, malgré les assurances que je lui donnai de l'aimer toujours avec la même tendresse, je ne pus lui faire oublier ce désagréable évènement. Elle tomba malade, & mourut entre mes bras en me demandant pardon d'un crime dont elle n'étoit pas coupable, & qui ne m'ôtoit rien de mon amour pour elle.

En effet, quand elle fut morte, & que j'eus rendu à son tombeau tous les soins que je lui devois, je fis appeller le prince Amadeddin Zingui : Mon cousin, lui dis-je, je n'ai point d'enfans, je me démets en votre faveur de la couronne de Mousel ; je vous l'abandonne, je renonce à la grandeur souveraine, & veux passer le reste de ma vie dans un état obscur. Amadeddin, qui m'aimoit véritablement, n'épargna rien pour me détourner de ma résolution ; mais je lui fis connoître qu'il la combattoit inutilement. Prince, lui dis-je, le dessein en est pris, je vous donne mon rang ; occupez le trône de Fadlallah, & puissiez-vous être plus heureux que lui ; régnez sur des peuples qui connoissent votre mérite, & ont déjà éprouvé le bonheur de vous avoir pour maître. Pour moi, dégoûté des grandeurs, je vais dans des climats éloignés, vivre comme un homme d'une condition commune ; & là, libre des soins attachés au pouvoir souverain, je veux pleurer Zemroude, &, me rappellant les jours heureux que nous avons passés ensemble, faire mon unique occupation d'un si doux souvenir.

Je laissai donc Amadeddin sur le trône de Mousel ; &, accompagné seulement de quelques esclaves, je pris la route de Bagdad, où j'arrivai heureusement avec beaucoup d'or & de pierreries. J'allai descendre chez Mouaffac ; sa femme & lui ne furent pas peu surpris de me voir ; & ils le furent encore bien davantage, lorsque je leur appris la mort de leur fille, qu'ils aimoient passionnément. Je ne fis pas ce récit sans répandre des larmes, ni sans exciter les leurs. Je ne demeurai pas long-tems à Bagdad; je me joignis à un grand nombre de pélerins qui alloient à la Mecque, où, après avoir fait mes dévotions, je trouvai par hasard une compagnie de pélerins Tartares, avec qui je vins en Tartarie. Nous passâmes par cette ville ; j'en trouvai le séjour agréable, je m'y arrêtai, je m'y établis ; & il y a près de quarante années que j'y demeure. J'y passe pour un étranger qui s'est autrefois mêlé de négoce ; je mène une vie retirée, je ne vois presque personne, Zemroude est toujours présente à ma pensée, & je prends plaisir à m'en ressouvenir.

Continuation de l'Histoire du Prince Calaf, & de la Princesse de la Chine.

FADLALLAH ayant achevé le récit de ses aventures, dit à ses hôtes : voilà mon histoire. Vous voyez par mes malheurs & par les vôtres, que la vie humaine est un roseau sans cesse agité par le vent froid du nord. Je vous dirai pourtant que je vis heureux & tranquille depuis que je suis à Jaïc; je ne me repens point d'avoir abandonné la couronne de Moufel; je trouve des douceurs dans l'obfcurité du fort dont je jouis. Timurtafch, Elmaze & Calaf donnèrent mille louanges au fils de Bin-Ortoc; le kan admira la réfolution qu'il avoit pu prendre de fe dépouiller lui-même de fes états, pour vivre comme un particulier dans une terre étrangère, où l'on ne favoit pas même le rang qu'il avoit autrefois tenu dans le monde. Elmaze loua la fidélité qu'il avoit gardée à Zemroude, & le reffentiment qu'il avoit eu de fa mort. Et enfin Calaf lui dit: Seigneur, il feroit à fouhaiter que tous les hommes qui font dans l'adverfité, euffent autant de conftance que vous en avez fait paroître dans la mauvaife fortune.

Ils continuèrent de s'entretenir jufqu'à ce qu'il fût tems de fe retirer. Alors Fadlallah appella fes efclaves, qui apportèrent des bougies dans des flambeaux faits de bois d'Aloès, & menèrent le kan, la princeffe & fon fils dans un appartement où règnoit la même fimplicité qu'on voyoit dans le refte de la maifon. Elmaze & Timurtafch demeurèrent dans une chambre, & Calaf alla fe coucher dans une autre. Le lendemain matin le vieillard entra dans l'appartement de fes hôtes, lorfqu'ils furent levés, & il leur dit: Vous n'êtes pas feuls malheureux, on vient de m'apprendre qu'un ambassadeur du sultan de Carizme arriva hier au soir dans cette ville; que son maître l'envoie à Ilenge-Kan, pour le prier, non-seulement de ne pas donner un asyle au kan des Nogaïs son ennemi, mais même de le faire arrêter, s'il passe par le pays de Jaïc. Effectivement, poursuivit Fadlallah, le bruit court que ce kan infortuné, de peur de tomber entre les mains du sultan de Carizme, a quitté sa capitale, & s'est sauvé avec sa famille. A cette nouvelle, Timurtasch & Calaf changèrent de couleur, & la princesse s'évanouit.

LXI. JOUR.

L'ÉVANOUISSEMENT d'Elmaze, aussi bien que le trouble du père & du fils, firent juger à Fadlallah que ses hôtes n'étoient pas des marchands. Je vois bien, leur dit-il, après que la princesse eut repris l'usage de ses sens, que vous prenez beaucoup de part aux malheurs du kan des Nogaïs, ou plutôt, vous dirai-je ce que je pense? je crois que vous êtes tous trois les déplorables objets de la haine du sultan. Oui, seigneur, lui dit Timurtasch, nous sommes les victimes qu'il veut sacrifier; je suis le kan des Nogaïs; vous voyez ma femme & mon fils; nous aurions tort de ne nous pas découvrir à vous, après la réception

& la confidence que vous nous avez faites. J'espère même que par vos conseils, vous nous aiderez à sortir de l'embarras où nous nous trouvons.

La conjoncture est assez délicate, repliqua le vieux roi de Mousel, je connois Ilenge-Kan, il craint le sultan de Carizme, & il ne faut pas douter que pour lui plaire, il ne vous fasse chercher par-tout. Vous ne serez point en sûreté chez moi, ni dans aucune autre maison de cette ville : vous n'avez point d'autre parti à prendre, que de sortir promptement du pays de Jaïc; passez la rivière d'Irtiche, & gagnez le plutôt qu'il vous sera possible, les frontières de la tribu de Berlas. Timurtasch, sa femme & Calaf goûtèrent cet avis. Aussi-tôt Fadlallah leur fit préparer trois chevaux avec des provisions; & leur donnant une bourse pleine de pièces d'or : Partez vîte, leur dit-il, vous n'avez point de tems à perdre; dès demain, peut-être, Ilenge-Kan vous fera chercher.

Ils rendirent au vieux roi les grâces qu'ils lui devoient; ils sortirent ensuite de Jaïc, passèrent l'Irtiche, & arrivèrent après plusieurs jours de marche sur les terres de la tribu de Berlas. Ils s'arrêtèrent à la première horde (*a*) qu'ils rencontrèrent, ils y vendirent leurs chevaux, & y vécu-

---

(*a*) *Horde.* C'est un grand nombre de tentes dressées dans la campagne, qui font une espèce de ville, & qui servent de demeure aux Tartares.

rent avec assez de tranquillité tant qu'ils eurent de l'argent ; mais lorsqu'il vint à leur manquer, les chagrins du kan se renouvellèrent. Pourquoi, disoit-il, faut-il que je sois encore au monde ? ne valoit-il pas bien mieux attendre dans mes états mon superbe ennemi, & périr en défendant ma ville capitale, que de conserver une vie qui n'est qu'un enchaînement de malheurs ? C'est en vain que nous souffrons patiemment nos disgrâces, le ciel ne nous rendra jamais heureux, puisque malgré la soumission que nous avons à ses ordres, il nous laisse toujours dans la misère. Seigneur, lui dit Calaf, ne désespérons point de voir finir nos maux ; le ciel qui dispose des événemens, nous en prépare peut-être d'agréables que nous ne pouvons prévoir. Allons, poursuivit-il, à la principale horde de cette tribu, j'ai un pressentiment que notre fortune y pourra changer de face.

Ils allèrent donc tous trois à la horde, où demeuroit le kan de Berlas. Ils entrèrent sous une grande tente qui servoit d'hôpital aux pauvres étrangers, & ils se couchèrent dans un coin, fort en peine de ce qu'ils feroient pour subsister. Calaf laissa son père & sa mère en cet endroit, sortit, & s'avança dans la horde en demandant la charité aux passans ; il en reçut une petite somme d'argent, dont il acheta des provisions, qu'il porta sur la fin du jour à son père & à sa mère. Ils ne purent tous deux s'empêcher de pleurer, quand ils furent que leur fils venoit de demander l'aumône. Calaf s'attendrit avec eux, & leur dit: Rien, je l'avoue, ne me paroît plus mortifiant, que d'être réduit à mendier : cependant si je ne puis autrement vous procurer du secours, je le ferai, quelque honte qu'il m'en coûte. Mais, ajouta-t-il, vous n'avez qu'à me vendre comme un esclave; & de l'argent qui vous en reviendra, vous aurez de quoi vivre long-tems. Que dites-vous, mon fils, s'écria Timurtasch à ce discours? Vous nous proposez de vivre aux dépens de votre liberté! ah! dure plutôt toujours l'infortune qui nous accable. S'il faut vendre quelqu'un de nous trois pour secourir les deux autres, c'est moi; je ne refuse point de porter pour vous deux le joug de la servitude.

Seigneur, reprit Calaf, il me vient une pensée; demain matin j'irai me mettre parmi les porte-faix; quelqu'un m'emploiera, & nous vivrons ainsi de mon travail. Ils s'arrêtèrent à ce parti. Le jour suivant, le prince se mêla parmi les porte-faix de la horde, & attendit que quelqu'un voulût se servir de lui; mais il arriva par malheur que personne ne l'employa; de manière que la moitié de la journée étoit déjà passée, qu'il n'avoit encore rien gagné. Cela l'affligeoit fort : si je ne fais pas mieux mes affaires, dit-il en lui-même, comment pourrai-je nourrir mon père & ma mère ?

Il s'ennuya d'attendre en vain parmi les portefaix, que quelqu'un vînt s'adresser à lui ; il sortit de la horde, & s'avança dans la campagne, pour rêver plus librement aux moyens de subsister. Il s'assit sous un arbre, où après avoir prié le ciel d'avoir pitié de sa situation, il s'endormit. A son réveil, il apperçut auprès de lui un faucon d'une beauté singulière ; il avoit la tête ornée d'un panache de mille couleurs, & il portoit au cou une chaîne de feuilles d'or garnie de diamans, de topazes & de rubis. Calaf qui entendoit la fauconnerie, lui présenta le poignet, & l'oiseau se mit dessus. Le prince des Nogaïs en eut beaucoup de joie : voyons, dit-il en lui-même, où ceci nous menera ; cet oiseau, selon toutes les apparences, appartient au souverain de cette horde. Il ne se trompoit pas, c'étoit le faucon d'Alinguer, kan de Berlas, que ce prince avoit perdu à la chasse le jour précédent. Ses grands veneurs le cherchoient dans la campagne, avec d'autant plus d'ardeur & d'inquiétude, que leur maître les avoit menacés du dernier supplice, s'ils revenoient à la cour sans son oiseau, qu'il aimoit passionnément.

Hé voila le Faucon du Roi retrouvé !

LXII. JOUR.

LE prince Calaf rentra dans la horde avec le faucon. Aussi-tôt tout le peuple se mit à crier: hé! voilà le faucon du kan retrouvé, béni soit le jeune homme qui va réjouir notre prince en lui portant son oiseau. Effectivement, lorsque Calaf fut arrivé à la tente royale, & qu'il y parut avec le faucon, le kan transporté de joie, courut à son oiseau, & lui fit mille caresses: ensuite s'adressant au prince des Nogaïs, il lui demanda où il l'avoit trouvé: Calaf raconta la chose comme elle s'étoit passée. Après cela le kan lui dit: tu me parois étranger; de quel pays es-tu, & quelle est ta profession? Seigneur, lui répondit le fils de Timurtasch, en se prosternant à ses pieds, je suis fils d'un marchand de Bulgarie, qui possédoit de grands biens; je voyageois avec mon père & ma mère dans le pays de Jaïc; nous avons rencontré des voleurs qui ne nous ont laissé que la vie, & nous sommes venus jusqu'à cette horde en mendiant.

Jeune homme, reprit le kan, je suis bien aise que ce soit toi qui aies trouvé mon faucon; car j'ai juré d'accorder à la personne qui me le rapporteroit, les trois choses qu'il voudroit me demander, ainsi tu n'as qu'à parler : dis-moi ce que tu souhaites que je te donne, & sois sûr de l'obtenir. Puisqu'il m'est permis de demander trois choses, repartit Calaf, je voudrois premièrement que mon père & ma mère qui sont à l'hôpital, eussent une tente particulière dans le quartier de votre majesté, qu'ils fussent entretenus à vos dépens le reste de leurs jours, & servis même par des officiers de votre maison. Secondement, je désire un des plus beaux chevaux de vos écuries, tout sellé & bridé ; & enfin un habillement complet & magnifique, avec un riche sabre, & une bourse pleine de pièces d'or, pour pouvoir faire commodément un voyage que je médite. Tes vœux seront satisfaits, dit Alinguer, amène-moi ton père & ta mère, je commencerai dès aujourd'hui à les faire traiter comme tu le souhaites ; & demain, vêtu de riches habits, & monté sur le plus beau cheval de mes écuries, tu pourras t'en aller où il te plaira.

Calaf se prosterna une seconde fois devant le kan ; & après l'avoir remercié de ses bontés, il se rendit à la tente où Elmaze & Timurtasch l'attendoient impatiemment. Je vous apporte de bonnes nouvelles, leur dit-il, notre sort est déjà changé. En même tems il leur raconta tout ce qui lui étoit arrivé. Cette aventure leur fit plaisir ; ils la regardèrent comme une marque infaillible que la rigueur de leur destinée commençoit à s'adoucir. Ils suivirent volontiers Calaf, qui les conduisit à la tente royale, & les présenta au kan. Ce prince les reçut fort bien, & leur promit qu'il tiendroit exactement la promesse qu'il avoit faite à leur fils. Il n'y manqua pas ; il leur donna dès ce jour-là une tente particulière ; il les fit servir par des esclaves & des officiers de sa maison, & il ordonna qu'on les traitât comme lui-même.

Le lendemain Calaf fut revêtu de riches habits ; il reçut de la main même du prince Alinguer un sabre dont la poignée étoit de diamans, avec une bourse remplie de sequins d'or, & ensuite on lui amena un très-beau cheval Turcoman. Il le monta devant toute la cour ; & pour montrer qu'il savoit manier un cheval, il lui fit faire cent caracoles d'une manière qui charma le prince & ses courtisans.

Après avoir remercié le kan de toutes ses bontés, il prit congé de lui. Il alla trouver Timurtasch & la princesse Elmaze. J'ai une extrême envie, leur dit-il, de voir le grand royaume de la Chine, permettez-moi de la satisfaire ; j'ai un pressentiment que je me signalerai par quelque action d'éclat, & que je gagnerai l'amitié du monarque qui tient sous ses loix de si

Tome XIV. V

vastes états. Souffrez que vous laissant ici dans un asyle où vous êtes en sûreté, & où rien ne vous manque, je suive le mouvement qui m'entraîne, ou plutôt que je m'abandonne au ciel qui me conduit. Va, mon fils, lui dit Timurtasch, cède au noble transport qui t'agite; cours au sort qui t'attend; hâte par ta vertu la lente prospérité qui doit succéder à notre infortune, ou par un beau trépas, mérite une place éclatante dans l'histoire des princes malheureux. Pars, nous attendrons de tes nouvelles dans cette tribu, & nous réglerons notre fortune sur la tienne.

Le jeune prince des Nogaïs embrassa son père & sa mère, & prit le chemin de la Chine. Il n'est point marqué dans les auteurs, qu'il éprouva quelque aventure sur la route; ils disent seulement, qu'étant arrivé à la grande ville de Canbalec, autrement Pekin, il descendit auprès d'une maison qui étoit à l'entrée, & où demeuroit une petite vieille qui étoit veuve. Calaf se présenta à la porte, aussi-tôt la vieille parut : il la salua, & lui dit : ma bonne mère, voudriez-vous bien recevoir chez vous un étranger? si vous pouvez me donner un logement dans votre maison, j'ose vous assurer que vous n'en aurez point de chagrin. La vieille envisagea le jeune prince, & jugeant à sa bonne mine, ainsi qu'à son habillement, que ce n'étoit pas un hôte à dédaigner, elle lui fit une profonde inclination de tête, & lui répondit : jeune étranger de grande apparence, ma maison est à votre service, aussi-bien que tout ce qu'il y a dedans. Et avez-vous, reprit-il, un lieu propre à mettre mon cheval ? Oui, dit-elle, j'en ai. En même temps elle prit le cheval par la bride, & le mena dans une petite écurie qui étoit sur le derrière de sa maison. Ensuite elle revint trouver Calaf, qui se sentant beaucoup d'appétit, lui demanda si elle n'avoit personne qui pût lui aller acheter quelque chose au marché ? La veuve repartit qu'elle avoit un petit fils de douze ans, qui demeuroit avec elle, & qui s'acquitteroit fort bien de cette commission. Alors le prince tira de sa bourse un sequin d'or, & le mit entre les mains de l'enfant, qui sortit pour aller au marché.

Pendant ce tems-là, l'hôtesse ne fut pas peu occupée à satisfaire la curiosité de Calaf. Il lui fit mille questions; il lui demanda quelles étoient les mœurs des habitans de la ville ? combien on comptoit de familles dans Pekin ? & enfin la conversation tomba sur le roi de la Chine. Apprenez-moi, de grâce, lui dit Calaf, de quel caractère est ce prince ? Est-il généreux, & pensez-vous qu'il fît quelque attention au zèle d'un jeune étranger qui s'offriroit à le servir contre ses ennemis ? En un mot, mérite-t-il qu'on s'attache à ſes intérêts ? Sans doute, répondit la vieille, c'eſt un très-bon prince, qui aime ſes ſujets autant qu'il eſt aimé, & je ſuis fort ſurpriſe que vous n'ayez pas ouï parler de notre bon roi Altoun-Kan ; car la réputation de ſa bonté s'eſt répandue par tout le monde.

Sur le portrait que vous m'en faites, répliqua le prince Nogaïs, je juge que ce doit être le monarque du monde le plus heureux & le plus content. Il ne l'eſt pourtant pas, repartit la veuve : on peut dire même qu'il eſt fort malheureux. Premièrement, il n'a point de prince pour lui ſuccéder ; il ne peut avoir d'enfant mâle, quelques bonnes œuvres qu'il faſſe pour cela. Je vous dirai pourtant que le chagrin de n'avoir point de fils, ne fait pas ſa plus grande peine ; ce qui trouble le repos de ſa vie, c'eſt la princeſſe Tourandocte, ſa fille unique. Hé ! pourquoi, répliqua Calaf, eſt-elle un ſupplice pour lui ? Je vais vous le dire, repartit la veuve ; je puis vous parler ſavamment de cela, car c'eſt un récit que m'a fait ſouvent ma fille, qui a l'honneur d'être au ſérail parmi les eſclaves de la princeſſe.

LXIII. JOUR.

LA princesse Tourandocte, poursuivit la vieille hôtesse du prince des Nogaïs, est dans sa dix-neuvième année; elle est si belle, que les peintres qui en ont fait le portrait, quoique des plus habiles de l'orient, ont tous avoué qu'ils avoient honte de leur ouvrage, & que le pinceau du monde qui sauroit le mieux attraper les charmes d'un beau visage, ne pourroit prendre tous ceux de la princesse de la Chine : cependant les divers portraits qu'on en a faits, quoiqu'infiniment au-dessous de la nature, n'ont pas laissé de produire de terribles effets.

Elle joint à sa beauté ravissante, un esprit si cultivé, qu'elle sait non seulement tout ce qu'on a coutume d'enseigner aux personnes de son rang, mais même les sciences qui ne conviennent qu'aux hommes. Elle fait tracer les différens caractères de plusieurs sortes de langues, elle possède l'arithmétique, la géographie, la philosophie, les mathématiques, le droit, & sur-tout la théologie; elle a lu les loix & la morale de notre législateur Berginghuzin (*a*) : enfin, elle est aussi

___
(*a*) Les Chinois le nomment aussi le Prophète Jatmouny. C'est apparemment Confucius.

habile que tous les docteurs enfemble ; mais fes belles qualités font effacées par une dureté d'ame fans exemple ; elle ternit tout fon mérite par une déteftable cruauté.

Il y a deux ans que le roi de Thébet l'envoya demander en mariage pour le prince fon fils, qui en étoit devenu amoureux fur un portrait qu'il en avoit vu. Altoun-Kan, ravi de cette alliance, la propofa à Tourandocte. Cette fière princeffe, à qui tous les hommes paroiffoient méprifables, tant fa beauté l'a rendue vaine, rejeta la propofition avec dédain. Le roi fe mit en colère contre elle, & lui déclara qu'il vouloit être obéi. Mais au-lieu de fe foumettre de bonne grâce aux volontés de fon père, elle pleura de dépit de ce qu'on prétendoit la contraindre. Elle s'affligea fans modération, comme fi l'on eût eu envie de lui faire un grand mal : enfin, elle fe tourmenta de manière qu'elle tomba malade. Les médecins connoiffant la caufe de fa maladie, dirent au roi que tous leurs remèdes étoient inutiles, & que la princeffe perdroit infailliblement la vie, s'il s'obftinoit à lui vouloir faire époufer le prince de Thébet.

Alors le roi, qui aime fa fille éperdument, effrayé du péril où elle étoit, l'alla voir, & l'affura qu'il renverroit l'ambaffadeur de Thébet avec un refus. Ce n'eft pas affez, Seigneur, lui dit la princesse, j'ai résolu de me laisser mourir, à moins que vous ne m'accordiez ce que j'ai à vous demander. Si vous souhaitez que je vive, il faut que vous vous engagiez par un serment inviolable, à ne point gêner mes sentimens, & que vous fassiez publier un édit par lequel vous déclarerez que de tous les princes qui me rechercheront, nul ne pourra m'épouser, qu'il n'ait auparavant répondu pertinemment aux questions que je lui ferai devant tous les gens de loi qui sont dans cette ville : que s'il y répond bien, je consens qu'il soit mon époux ; mais que s'il y répond mal, on lui tranchera la tête dans la cour de votre palais.

Par cet édit, ajouta-t-elle, qu'on fera savoir aux princes étrangers qui arriveront à Pekin, on leur ôtera l'envie de me demander en mariage, & c'est ce que je souhaite : car je hais les hommes, & ne veux point me marier. Mais, ma fille, lui dit le roi, si quelqu'un méprisant mon édit, se présente & répond juste à vos questions.... Ho, c'est ce que je ne crains pas, interrompit-elle avec précipitation ; j'en sais faire de si difficiles, que j'embarasserois les plus grands docteurs ; j'en veux bien courir le risque. Altoun-Kan rêva quelque tems à ce que la princesse exigeoit de lui : Je vois bien, dit-il en lui-même, que ma fille ne veut point se marier, & qu'en effet cet édit épouvantera tous ses amans ; ainsi je ne hasarde rien en lui donnant cette satisfaction ; il n'en peut arriver aucun malheur : quel prince seroit assez fou pour affronter un si affreux péril ?

Enfin, le roi, persuadé que cet édit n'auroit point de mauvaises suites, & que l'entière guérison de sa fille en dépendoit, le fit publier, & jura sur les loix de Berginghuzin, de le faire exactement observer. Tourandocte, rassurée par ce serment sacré, qu'elle savoit que le roi son père n'oseroit violer, reprit ses forces, & jouit bientôt d'une parfaite santé.

Cependant le bruit de sa beauté attira plusieurs jeunes princes étrangers à Pekin ; l'on eut beau leur faire savoir la teneur de l'édit, comme tout le monde a bonne opinion de son esprit, & surtout les jeunes gens, ils eurent l'audace de se présenter pour répondre aux questions de la princesse ; & n'en pouvant percer le sens obscur, ils périrent tous misérablement l'un après l'autre. Le roi, il faut lui rendre cette justice, paroît fort touché de leur sort. Il se repent d'avoir fait un serment qui le lie ; & quelque tendresse qu'il ait pour sa fille, il aimeroit mieux l'avoir laissé mourir, que l'avoir conservée à ce prix. Il fait tout ce qui dépend de lui pour prévenir ces malheurs. Lorsqu'un amant, que l'ordonnance n'a pu retenir, vient lui demander la main de la princesse, il s'efforce de le détourner de fa réfolution, & il ne confent jamais qu'à regret, qu'il s'expofe à perdre la vie. Mais il arrive ordinairement qu'il ne fauroit perfuader ces jeunes téméraires. Ils ne font occupés que de Tourandocte; & l'efpérance de la poíféder les étourdit fur la difficulté qu'il y a de l'obtenir.

Mais fi le roi du moins fe montre fenfible à la perte de ces malheureux princes, il n'en eft pas de même de fa barbare fille. Elle s'applaudit des fpectacles fanglans que fa beauté donne aux Chinois. Elle a tant de vanité, que le prince le plus aimable lui paroît non-feulement indigne d'elle, mais même fort infolent d'ofer élever fa penfée jufqu'à fa poffeffion, & elle regarde fon trépas comme un jufte châtiment de fa témérité.

Ce qu'il y a de plus déplorable encore, c'eft que le ciel permet fouvent que des princes viennent fe facrifier à cette inhumaine princeffe. Il n'y a pas long-tems qu'un prince qui fe flattoit d'avoir affez d'efprit pour répondre à fes queftions, a perdu la vie; & cette nuit il en doit périr un autre, qui pour fon malheur eft venu à la cour de la Chine dans la même efpérance.

LXIV. JOUR.

Calaf fut fort attentif au récit de la vieille. Je ne comprends pas, lui dit-il, après qu'elle eut achevé de parler, comment il se trouve des princes assez dépourvus de jugement pour aller demander la princesse de la Chine. Quel homme ne doit pas être effrayé de la condition sans laquelle on ne sauroit l'obtenir ? D'ailleurs, quoiqu'en puissent dire les peintres qui en ont fait le portrait, quoiqu'ils assurent que leur ouvrage n'est qu'une image imparfaite de sa beauté, je crois plutôt qu'ils lui ont prêté des charmes, & que leurs peintures sont flatteuses, puisqu'elles ont produit des effets si puissans. Enfin, je ne puis penser que Tourandocte soit aussi belle que vous le dites. Seigneur, répliqua la veuve, elle est encore plus charmante que je ne vous l'ai dit, & vous pouvez m'en croire, car je l'ai vue plusieurs fois en allant voir ma fille au sérail. Faites-vous, si vous voulez, une idée à plaisir, rassemblez dans votre imagination tout ce qui peut contribuer à composer une beauté parfaite, & soyez persuadé que vous ne sauriez vous représenter un objet qui approche de la princesse.

Le prince des Nogaïs ne pouvoit ajouter foi au

discours de son hôtesse, tant il le trouvoit hyperbolique : il en ressentoit pourtant, sans savoir pourquoi, un secret plaisir. Mais, ma mère, reprit il, les questions que propose la fille du roi, sont-elles si difficiles qu'on ne puisse y répondre d'une manière qui satisfasse les gens de loi qui en sont les juges ? Pour moi, je m'imagine que les princes qui n'en peuvent pénétrer le sens, sont tous de petits génies ou des ignorans. Non, non, repartit la vieille, il n'y a point d'énigme plus obscure que les questions de la princesse, & il est presque impossible d'y bien répondre.

Pendant qu'ils s'entretenoient ainsi de Tourandocte & de ses amans infortunés, le petit garçon qu'on avoit envoyé au marché, revint chargé de provisions. Calaf s'assit à une table que la veuve lui dressa, & mangea comme un homme qui mouroit de faim. Sur ces entrefaites la nuit arriva, & bientôt on entendit dans la ville les tymbales (a) de la justice. Le prince demanda ce que signifioit ce bruit ; c'est, lui dit la vieille, pour avertir le peuple qu'on va exécuter quelqu'un à mort, & le malheureux qui doit être immolé est ce prince que je vous ait dit qui devoit cette nuit perdre la vie, pour avoir mal répondu aux questions de la princesse. On a coutume de punir les

---

(a) Ce sont des tymbales qu'on bat lorsqu'on veut faire quelque triste exécution.

coupables pendant le jour, mais ceci est un cas particulier. Le roi, dans son cœur, déteste le supplice qu'il fait souffrir aux amans de sa fille, & il ne veut pas que le soleil soit témoin d'une action si cruelle. Le fils de Timurtasch eut envie de voir cette exécution, dont la cause lui paroissoit bien singulière; il sortit de la maison de son hôtesse, & rencontrant dans la rue une grande foule de Chinois que la même curiosité animoit, il se mêla parmi eux, & se rendit dans la cour du palais où se devoit passer une si tragique scène. Il vit au milieu un *Schebtcheraghe*, autrement une tour de bois fort élevée, dont le dehors, du haut jusqu'en bas, étoit couvert de branches de cyprès, parmi lesquelles il y avoit une prodigieuse quantité de lampes qui étoient fort bien arrangées, & qui répandoient une si grande lumière, que toute la cour en étoit éclairée. A quinze coudées de la tour s'élevoit un échafaud tout couvert de satin blanc (a), & autour duquel règnoient plusieurs pavillons de taffetas de la même couleur. Derrière ces tentes, deux mille soldats de la garde d'Altoun-Kan, l'épée nue & la hache à la main, formoient une double haie qui servoit de barrière au peuple. Calaf regardoit avec attention tout ce qui s'offroit à sa vue, lorsque tout-à-coup la triste

---

(a) Le blanc, chez les Chinois, est une marque de deuil.

cérémonie dont on voyoit l'appareil, commença par un bruit confus de tambours & de cloches, qui du haut de la tour se faisoient entendre de fort loin. En même-tems vingt mandarins, & autant de gens de loi, tous vêtus de longues robes de laine blanche, sortirent du palais, s'avancèrent vers l'échafaud; & après en avoir fait trois fois le tour, allèrent s'asseoir sous les pavillons.

Ensuite parut la victime, ornée de fleurs entrelassées de feuilles de cyprès, avec une banderolle bleue sur la tête, & non une banderolle rouge (a), comme les criminels que la justice a condamnés. C'étoit un jeune prince qui avoit à peine dix-huit ans; il étoit accompagné d'un mandarin qui le tenoit par la main, & suivi de l'exécuteur. Ils montèrent tous trois sur l'échafaud : aussi-tôt le bruit des tambours & des cloches cessa. Le mandarin alors adressa la parole au prince d'un ton de voix si haut, que la moitié du peuple l'entendit : prince, lui dit-il, n'est-il pas vrai qu'on vous a fait savoir la teneur de l'édit du roi, dès que vous vous êtes présenté pour demander la princesse en mariage ? N'est-il pas vrai encore, que le roi a fait tous ses efforts pour vous détourner de votre téméraire résolution ? Le prince ayant répondu qu'oui : Reconnoissez donc, reprit

_____
(a) Chez les Chinois, un criminel qu'on mène au supplice, a sur la tête une banderolle rouge.

le mandarin, que c'est votre faute, si vous perdez aujourd'hui la vie, & que le roi & la princesse ne sont pas coupables de votre mort. Je la leur pardonne, repartit le prince, je ne l'impute qu'à moi-même, & je prie le ciel de ne leur demander jamais compte du sang qu'on va répandre.

Il n'eut pas achevé ces paroles, que l'exécuteur lui abattit la tête d'un coup de sabre. L'air, à l'instant, retentit de nouveau du son des cloches & du bruit des tambours. Cependant douze mandarins vinrent prendre le corps, ils l'enfermèrent dans un cercueil d'ivoire & d'ébène, & le mirent dans une petite litière, que six d'entre eux portèrent sur leurs épaules dans les jardins du sérail, sous un dôme de marbre blanc, que le roi avoit fait bâtir exprès pour être le lieu de la sépulture de tous les malheureux princes qui devoient avoir le même sort. Il alloit souvent pleurer sur le tombeau de ceux qui y étoient; & il tâchoit, en honorant leurs cendres de ses larmes, d'expier en quelque façon la barbarie de sa fille.

LXV. JOUR.

D'ABORD que les mandarins eurent emporté le prince qui venoit de périr; le peuple & les gens de loi se retirèrent dans leurs maisons, en blâmant le roi d'avoir eu l'imprudence de consacrer la fureur par un serment qu'il ne pouvoit violer. Calaf demeura dans la cour du palais, occupé de mille pensées confuses; il s'apperçut qu'il y avoit auprès de lui un homme qui fondoit en pleurs; il jugea bien que c'étoit quelqu'un qui prenoit beaucoup de part à l'exécution qui venoit de se faire; & souhaitant d'en savoir davantage, il lui adressa la parole : Je suis touché, lui dit-il, de la vive douleur que vous faites paroître, & j'entre dans vos peines, car je ne doute pas que vous n'ayez connu particulièrement le prince qui vient de mourir. Ah! seigneur, lui répondit cet homme affligé, en redoublant ses larmes, je dois bien l'avoir connu, puisque j'étois son gouverneur. O malheureux roi de Samarcande, ajouta-t-il, quelle sera ton affliction, quand tu sauras l'étrange mort de ton fils! & quel homme osera t'en porter la nouvelle?

Calaf demanda de quelle manière le prince de Samarcande étoit devenu amoureux de la princesse de la Chine. Je vais vous l'apprendre, lui dit le gouverneur, & vous serez sans doute étonné du récit que j'ai à vous faire. Le prince de Samarcande, poursuivit-il, vivoit heureux à la cour de son père; les courtisans le regardant comme un prince qui devoit un jour être leur souverain, ne s'étudioient pas moins à lui plaire qu'au roi même. Il paſſoit ordinairement le jour à chaſſer, ou à jouer au mail, & la nuit il faiſoit ſecrètement venir dans ſon appartement la plus brillante jeuneſſe de la cour, avec laquelle il buvoit toutes ſortes de liqueurs. Il prenoit auſſi plaiſir quelquefois à voir danſer de belles eſclaves, & à entendre des voix & des inſtrumens. En un mot, tous les plaiſirs enchaînés l'un à l'autre, occupoient les momens de ſa vie.

Sur ces entrefaites, il arriva un fameux peintre à Samarcande, avec pluſieurs portraits de princeſſes, qu'il avoit faits dans les cours différentes par où il avoit paſſé. Il les vint montrer à mon prince, qui lui dit, en regardant les premiers qu'il lui préſenta : Voilà de fort belles peintures; je ſuis perſuadé que les originaux de ces portraits-là vous ont bien de l'obligation. Seigneur, répondit le peintre, je conviens que ces portraits ſont un peu flattés ; mais je vous dirai en même-tems que j'en ai un encore plus beau que ceux-là, & qui toutefois n'approche pas de ſon original. En parlant ainſi, il tira d'une petite caſſette où étoient ſes portaits, celui de la princeſſe de la Chine.

A peine mon maître l'eût-il entre ſes mains, que ne pouvant s'imaginer que la nature fût capable de produire une beauté ſi parfaite, s'écria qu'il n'y avoit point au monde de femme ſi charmante,

mante, & que le portrait de la princesse de la Chine devoit être encore plus flatté que les autres. Le peintre protesta qu'il ne l'étoit point, & assura que jamais aucun pinceau ne pourroit rendre la grâce & l'agrément qu'il y avoit dans le visage de la princesse Tourandocte. Sur cette assurance, mon maître acheta le portrait, qui fit sur lui une si vive impression, qu'abandonnant un jour la cour de son père, il sortit de Samarcande accompagné de moi seul; &, sans me dire son dessein, prit la route de la Chine, & vint dans cette ville. Il se proposoit de servir quelque-tems Altoun-Kan contre ses ennemis, & de lui demander ensuite la princesse en mariage; mais nous apprîmes en arrivant la rigueur de l'édit; &, ce qu'il y a de plus étrange, c'est que mon prince, au lieu d'être vivement affligé de cette nouvelle, en conçut de la joie : Je vais, me dit-il, me présenter pour répondre aux questions de Tourandocte. Je ne manque pas d'esprit : j'obtiendrai cette princesse.

Il n'est pas besoin de vous dire le reste, seigneur, continua le gouverneur en sanglottant; vous jugez bien par le triste spectacle que vous venez de voir, que le déplorable prince de Samarcande n'a pu répondre, comme il l'espéroit, aux fatales questions de cette barbare beauté, qui se plaît à répandre du sang, & qui a déjà coûté la vie à plusieurs fils de rois. Il m'a donné tantôt le portrait de cette cruelle princesse, quand il a vu qu'il falloit se préparer à la mort. Je te confie, m'a-t-il dit, cette rare peinture; conserve bien ce précieux dépôt: tu n'as qu'à le montrer à mon père, en lui apprenant ma destinée, & je ne doute pas qu'en voyant une si charmante image, il ne me pardonne ma témérité : mais, ajouta le gouverneur, qu'un autre, s'il veut, aille porter au roi son père une si triste nouvelle; pour moi, possédé de mon affliction, je vais loin d'ici & de Samarcande, pleurer une tête si chère. Voilà ce que vous souhaitiez d'apprendre, & voici ce dangereux portrait, poursuivit-il, en le tirant de dessous sa robe, & le jetant à terre avec indignation ; voici la cause du malheur de mon prince. O détestable peinture ! pourquoi mon maître, quand tu es tombée entre ses mains, n'avoit-il pas mes yeux ? O princesse inhumaine ! puissent tous les princes de la terre avoir pour toi les sentimens que tu m'inspires ! au-lieu d'être l'objet de leur amour, tu leur ferois horreur. A ces mots, le gouverneur du prince de Samarcande se retira plein de colère, en regardant le palais d'un œil furieux, & sans parler davantage au fils de Timurtasch, qui ramassa promptement le portrait de Tourandocte, & voulut se retirer dans la maison de sa vieille; mais il s'égara dans l'obscurité,

& infenfiblement il fe trouva hors de la ville. Il attendit impatiemment le jour, pour contempler la beauté de la princeffe de la Chine : fi-tôt qu'il le vit paroître, & qu'il put contenter fa curiofité, il ouvrit la boîte qui renfermoit le portrait.

Il héfita pourtant avant que de le regarder. Que vais-je faire, s'écria-t-il ! dois-je préfenter à mes yeux un objet fi dangereux ? fonge, Calaf, fonge aux funeftes effets qu'il a caufés; as-tu déjà oublié ce que le gouverneur du prince de Samarcande vient de te dire ! ne regarde point cette peinture ; réfifte au mouvement qui t'entraîne, pendant qu'il n'eft encore qu'un défir curieux. Tandis que tu jouis de ta raifon, tu peux prévenir ta perte.... Mais que dis-je prévenir, ajouta-t-il en fe reprenant ? quel faux raifonnement m'infpire une timide prudence ? fi je dois aimer la princeffe, mon amour n'eft-il pas déjà écrit au ciel en caractères ineffaçables ? d'ailleurs, je crois qu'on peut voir impunément le plus beau portrait ; il faut être bien foible pour fe troubler à la vue d'un vain mêlange de couleurs. Ne craignons rien ; confidérons de fang-froid ces traits vainqueurs & affaffins : j'y veux même trouver des défauts, & goûter le plaifir nouveau de cenfurer les charmes de cette princeffe trop fuperbe ; & je fouhaiterois, pour mortifier fa vanité, qu'elle apprît que j'ai fans émotion envifagé fon image.

LXVI. JOUR.

LE fils de Timurtasch se promettoit bien de voir d'un œil indifférent le portrait de Tourandocte; il le regarde, il l'examine, il admire le tout du visage, la régularité des traits, la vivacité des yeux, la bouche, le nez; tout lui paroît parfait: il s'étonne d'un si rare assemblage; &, quoiqu'en garde contre ce qu'il voit, il s'en laisse charmer. Un trouble inconcevable l'agite malgré lui; il ne se connoît plus: quel feu, dit-il, vient tout-à-coup m'animer? quel désordre ce portrait met-il dans mes sens? juste ciel! est-ce le sort de tous ceux qui regardent cette peinture, d'aimer l'inhumaine princesse qu'elle représente? Hélas! je ne sens que trop qu'elle fait sur moi la même impression qu'elle a faite sur le malheureux prince de Samarcande; je me rends aux traits qui l'ont blessé; &, loin d'être effrayé de sa pitoyable histoire, peu s'en faut que je n'envie son malheur même! Quel changement, grand dieu! je ne concevois pas tout-à-l'heure comment on pouvoit être assez insensé pour mépriser la rigueur de l'édit, & dans ce moment je ne vois plus rien qui m'épouvante; tout le péril est disparu.

Non, princesse incomparable, poursuivit-il en

regardant le portrait d'un air tendre, aucun obstacle ne m'arrête; je vous aime malgré votre barbarie; & puisqu'il m'est permis d'aspirer à votre possession, je veux dès aujourd'hui tâcher de vous obtenir : si je péris dans un si beau dessein, je ne sentirai en mourant que la douleur de ne pouvoir vous posséder.

Calaf ayant pris la résolution de demander la princesse, retourna chez sa vieille veuve, dont il n'eut pas peu de peine à trouver la maison; car il s'en étoit assez éloigné pendant la nuit. Ah! mon fils, lui dit l'hôtesse, si-tôt qu'elle l'apperçut, je suis ravie de vous revoir! j'étois fort en peine de vous; je craignois qu'il ne vous fût arrivé quelque fâcheux accident. Pourquoi n'êtes-vous pas revenu plutôt? Ma bonne mère, lui répondit-il, je suis fâché de vous avoir causé de l'inquiétude, mais je me suis égaré dans l'obscurité. Ensuite il lui conta comment il avoit rencontré le gouverneur du prince qu'on avoit fait mourir, & il ne manqua pas de répéter tout ce que ce gouverneur lui avoit dit. Puis montrant le portrait de Tourandocte : Voyez, dit-il, si cette peinture n'est qu'une image imparfaite de la princesse de la Chine; pour moi, je ne puis m'imaginer qu'elle n'égale pas la beauté de l'original.

Par l'ame du prophète Jacmouny, s'écria la vieille après avoir examiné le portrait, la princesse est mille fois plus belle & plus charmante encore qu'elle n'est ici représentée. Je voudrois que vous l'eussiez vue, vous seriez persuadé, comme moi, que tous les peintres du monde qui entreprendront de la peindre au naturel, n'y pourront réussir ; je n'en excepte pas même le fameux Many. Vous me faites un plaisir extrême, reprit le prince Nogaïs, de m'assurer que la beauté de Tourandocte est au-dessus de tous les efforts de la peinture. Que cette assurance me flatte ! elle m'affermit dans mon dessein, & m'excite à tenter promptement une si belle aventure. Que ne suis-je déjà devant la princesse ! je brûle d'impatience d'éprouver si je ferai plus heureux que le prince de Samarcande.

Que dites-vous, mon fils, répliqua la veuve ! quelle entreprise osez-vous former, & songez-vous en effet à l'exécuter ? Oui, ma bonne mère, repartit Calaf, je prétends aujourd'hui me présenter pour répondre aux questions de la princesse ; je ne suis venu à la Chine que pour offrir mon bras au grand roi Altoun-Kan ; mais il vaut mieux être son gendre, qu'un officier de ses armées.

A ces paroles, la vieille se prit à pleurer. Ah ! Seigneur, dit elle, au nom de dieu, ne persistez pas dans une résolution si téméraire : vous périrez sans doute, si vous êtes assez hardi pour aller demander la princesse ; au-lieu d'être charmé de sa beauté, détestez-la plutôt, puisqu'elle est la cause de tant d'évènemens tragiques; représentez-vous quelle sera la douleur de vos parens, lorsqu'ils recevront la nouvelle de votre mort; soyez touché des déplaisirs mortels où vous les allez plonger. De grâce, ma mère, interrompit le fils de Timurtasch, cessez de me présenter des images si capables de m'attendrir; je n'ignore pas que si j'achève aujourd'hui ma destinée, ce sera pour les auteurs de ma naissance une source inépuisable de larmes; peut-être même (car je connois leur tendresse pour moi) ne pourront-ils apprendre mon trépas, sans se laisser mourir de douleur : quelque reconnoissance pourtant que leurs sentimens me doivent inspirer, & qu'ils m'inspirent en effet, il faut que je cède à l'ardeur qui me domine; mais que dis-je, n'est-ce pas aussi pour les rendre plus heureux que je veux exposer ma vie ? oui, sans doute, leur intérêt s'accorde avec le desir qui me presse; & si mon père étoit ici, bien loin de s'opposer à mon dessein, il m'exciteroit à l'exécuter promptement. C'est donc une chose résolue : ne perdez point de tems à me vouloir persuader; car rien ne sauroit m'ébranler.

Lorsque la vieille vit que son jeune hôte n'écoutoit point ses conseils, son affliction en redoubla : C'en est donc fait, seigneur, reprit-elle, on ne peut vous empêcher de courir à votre perte;

pourquoi faut-il que vous soyez venu loger dans ma maison ? pourquoi vous ai-je parlé de Tourandocte ? vous en êtes devenu amoureux sur le portrait que je vous en ai fait, malheureuse que je suis ! c'est moi qui vous ai perdu : pourquoi faut-il que j'aie votre mort à me reprocher ? Non, ma bonne mère, interrompit une seconde fois le prince Nogaïs, ce n'est pas vous qui faites mon malheur ; ne vous imputez point l'amour que j'ai pour la princesse ; je devois l'aimer, & je remplis mon sort ; d'ailleurs, qui vous a dit que je répondrai mal à ses questions ? je ne suis ni sans étude, ni sans esprit, & le ciel peut-être m'a réservé l'honneur de délivrer le roi de la Chine des chagrins que lui cause un affreux ferment. Mais, ajouta-t-il en tirant la bourse que le kan de Berlas lui avoit donnée, & dans laquelle il y avoit encore une assez grande quantité de pièces d'or; comme cela, je l'avoue, est incertain, & qu'il peut arriver que je meure, je vous fais présent de cette bourse pour vous consoler de mon trépas ; vous pourrez même vendre aussi mon cheval, & en garder l'argent ; car je n'en aurai pas besoin, soit que la fille d'Altoun-Kan devienne le prix de mon audace, soit que mon trépas en doive être le triste salaire

LXVII. JOUR.

LA veuve prit la bourse de Calaf, en disant: ô mon fils! vous vous trompez fort, si vous vous imaginez que ces pièces d'or me consolent de votre perte; je vais les employer en bonnes œuvres, en distribuer une partie dans les hôpitaux aux pauvres qui souffrent patiemment leur misère, & dont par conséquent les prières sont si agréables à Dieu; je donnerai le reste aux ministres de notre religion, afin que tous ensemble ils prient le ciel de vous inspirer, & de ne pas permettre que vous vous exposiez à périr : toute la grâce que je vous demande, c'est de ne point aller aujourd'hui vous présenter pour répondre aux questions de Tourandocte; attendez jusqu'à demain, le terme n'est pas long; laissez-moi ce tems-là pour faire agir de bonnes ames, & mettre Jacmouny dans vos intérêts, après cela vous ferez tout ce qu'il vous plaira ; accordez-moi, je vous prie, cette satisfaction; j'ose dire que vous la devez à une personne qui a déjà conçu pour vous tant d'amitié, qu'elle seroit inconsolable si vous périssiez.

Effectivement, Calaf avoit un air qui prévenoit d'abord en sa faveur ; outre que c'étoit un des plus beaux princes du monde, & des mieux faits, il avoit des manières aisées & si agréables, qu'on ne pouvoit le voir sans l'aimer. Il fut touché de la douleur & de l'affection que cette bonne vieille faisoit paroître : hé bien, ma mère, lui dit-il, j'aurai pour vous la complaisance que vous exigez de moi ; je n'irai point aujourd'hui demander la princesse ; mais pour vous dire ce que je pense, je ne crois pas que votre prophète Jacmouny puisse me faire changer de résolution.

Il ne sortit point de toute la journée de la maison de la veuve, qui ne manqua pas d'aller dans les hôpitaux distribuer des aumônes, & d'acheter à beaux deniers comptans l'intercession des bonzes (*a*) auprès de Berginghuzin : elle fit aussi sacrifier aux idoles des poules & des poissons ; les génies ne furent pas non plus oubliés ; on leur offrit en sacrifice du ris & des légumes dans les lieux consacrés à cette cérémonie ; mais toutes les prières des bonzes & des ministres des idoles, quoique bien payées, ne produisirent pas l'effet que la bonne hôtesse de Calaf en avoit attendu ; car le lendemain matin, ce prince parut plus déterminé que jamais à demander Tourandocte : adieu, ma bonne mère, dit-il à la veuve, je suis fâché que vous vous soyez donné

(*a*) Ce sont des Prêtres.

hier tant de peine pour moi ; vous pouviez vous les épargner ; car je vous avois assuré que je ne serois pas aujourd'hui dans d'autres sentimens. A ces mots, il quitta la vieille, qui se sentant saisir de la plus vive douleur, se couvrit le visage de son voile, & demeura, la tête sur ses genoux, dans un accablement qu'on ne sauroit exprimer.

Le jeune prince des Nogaïs, parfumé d'essence, & plus beau que la lune, se rendit au palais : il vit à la porte cinq éléphans liés, & des deux côtés étoient en haie deux mille soldats, le casque en tête, armés de boucliers, & couverts de plaques de fer. Un des principaux officiers qui les commandoit, jugeant à l'air de Calaf, qu'il étoit étranger, l'arrêta, & lui demanda quelle affaire il avoit au palais ? Je suis un prince étranger, lui répondit le fils de Timurtasch, je viens me présenter au roi pour le prier de m'accorder la permission de répondre aux questions de la princesse sa fille. L'officier, à ces paroles, le regardant avec étonnement, lui dit : prince, savez-vous bien que vous venez ici chercher la mort ? vous auriez mieux fait de demeurer dans votre pays, que de former le dessein qui vous amène ; retournez sur vos pas, & ne vous flattez point de la trompeuse espérance que vous obtiendrez la barbare Tourandocte. Quand vous feriez plus habile qu'un mandarin (*a*) de la science, vous ne percerez jamais le sens de ses paroles ambigues. Je vous rends grâces de votre conseil, repartit Calaf, mais je ne suis pas venu jusqu'ici pour reculer : allez donc à la mort, répliqua l'officier d'un air chagrin, puisqu'il n'est pas possible de vous en empêcher. En même-tems il le laissa entrer dans le palais, & ensuite se tournant vers quelques autres officiers qui avoient entendu leur conversation : Que ce jeune prince, leur dit-il, est beau & bien fait ! c'est dommage qu'il meure si-tôt.

Cependant Calaf traversa plusieurs salles, & enfin se trouva dans celle où le roi avoit coutume de donner audience à ses peuples : il y avoit dedans un trône d'acier du Catay, fait en forme de dragon, & haut de trois coudées ; quatre colonnes de la même matière, & fort élevées, soutenoient au-dessus un vaste dais de satin jaune, garni de pierreries. Altoun-Kan, revêtu d'un caftan de brocard d'or à fond rouge, étoit assis sur son trône avec un air de gravité que soutenoit merveilleusement un bouquet de poils fort longs, & partagé en trois boucles qu'il avoit au milieu de la barbe. Ce monarque, après avoir

---

(*a*) Il y a dans chaque ville de la Chine deux *Hioquon*, c'est-à-dire, Mandarins de la science, qui ont droit d'examiner les gens qui se présentent pour prendre des degrés.

écouté quelques-uns de ses sujets, jeta par hasard les yeux sur le prince Nogaïs qui étoit dans la foule; comme il lui sembla que c'étoit un étranger, & qu'il vit bien à son air noble, ainsi qu'à ses habits magnifiques, que ce n'étoit pas un homme du commun, il appela un de ses mandarins, il lui montra du doigt Calaf, & lui donna ordre tout bas de s'informer de sa qualité, & du sujet qui l'avoit fait venir à sa cour.

Le mandarin s'approcha du fils de Timurtasch, & lui dit que le roi souhaitoit de savoir qui il étoit, & s'il avoit quelque chose à lui demander? vous pouvez dire au roi votre maître, répondit le jeune prince, que je suis fils unique d'un souverain, & que je viens tâcher de mériter l'honneur d'être son gendre.

LXVIII. JOUR.

Altoun-Kan ne fut pas plutôt la réponse du prince des Nogaïs, qu'il changea de couleur; son auguste visage se couvrit d'une pâleur semblable à celle de la mort: il cessa de donner audience; il renvoya tout le peuple; ensuite il descendit de son trône, & s'approcha de Calaf: jeune téméraire, lui dit-il, savez-vous la rigueur de mon édit, & le malheureux destin de tous ceux qui jusqu'ici se sont obstinés à vouloir obtenir la princesse ma fille? Oui, seigneur, répondit le fils de Timurtasch, je connois tout le danger que je cours; mes yeux même ont été témoins du juste & dernier supplice que votre majesté a fait souffrir au prince de Samarcande; mais la fin déplorable de ces audacieux qui se sont vainement flattés de la douce espérance de posséder la princesse Tourandocte, ne fait qu'irriter l'envie que j'ai de la mériter.

Quelle fureur, repartit le roi: à peine un prince a-t-il perdu la vie, qu'il s'en présente un autre pour avoir le même sort; il semble qu'ils prennent plaisir à s'immoler: quel aveuglement! rentrez en vous-même, prince, & soyez moins prodigue de votre sang. Vous m'inspirez plus de pitié que tous ceux qui sont déjà venus chercher ici la mort; je me sens naître de l'inclination pour vous, & je veux faire tout mon possible pour vous empêcher de périr. Retournez dans les états de votre père, & ne lui donnez pas le déplaisir d'apprendre par la renommée, qu'il ne reverra plus son fils unique.

Seigneur, repartit Calaf, il m'est bien doux d'entendre de la bouche même de votre majesté, que j'ai le bonheur de lui plaire; j'en tire un heureux présage: peut-être que, touché des malheurs que cause la beauté de la princesse, le ciel veut se servir de moi pour en arrêter le cours, & assurer en même-tems le repos de votre vie, que trouble la nécessité d'autoriser des actions si cruelles. Savez-vous, en effet, si je répondrai mal aux questions qu'on me fera ? quelle certitude avez-vous que je périrai ? si d'autres n'ont pu démêler le sens des paroles obscures de Tourandocte, est-ce à dire pour cela que je ne pourrai le pénétrer ? Non, seigneur, leur exemple ne sauroit me faire renoncer à l'honneur éclatant de vous avoir pour beau-père. Ah ! prince infortuné, répliqua le roi, en s'attendrissant, vous voulez cesser de vivre ! les amans qui se sont présentés avant vous, pour répondre aux funestes questions de ma fille, tenoient le même langage; ils espéroient tous qu'ils en perceroient le sens, & ils n'ont pu en venir à bout : hélas! vous serez aussi la dupe de votre confiance; encore une fois, mon fils, poursuivit-il, laissez-vous persuader, je vous aime & veux vous sauver; ne rendez pas ma bonne intention inutile par votre opiniâtreté; quelque esprit que vous vous sentiez, défiez-vous en : vous êtes dans l'erreur, de vous imaginer que vous pourrez répondre sur le champ à ce que la princesse vous proposera; cependant vous n'aurez pas un demi-quart d'heure pour y rêver, c'est la règle. Si dans le moment vous ne faites pas une réponse juste, & qui soit approuvée de tous les docteurs qui en feront les juges, aussi-tôt vous serez déclaré digne de mort, & vous serez conduit au supplice la nuit suivante : ainsi, prince, retirez-vous ; passez le reste de la journée à songer au parti que vous avez à prendre ; consultez des personnes sages ; faites vos réflexions, & demain vous viendrez m'apprendre ce que vous aurez résolu.

En achevant ces paroles, il quitta Calaf, qui sortit du palais fort mortifié de ce qu'il falloit attendre au lendemain, car il n'étoit nullement frappé de ce que le roi venoit de lui représenter, & il revint chez son hôtesse sans faire la moindre attention à l'affreux péril auquel il vouloit s'exposer. Dès qu'il parut devant la vieille, & qu'il lui eut conté ce qui s'étoit passé au palais, elle recommença à le haranguer, & à mettre encore tout en usage pour le détourner de son entreprise; mais elle ne recueillit point d'autre fruit de ses nouveaux efforts, que de s'appercevoir qu'ils enflammoient son jeune hôte, & le rendoient encore plus ferme dans sa résolution. En effet, il retourna le jour suivant au palais, & se fit annoncer au roi, qui le reçut dans son cabinet, ne voulant pas que personne fût témoin de leur conversation.

Hé bien, prince, lui dit Altoün-Kan, votre
vue

vue doit-elle aujourd'hui me réjouir ou m'affliger? dans quels sentimens êtes-vous? Seigneur, répondit Calaf, j'ai toujours l'esprit dans la même disposition; quand j'eus l'honneur de me présenter hier devant votre majesté, j'avois déjà fait toutes mes réflexions; je suis déterminé à souffrir le même supplice que mes rivaux, si le ciel n'a pas autrement ordonné de mon sort. A ce discours le roi se frappa la poitrine, déchira son collet, & s'arracha quelques poils de la barbe.

Que je suis malheureux, s'écria-t-il, d'avoir conçu tant d'amitié pour celui-ci! la mort des autres ne m'a point fait tant de peine. Ah! mon fils, continua-t-il en embrassant le prince Nogaïs avec un attendrissement qui lui causa quelque émotion, rends-toi à ma douleur, si mes raisons ne sont pas capables de t'ébranler. Je sens que le coup qui t'ôtera la vie, frappera mon cœur d'une atteinte mortelle; renonce, je t'en conjure, à la possession de ma cruelle fille; tu trouveras dans le monde assez d'autres princesses que tu pourras posséder : pourquoi t'obstiner à la poursuite d'une inhumaine que tu ne saurois obtenir? demeure, si tu veux, dans ma cour, tu y tiendras le premier rang après moi; tu auras de belles esclaves; les plaisirs te suivront par-tout; en un mot, je te regarderai comme mon propre fils.

Désiste-toi donc de la poursuite de Tourandocte; que j'aie du moins la satisfaction d'enlever une victime à cette sanguinaire princesse.

LXIX. JOUR.

LE fils de Timurtasch étoit très-sensible à l'amitié que le roi de la Chine lui témoignoit; mais il lui répondit : Seigneur, laissez-moi, de grâce, m'exposer au péril dont vous voulez me détourner. Plus il est grand, & plus il a de quoi me tenter. Je vous avouerai même que la cruauté de la princesse flatte en secret mon amour. Je me fais un plaisir charmant de penser que je suis peut-être l'heureux mortel qui doit triompher de cette orgueilleuse. Au nom de dieu, poursuivit-il, que votre majesté cesse de combattre un dessein que ma gloire, mon repos & ma vie même veulent que j'exécute; car enfin je ne puis vivre si je n'obtiens Tourandocte.

Altoun-Kan voyant Calaf inébranlable dans sa résolution, en fut vivement affligé : Ah! jeune audacieux, lui dit-il, ta perte est assurée, puisque tu t'opiniâtres à demander ma fille. Le ciel m'est témoin que j'ai fait tout mon possible pour t'inspirer des sentimens raisonnables. Tu rejettes mes conseils, & aimes mieux périr que de les suivre. N'en parlons donc plus : tu recevras bientôt le prix de ta folle constance. Je consens que tu entreprennes de répondre aux questions de Tourandocte; mais il faut auparavant que je te fasse les honneurs que j'ai coutume de faire aux princes qui recherchent mon alliance. A ces mots, il appela le chef du premier corps de ses eunuques (a); il lui ordonna de mener Calaf dans le palais (b) du prince, & de lui donner deux cents eunuques pour le servir.

A peine le prince Nogaïs fut-il dans le palais où on l'avoit conduit, que les principaux mandarins vinrent le saluer, c'est-à-dire, qu'ils se mirent à genoux, & qu'ils baisèrent la tête jusqu'à terre, en lui disant l'un après l'autre : Prince, *le serviteur perpétuel de votre illustre race, vient en cette qualité vous faire la révérence*. Ensuite ils lui firent des présens & se retirèrent.

Cependant le roi qui se sentoit beaucoup d'amitié pour le fils de Timurtasch, & qui en avoit compassion, envoya chercher le professeur le plus habile, ou du moins le plus fameux de son collége royal, & lui dit : Docteur, il y a dans ma

---

(a) Les eunuques des rois de la Chine sont ordinairement au nombre de douze mille, plus ou moins, & partagés en divers corps.

(b) Dans l'enceinte du palais du roi il y en a plusieurs autres qui sont séparés, un pour le prince, un pour le petit-fils, un autre pour la reine, un autre pour les princesses, & d'autres pour les concubines.

cour un nouveau prince qui demande ma fille. Je n'ai rien épargné pour le rebuter; mais je n'en ai pu venir à bout. Je voudrois que par ton éloquence tu lui fisses entendre raison : c'est pour cela que je te mande ici. Le docteur obéit; il alla voir Calaf, & eut avec lui une fort longue conversation; ensuite il revint trouver Altoun-Kan, & lui dit : Seigneur, il est impossible de persuader ce jeune prince, il veut absolument mériter la princesse ou mourir. Quand j'ai connu que c'étoit une erreur de prétendre vaincre sa fermeté, j'ai eu la curiosité de voir si son obstination n'avoit point d'autre fondement que son amour; je l'ai interrogé sur plusieurs matières différentes, & je l'ai trouvé si savant que j'en ai été surpris. Il est musulman, & il me paroît parfaitement instruit de tout ce qui regarde sa religion. Enfin, pour dire à votre majesté ce que j'en pense, je crois que si quelque prince est capable de bien répondre aux questions de la princesse, c'est celui-là.

O docteur! s'écria le roi, tu me ravis par ce discours; plaise au ciel que ce prince devienne mon gendre! Dès qu'il a paru devant moi, je me suis senti de l'affection pour lui; puisse-t-il être plus heureux que les autres qui sont venus périr dans cette ville. Le bon roi Altoun-Kan ne se contenta pas de faire des vœux pour Calaf, il tâcha de lui rendre propices les esprits qui président au ciel, au soleil & à la lune. Pour cet effet, il ordonna des prières publiques, & l'on fit dans les temples des sacrifices solemnels. On immola par son ordre un bœuf au ciel, une chèvre au soleil, & un pourceau à la lune. De plus, il fit publier dans Pekin que les confréries (a) du mois eussent à faire un festin dans l'intention que le prince qui se présentoit pour demander la princesse, eût le bonheur de l'obtenir.

Après les prières & les sacrifices, le monarque Chinois envoya son colao (b) au prince des Nogaïs, pour l'avertir de se tenir prêt à répondre le lendemain aux questions de la princesse, & lui dire qu'on ne manqueroit pas de l'aller chercher pour le conduire au divan, & que les personnes qui devoient composer l'assemblée, avoient déjà reçu ordre de s'y rendre.

LXX. JOUR.

QUELQUE déterminé que fût Calaf à éprouver l'aventure, il ne passa pas la nuit sans inquiétude. Si tantôt il osoit se fier à son génie, & se pro-

---

(a) Ce sont des confréries d'artisans, appelées ainsi, à cause qu'il y a dans chacune trente confrères, qui chaque jour régalent l'un après l'autre la confrérie.

(b) Colao, c'est le chancelier.

mettre un heureux succès, tantôt perdant cette confiance, il se représentoit la honte qu'il auroit, si ses réponses ne plaisoient pas au divan. Il pensoit aussi quelquefois à Elmaze & à Timurtasch : hélas! disoit-il, si je meurs, que deviendront mon père & ma mère?

Le jour le surprit dans cette confusion de sentimens. Aussi-tôt il entendit le son de plusieurs cloches avec un grand bruit de tambours. Il jugea que c'étoit pour appeler au conseil tous ceux qui devoient s'y trouver. Alors élevant sa pensée à Mahomet : O grand prophète, lui dit-il, vous voyez l'état où je suis; inspirez-moi : Faut-il que je me rende au divan, ou que j'aille dire au roi que le péril m'épouvante? Il n'eut pas prononcé ces paroles, qu'il sentit évanouir toutes ses craintes, & renaître son audace; il se leva, & se revêtit d'un caftan & d'un manteau d'une étoffe de soie rouge à fleurs d'or qu'Altoun-Kan lui envoya, avec des bas & des souliers de soie bleue.

Comme il achevoit de s'habiller, six mandarins bottés & vêtus de robes fort larges & de couleur cramoisie, entrèrent dans son appartement; & après l'avoir salué de la même manière que ceux du jour précédent, ils lui dirent qu'ils venoient de la part du roi le prendre pour le mener au divan. Il se laissa conduire; ils traversèrent une cour en marchant au milieu d'une double haie de soldats; & quand ils furent arrivés dans la première salle du conseil, ils y trouvèrent plus de mille chanteurs & joueurs d'instrumens, qui chantant & jouant tous ensemble de concert, faisoient un bruit étonnant. De-là ils s'avancèrent dans la salle où se tenoit le conseil, & qui communiquoit au palais intérieur.

Déjà toutes les personnes qui devoient assister à cette assemblée, étoient assises sous des pavillons de diverses couleurs qui règnoient autour de la salle. Les mandarins les plus considérables paroissoient d'un côté, le colao avec les professeurs du collége royal étoient de l'autre, & plusieurs docteurs dont on connoissoit la capacité, occupoient les autres places. Il y avoit au milieu deux trônes d'or posés sur deux sièges triangulaires. D'abord que le prince Nogaïs parut, la noble & docte assistance le salua avec toutes les marques d'un grand respect, mais sans lui dire une parole, parce que tout le monde étant dans l'attente de l'arrivée du roi, gardoit un profond silence.

Le soleil étoit sur le point de se lever. Dès qu'on vit briller les premiers rayons de ce bel astre, deux eunuques ouvrirent des deux côtés les rideaux de la porte du palais intérieur, & aussitôt le roi sortit accompagné de la princesse Tourandocte, qui portoit une longue robe de soie tissue d'or, & un voile de la même étoffe qui lui couvroit le visage. Ils montèrent tous deux à leurs trônes par cinq dégrés d'argent. Lorsqu'ils eurent pris leurs places, deux jeunes filles parfaitement belles, parurent l'une au côté du roi, & l'autre au côté de la princesse. C'étoient des esclaves du sérail d'Altoun-Kan. Elles avoient le visage & la gorge découverte, de grosses perles aux oreilles, & elles se tenoient debout avec une plume & du papier, prêtes à écrire ce que le roi leur ordonneroit. Pendant ce tems-là toutes les personnes de l'assemblée qui s'étoient levées à la vue d'Altoun-Kan, demeurèrent debout avec beaucoup de gravité & les yeux à demi fermés. Calaf seul promenoit par-tout ses regards, ou plutôt il ne regardoit que la princesse, dont il admiroit le port majestueux.

Quand le puissant monarque de la Chine eut ordonné aux mandarins & aux docteurs de s'asseoir, un des six seigneurs qui avoient conduit Calaf, & qui étoit debout avec lui à quinze coudées des deux trônes, s'agenouilla, & lut un mémoire qui contenoit la demande que ce prince étranger faisoit de la princesse Tourandocte. Ensuite il se releva, & dit à Calaf de faire trois révérences au roi. Le prince des Nogaïs s'en acquitta de si bonne grâce, qu'Altoun-Kan ne put s'empêcher de lui sourire, pour lui témoigner qu'il le voyoit avec plaisir.

Alors le colao se leva de sa place, & lut à haute voix l'édit funeste qui condamnoit à mort tous les amans téméraires qui répondroient mal aux questions de Tourandocte. Puis adressant la parole à Calaf : Prince, lui dit-il, vous venez d'entendre à quelle condition on peut obtenir la princesse ; si l'image du péril présent fait quelque impression sur votre ame, il vous est encore permis de vous retirer. Non, non, dit le prince Nogaïs, le prix qu'il s'agit de remporter est trop beau, pour avoir la lâcheté d'y renoncer.

LXXI. JOUR.

Le roi voyant Calaf disposé à répondre aux questions de Tourandocte, se tourna vers cette princesse, & lui dit : Ma fille, c'est à vous de parler ; proposez à ce jeune prince les questions que vous avez préparées ; & plaise à tous les esprits à qui l'on fit hier des sacrifices, qu'il pénètre le sens de vos paroles. Tourandocte, à ces mots, dit : Je prends à témoin le prophète Jacmouny, que je ne vois qu'à regret mourir tant de princes ; mais pourquoi s'obstinent-ils à vouloir que je sois à eux ? que ne me laissent-ils vivre tranquillement dans mon palais, sans venir attenter à ma liberté ? Sachez donc, jeune audacieux, ajouta-t-elle, en s'adreſſant à Calaf, que vous n'aurez point de reproche à me faire, lorſqu'à l'exemple de vos rivaux, il vous faudra ſouffrir une mort cruelle; vous êtes vous ſeul la cauſe de votre perte, puiſque je ne vous oblige point à venir demander ma main.

Belle princeſſe, répondit le prince des Nogaïs, je ſais tout ce qu'on me peut dire là-deſſus; faites-moi, s'il vous plaît, vos queſtions, & je vais tâcher d'en démêler le ſens : Hé bien, reprit Tourandocte, dites-moi *quelle eſt la créature qui eſt de tout pays, amie de tout le monde, & qui ne ſauroit ſouffrir ſon ſemblable?* Madame, répondit Calaf, c'eſt le *ſoleil :* il a raiſon, s'écrièrent tous les docteurs, c'eſt le ſoleil. *Quelle eſt la mère,* reprit la princeſſe, *qui après avoir mis au monde ſes enfans, les dévore tous lorſqu'ils ſont devenus grands?* C'eſt la *mer*, répondit le prince des Nogaïs, parce que les fleuves qui vont ſe décharger dans la mer, tirent d'elle leur ſource.

Tourandocte voyant que le jeune prince répondoit juſte à ſes queſtions, en fut ſi piquée, qu'elle réſolut de ne rien épargner pour le perdre. *Quel eſt l'abre,* lui dit-elle, *dont toutes les feuilles ſont blanches d'un côté & noires de l'autre?* Elle ne ſe contenta pas de propoſer cette queſtion; la maligne princeſſe, pour éblouir Calaf & l'étourdir, leva ſon voile en même-tems, & laiſſa voir à l'assemblée toute la beauté de son visage, auquel le dépit & la honte ajoutoient de nouveaux charmes. Sa tête étoit parée de fleurs naturelles, placées avec un art infini, & ses yeux paroissoient plus brillans que les étoiles. Elle étoit aussi belle que le soleil quand il se montre dans tout son éclat à l'ouverture d'un nuage épais. L'amoureux fils de Timurtasch, à la vue de cette incomparable princesse, au-lieu de répondre à la question proposée, demeura muet & immobile : aussi-tôt tout le divan qui s'intéressoit pour lui, fut saisi d'une frayeur mortelle ; le roi même en pâlit, & crut que c'étoit fait de ce jeune prince.

Mais Calaf, revenu de la surprise que lui avoit causée tout-à-coup la beauté de Tourandocte, rassura bientôt l'assemblée en reprenant ainsi la parole : charmante princesse, je vous prie de me pardonner, si j'ai demeuré quelques momens interdit, j'ai cru voir un de ces objets célestes qui font le plus bel ornement du séjour qui est promis aux fidèles après leur mort ; je n'ai pu voir tant d'attraits sans en être troublé : ayez la bonté de répéter la question que vous m'avez faite ; car je ne m'en souviens plus ; vous m'avez fait tout oublier. Je vous ai demandé, dit Tourandocte, *quel est l'arbre dont toutes les feuilles sont blanches d'un côté & noires de l'autre ?* Cét arbre, répondit Calaf, représente *l'année, qui est composée de jours & de nuits.*

Cette réponse fut encore applaudie dans le divan; les mandarins & les docteurs dirent qu'elle étoit juste, & donnèrent mille louanges au jeune prince. Alors Altoun-Kan dit à Tourandocte : allons, ma fille, confesse-toi vaincue, & consens d'épouser ton vainqueur : les autres n'ont pu seulement répondre à une de tes questions ; & celui-ci, comme tu vois, les explique toutes. Il n'a pas encore remporté la victoire, répondit la princesse en remettant son voile pour cacher sa confusion & les pleurs qu'elle ne pouvoit s'empêcher de répandre, j'ai d'autres questions à lui faire ? mais je les lui proposerai demain : oh, pour cela non, repartit le roi, je ne permettrai point que vous lui fassiez des questions à l'infini ; tout ce que je puis souffrir, c'est que vous lui en proposiez encore une tout-à-l'heure. La princesse s'en défendit, en disant qu'elle n'avoit préparé que celles qui venoient d'être interprétées, & elle pria le roi son père de ne lui pas refuser la permission d'interroger le prince le jour suivant.

C'est ce que je ne veux pas vous accorder, s'écria le monarque de la Chine en colère; vous ne cherchez qu'à mettre l'esprit de ce jeune prince en défaut ; & moi je ne songe qu'à dégager l'affreux ferment que j'ai eu l'imprudence de faire : Ah ! cruelle, vous ne refpirez que le fang, & la mort de vos amans eft un doux fpectacle pour vous ! La reine votre mère, touchée des premiers malheurs que vous avez caufés, fe laiffa mourir de douleur d'avoir mis au monde une fille fi barbare ; & moi, vous ne l'ignorez pas, je fuis plongé dans une mélancolie que rien ne peut diffiper, depuis que je vois les fuites funeftes de la complaifance que j'ai eue pour vous ; mais grâces aux efprits qui préfident au ciel, au foleil & à la lune, & à qui mes facrifices ont été agréables, on ne fera plus dans mon palais de ces horribles exécutions qui rendent votre nom exécrable. Puifque ce prince a bien répondu à ce que vous lui avez propofé, je demande à toute cette affemblée, s'il n'eft pas jufte qu'il foit votre époux ? Les mandarins & les docteurs éclatèrent alors en murmures, & le colao prit la parole : Seigneur, dit-il au roi, votre majefté n'eft plus liée par le ferment qu'elle fit de faire exécuter fon rigoureux édit ; c'eft à la princeffe préfentement à y fatisfaire de fa part : elle promit fa main à celui qui répondroit jufte à fes queftions : un prince vient d'y répondre d'une manière qui a contenté tout le divan, il faut qu'elle tienne fa promeffe, ou il ne faut pas douter que les efprits qui veillent aux fupplices des parjures, ne la puniffent bientôt.

LXXII. JOUR.

Tourandocte pendant ce tems-là gardoit le silence; elle avoit la tête sur ses genoux, & paroissoit ensevelie dans une profonde affliction. Calaf s'en étant apperçu, se prosterna devant Altoun-Kan, & lui dit: Grand roi, dont la justice & la bonté rendent florissant le vaste empire de la Chine, je demande une grâce à votre majesté; je vois bien que la princesse est au désespoir que j'aie eu le bonheur de répondre à ses questions; elle aimeroit beaucoup mieux sans doute que j'eusse mérité la mort. Puisqu'elle a tant d'aversion pour les hommes, que, malgré la parole donnée, elle se refuse à moi, je veux bien renoncer aux droits que j'ai sur elle, à condition qu'à son tour elle répondra juste à une question que je vais lui proposer.

Toute l'assemblée fut assez surprise de ce discours. Ce jeune prince est-il fou, se disoient-ils tout bas les uns aux autres, de se mettre au hasard de perdre ce qu'il vient d'acquérir au péril de sa vie? croit-il pouvoir faire une question qui embarrasse Tourandocte? il faut qu'il ait perdu l'esprit. Altoun-Kan étoit aussi fort étonné de ce que Calaf osoit lui demander: prince, lui dit-il, avez-vous bien fait attention aux paroles qui viennent de vous échapper? Oui, seigneur, répondit le prince des Nogaïs, & je vous conjure de m'accorder cette grâce. Je le veux, répliqua le roi, mais quelque chose qu'il en puisse arriver, je declare que je ne suis plus lié par le serment que j'ai fait, & que désormais je ne ferai plus mourir aucun prince. Divine Tourandocte, reprit le fils de Timurtasch en s'adressant à la princesse, vous avez entendu ce que j'ai dit: quoiqu'au jugement de cette savante assemblée, votre main me soit dûe ; quoique vous soyez à moi, je vous rends à vous-même ; j'abandonne votre possession ; je me dépouille d'un bien si précieux, pourvu que vous répondiez précisément à la question que je vais vous faire ; mais, de votre côté, jurez que si vous n'y repondez pas juste, vous consentirez de bonne grâce à mon bonheur, & couronnerez mon amour : oui, prince, dit Tourandocte, j'accepte la condition, j'en jure par tout ce qu'il y a de plus sacré, & je prends cette assemblée à témoin de mon serment.

Tout le divan étoit dans l'attente de la question que Calaf alloit faire à la princesse, & il n'y avoit personne qui ne blâmât ce jeune prince, de s'exposer sans nécessité à perdre la fille d'Altoun-Kan ; ils étoient tous choqués de sa témérité : Belle princeſſe, dit Calaf, *comment ſe nomme le prince qui, après avoir ſouffert mille fatigues, & mendié ſon pain, ſe trouve en ce moment comblé de gloire & de joie?* La princeſſe demeura quelque tems à rêver ; enſuite elle dit : il m'eſt impoſſible de répondre à cela préſentement, mais je vous promets que demain je vous dirai le nom de ce prince. Madame, s'écria Calaf, je n'ai point demandé de délai, & il n'eſt pas juſte de vous en accorder ; cependant je veux vous donner encore cette ſatisfaction ; j'eſpère qu'après cela vous ſerez trop contente de moi, pour faire quelque difficulté de m'épouſer.

Il faudra bien qu'elle s'y réſolve, dit alors Altoun-Kan, ſi elle ne répond pas à la queſtion propoſée : qu'elle ne prétende pas, en ſe laiſſant tomber malade, ou bien en feignant de l'être, échapper à ſon amant ; quand mon ſerment ne m'engageroit pas à la lui accorder, & qu'elle ne ſeroit pas à lui ſuivant la teneur de l'édit, je la laiſſerois plutôt mourir que de renvoyer ce jeune prince : quel homme plus aimable peut-elle jamais rencontrer ? En achevant ces paroles, il ſe leva de deſſus ſon trône, & congédia l'aſſemblée ; il rentra dans le palais intérieur avec la princeſſe, qui de-là ſe retira dans le ſien.

Dès que le roi fut ſorti du divan, tous les docteurs

docteurs & les mandarins firent compliment à Calaf sur son esprit : J'admire, lui disoit l'un, votre conception prompte & facile. Non, lui disoit l'autre, il n'y a point de bachelier, de licencié, ni de docteur même plus pénétrant que vous. Tous les princes qui se sont présentés jusqu'ici, n'avoient pas, à beaucoup près, votre mérite, & nous avons une extrême joie que vous ayez réussi dans votre entreprise. Le prince Nogaïs n'avoit pas peu d'occupation à remercier tous ceux qui s'empressoient à le féliciter. Enfin, les six madarins qui l'avoient amené au conseil, le ramenèrent au même palais où ils l'avoient été prendre, pendant que les autres, avec les docteurs, s'en allèrent, non sans inquiétude sur la réponse que feroit à sa question la fille d'Altoun-Kan.

LXXIII. JOUR.

La princesse Tourandocte regagna son palais, suivie de deux jeunes esclaves qui étoient dans sa confidence. Dès qu'elle fut dans son appartement, elle ôta son voile, & se jetant sur un sopha, elle donna une libre étendue aux transports qui l'agitoient ; on voyoit la honte & la douleur peintes sur son visage ; ses yeux déjà baignés de pleurs, répandirent de nouvelles larmes : elle arracha les fleurs qui paroient sa tête, & mit ses beaux cheveux en désordre ; ses deux esclaves favorites commencèrent à la vouloir consoler ; mais elle leur dit : laissez-moi l'une & l'autre ; cessez de prendre des soins superflus ; je n'écoute rien que mon désespoir ; je veux pleurer & m'affliger : ah ! quelle sera demain ma confusion, lorsqu'il faudra qu'en plein conseil, devant les plus grands docteurs de la Chine, j'avoue que je ne puis répondre à la question proposée : est-ce là, diront-ils, cette spirituelle princesse qui se pique de savoir tout, & à qui l'énigme la plus difficile ne coûte rien à deviner ?

Hélas ! poursuivit-elle, ils s'intéressent tous pour le jeune prince : je les ai vus pâles, effrayés, quand il a paru embarrassé, & je les ai vus pleins de joie, lorsqu'il a pénétré le sens de mes questions : j'aurai la mortification cruelle de les voir encore jouir de ma peine, quand je me confesserai vaincue : quel plaisir ne leur fera pas cet aveu honteux, & quel supplice pour moi d'être réduite à le faire ?

Ma princesse, lui dit une des esclaves, au-lieu de vous chagriner par avance ; au-lieu de vous représenter la honte que vous devez avoir demain, ne feriez-vous pas mieux de songer à la prévenir ? ce qu'il vous a proposé est-il si difficile, que vous n'y puissiez répondre? avec le génie & la pénétration que vous avez, n'en sauriez-vous venir à bout? Non, dit Tourandocte, c'est une chose impossible : il me demande, *comment se nomme le prince qui après avoir souffert mille fatigues & mendié son pain, est en ce moment comblé de joie & de gloire?* Je conçois bien qu'il est lui-même ce prince; mais ne le connoissant point, je ne puis dire son nom : cependant, madame, reprit la même esclave, vous avez promis de nommer demain ce prince au divan; lorsque vous avez fait cette promesse, vous espériez, sans doute, que vous la tiendriez? Je n'espérois rien, repartit la princesse, & je n'ai demandé du tems que pour me laisser mourir de chagrin, avant que d'être obligée d'avouer ma honte, & d'épouser le prince.

La résolution est violente, dit alors l'autre esclave favorite : je sais bien, madame, qu'aucun homme n'est digne de vous; mais il faut convenir que celui-ci a un mérite singulier; sa beauté, sa bonne mine & son esprit doivent vous parler en sa faveur. Je lui rends justice, interrompit la princesse; s'il est quelque prince au monde qui mérite que je le regarde d'un œil favorable, c'est celui-là. Tantôt même, je le confesse, avant que de l'interroger, je l'ai plaint; j'ai soupiré en le voyant; & ce qui jusqu'à ce jour ne m'étoit jamais arrivé, peu s'en est fallu que je n'aie souhaité qu'il répondît bien à mes questions : il est vrai que dans le moment j'ai rougi de ma foiblesse ; mais ma fierté l'a surmontée, & les réponses justes qu'il m'a faites ont achevé de me révolter contre lui ; tous les applaudissemens que les docteurs lui ont donnés m'ont tellement mortifiée, que je n'ai plus senti, & ne sens plus encore pour lui que des mouvemens de haine. O malheureuse Tourandocte ! meurs promptement de regret & de dépit, d'avoir trouvé un jeune homme qui a pu te couvrir de honte, & te contraindre à devenir sa femme !

A ces mots, elle redoubla ses pleurs, & dans la violence de ses transports, elle n'épargna ni ses cheveux ni ses habits ; elle porta même plus d'une fois la main sur ses belles joues pour les déchirer & pour punir ses charmes, comme premiers auteurs de la confusion qu'elle avoit essuyée, si ses esclaves qui veilloient sur sa fureur, n'en eussent sauvé son visage ; mais elles avoient beau s'empresser à la secourir, elles ne pouvoient calmer son agitation. Pendant qu'elle étoit dans cet état affreux, le prince des Nogaïs, charmé du résultat du divan, nageoit dans la joie, & se livroit à l'espérance de posséder sa maîtresse le jour suivant.

LXXIV. JOUR.

LE roi étant revenu de la salle du conseil dans son appartement, envoya chercher Calaf pour l'entretenir en particulier sur ce qui s'étoit passé au divan; le prince Nogaïs accourut aussi-tôt aux ordres du monarque, qui lui dit après l'avoir embrassé avec beaucoup de tendresse : Ah ! mon fils, viens m'ôter de l'inquiétude où je suis ; je crains que ma fille réponde à la question que tu lui as proposée : Pourquoi t'es-tu mis en danger de perdre l'objet de ton amour ? Seigneur, répondit Calaf, que votre majesté n'appréhende rien ; il est impossible que la princesse me dise comment s'appelle le prince dont je lui ai demandé le nom, puisque je suis ce prince, & que personne ne me connoît dans votre cour.

Ce discours me rassure, s'écria le roi avec transport ; j'étois allarmé, je te l'avoue : Tourandocte est fort pénétrante ; la subtilité de son esprit me faisoit trembler pour toi ; mais, grâces au ciel, tu me rends tranquille : quelque facilité qu'elle ait à percer le sens des énigmes, elle ne peut en effet deviner ton nom ; je ne t'accuses plus d'être un téméraire, & je m'apperçois que ce qui m'a paru un défaut de prudence, est un tour ingénieux dont tu t'es servi pour ôter tout prétexte à ma fille de se refuser à tes vœux.

Altoun-Kan, après avoir ri avec Calaf de la question faite à la princesse, se disposa à prendre le divertissement de la chasse; il se revêtit d'un caftan étroit & léger, & fit enfermer sa barbe dans un sac de satin noir. Il ordonna aux mandarins de se tenir prêts à l'accompagner, & fit donner des habits de chasse au prince des Nogaïs; ils mangèrent quelques morceaux à la hâte, ensuite ils sortirent du palais: les mandarins, dans des chaises d'ivoire enrichies d'or & découvertes, étoient à la tête; chacun avoit six hommes qui le portoient, deux qui marchoient devant lui avec des fouets de corde, & deux autres qui le suivoient avec des tables d'argent, sur lesquelles étoient écrites en gros caractères toutes ses qualités; le Roi & Calaf dans une litière de bois de sandal rouge, portée par vingt officiers militaires, aussi découverte, & sur laquelle la première lettre du nom du monarque & plusieurs figures d'animaux étoient peintes en traits d'argent, paroissoient après les mandarins; deux généraux des armées d'Altoun-Kan, tenoient à côté de la litière, chacun un large évantail pour les préserver de la chaleur, & trois mille eunuques qui marchoient derrière, terminoient le cortége.

Lorsqu'ils furent arrivés au lieu où les officiers

de la vénerie attendoient le roi avec des oiseaux de proie, on commença la chasse aux cailles, qui dura jusqu'au coucher du soleil. Alors ce prince & les personnes de sa suite s'en retournèrent au palais dans le même ordre qu'ils en étoient sortis. Ils trouvèrent dans une cour, sous plusieurs pavillons de taffetas de diverses couleurs, une infinité de petites tables dressées, bien vernissées (*a*) & couvertes de toutes sortes de viandes coupées. Calaf & les mandarins s'assirent, à l'exemple du roi, chacun à une petite table séparée, auprès de laquelle il y en avoit une autre qui servoit de buffet. Ils commencèrent tous à boire plusieurs rasades de vin de riz (*b*) avant que de toucher aux viandes, ensuite il ne firent plus que manger sans boire. Le repas achevé, Altoun-Kan emmena le prince des Nogaïs dans une grande salle fort éclairée, & remplie de sièges rangés comme pour voir quelque spectacle, & ils furent suivis de tous les mandarins. Le roi régla les rangs, & fit asseoir Calaf auprès de lui sur un grand trône d'ébène, orné de filigrames d'or.

(*a*) On mange à la Chine sur des tables enduites d'un vernis nommé *Charan* : On ne s'y sert point de nappes ni de serviettes ; il n'y a pas non plus de coûteaux, parce que les viandes sont coupées quand on les présente, & on se sert de deux petits bâtons au-lieu de fourchettes.

(*b*) Le vin de riz est de couleur d'Ambre, & aussi délicat que le vin d'Espagne.

Aussi-tôt que tout le monde eut pris sa place, il entra des chanteurs & joueurs d'instrumens, qui s'accordant ensemble, commencèrent un concert fort agréable; Altoun-Kan en étoit charmé. Entêté de la musique Chinoise, il demandoit de tems-en-tems au fils de Timurtasch ce qu'il en pensoit, & ce jeune prince, par complaisance, la mettoit au-dessus de toutes les musiques du monde. Le concert fini, les chanteurs & joueurs d'instrumens se retirèrent pour faire place à un éléphant artificiel, qui s'étant avancé par ressorts au milieu de la salle, vomit six baladins, qui commencèrent à faire des sauts périlleux. Ils étoient presque nus; ils avoient seulement des escarpins (*a*), des caleçons de toile des Indes, & des bonnets de brocard. Après qu'ils eurent fait voir leur souplesse & leur agilité par mille tours surprenans, ils rentrèrent dans l'éléphant, qui sortit comme il étoit entré. Il parut ensuite des comédiens (*b*) qui représentèrent sur le champ une pièce dont le roi leur prescrivit le sujet. Quand tous ces divertissemens furent finis, la nuit se trouvant fort avancée, Altoun-Kan & Calaf se levèrent pour aller reposer dans leurs appartemens, & tous les mandarins se retirèrent.

(*a*) On les appelle Naleines.

(*b*) Les comédiens Chinois, tant ceux du roi que les autres, jouent sur le champ tout ce qu'on leur ordonne de jouer, comme les comédiens Italiens.

LXXV. JOUR.

LE jeune prince des Nogaïs, conduit par des eunuques qui portoient dans des flambeaux d'or des bougies de serpent (*a*), se préparoit à goûter les douceurs du sommeil, autant que l'impatience de retourner au divan le lui pourroit permettre, lorsqu'en entrant dans son appartement, il y trouva une jeune dame revêtue d'une robe de brocard rouge à fleurs d'argent, fort ample, par-dessus une autre plus étroite de satin blanc tout brodé d'or, & parsemée de rubis & d'émeraudes. Elle avoit un bonnet d'un simple taffetas de couleur de rose garni de perles, & relevé d'une broderie d'argent fort légère, qui ne lui couvroit que le haut de la tête, & laissoit voir de très-beaux cheveux bien bouclés, & mêlés de quelques fleurs artificielles : à l'égard de sa taille & de son visage, on ne pouvoit rien voir de plus beau ni de plus parfait après la princesse de la Chine.

Le fils de Timurtasch fut assez surpris de rencontrer au milieu de la nuit une dame seule & si charmante dans son appartement. Il ne l'auroit

_____

(*a*) Ce sont des bougies faites de l'huile d'une certaine espèce de serpent, mêlée avec un peu de cire. Elles sont plus blanches, & jettent une lumière plus brillante que les nôtres.

pas impunément regardée, s'il n'eût vu Tourandocte; mais un amant de cette princesse pouvoit-il avoir des yeux pour une autre! Si-tôt que la dame apperçut Calaf, elle se leva de dessus un sopha où elle étoit assise, & sur lequel elle avoit mis son voile; & après avoir fait une inclination de tête assez basse: Prince, dit-elle, je ne doute pas que vous ne soyez fort étonné de trouver ici une femme; car vous n'ignorez pas, sans doute, qu'il est défendu, sous de très-rigoureuses peines, aux hommes & aux femmes qui habitent ce sérail, d'avoir ensemble quelque communication; mais l'importance des choses que j'ai à vous dire, m'a fait mépriser tous les périls; j'ai eu l'adresse & le bonheur de lever tous les obstacles qui s'opposoient à mon dessein; j'ai gagné les eunuques qui vous servent: enfin je me suis introduite dans votre appartement. Il ne me reste plus qu'à vous dire ce qui m'amène, & c'est ce que vous allez entendre.

Ce début intéressa Calaf; il ne douta point que la dame, puisqu'elle avoit fait une démarche si périlleuse, n'eût à lui dire des choses dignes de son attention. Il la pria de se remettre sur le sopha; ils s'y assirent tous deux; ensuite la dame reprit la parole en ces termes:

Seigneur, je crois devoir commencer par vous apprendre que je suis fille d'un kan tributaire d'Altoun-Kan. Mon père, il y a quelques années, fut assez hardi pour refuser de payer le tribut ordinaire ; & se fiant un peu trop à son expérience dans l'art militaire, ainsi qu'à la valeur de ses soldats, il se mit en état de se défendre si on le venoit attaquer : cela ne manqua pas d'arriver. Le roi de la Chine, irrité de son audace, envoya contre lui le plus habile de ses généraux, avec une puissante armée. Mon père, quoique moins fort, alla au-devant de lui. Après un sanglant combat qui se donna sur le bord d'un fleuve, le général Chinois demeura victorieux. Mon père, percé de mille coups, mourut pendant l'action ; mais en mourant, il ordonna qu'on jetât dans le fleuve ses femmes & ses enfans, pour les préserver de l'esclavage. Ceux qu'il chargea de cet ordre généreux, mais inhumain, l'exécutèrent ; ils me précipitèrent dans l'eau avec ma mère, mes sœurs, & deux frères, que leur enfance retenoit auprès de nous. Le général Chinois arriva dans le moment à l'endroit du fleuve où l'on nous avoit jetés, & où nous achevions notre misérable destinée. Ce triste & horrible spectacle excita sa compassion ; il promit une récompense à ceux de ses soldats qui sauveroient quelque reste de la famille du kan vaincu. Plusieurs cavaliers Chinois, malgré la rapidité du fleuve, y entrèrent aussi-tôt, & poussèrent leurs chevaux par-tout où ils voyoient flotter nos corps mourans. Ils en recueillirent une partie, mais leur secours ne fut utile qu'à moi seule; je respirois encore quand ils me portèrent à terre, le reste se trouva sans vie. Le général prit grand soin de mes jours, comme si sa gloire en eût eu besoin, & que ma captivité eût donné un nouvel éclat à sa victoire. Il m'amena dans cette ville, & me présenta au roi, après lui avoir rendu compte de sa conduite. Altoun-Kan me mit auprès de la princesse sa fille, qui est de deux ou trois années plus jeune que moi.

Quoique je ne fusse pas encore sortie de l'enfance, je ne laissois pas de penser que j'étois devenue esclave, & que je devois avoir des sentimens conformes à mon infortune; ainsi j'étudiai l'humeur de Tourandocte; je m'attachai à lui plaire, & je fis si bien par ma complaisance & par mes soins, que je gagnai son amitié. Depuis ce tems-là je partage sa confidence avec une jeune personne d'une naissance illustre, que les malheurs de sa maison ont aussi réduite à l'esclavage.

Pardonnez-moi, seigneur, poursuivit-elle, ce récit qui n'a rien de commun avec le sujet qui me conduit ici. J'ai cru devoir vous apprendre que je suis d'un sang noble, pour vous faire prendre plus de confiance en moi : car le rapport important que j'ai à vous faire est tel qu'une simple esclave pourroit trouver peu de créance dans votre esprit. Je ne sais même si, quoique fille de kan, je vous persuaderai ; un prince charmé de Tourandocte, ajoutera-t-il foi à ce que je vais lui dire d'elle ? Canume (*a*), interrompit en cet endroit le fils de Timurtasch, ne me tenez pas davantage en suspens ; apprenez-moi de grâce, ce que vous avez à me dire de la princesse de la Chine. Seigneur, reprit la dame, Tourandocte, la barbare Tourandocte, a formé le dessein de vous faire assassiner. A ces paroles, Calaf se renversant sur le sopha, demeura dans la situation d'un homme saisi d'horreur & d'étonnement.

LXXVI. JOUR.

LA princesse esclave, qui avoit bien prévu la surprise du jeune prince, lui dit : je ne suis pas étonnée que vous receviez ainsi cette effroyable nouvelle, & je vois bien que j'avois raison de douter que vous la voulussiez croire. Juste ciel ! s'écria Calaf, lorsqu'il fut revenu de son accablement, l'ai-je bien entendu ? la princesse de la

(*a*) C'est-à-dire Princesse.

Chine peut-elle être capable d'un si noir attentat ? comment l'a-t-elle pu concevoir ? Prince, lui dit la dame, voici de quelle manière elle a pris cette horrible résolution : ce matin, quand elle est sortie du divan où j'étois derrière son trône, elle avoit un dépit mortel de ce qui venoit de se passer ; elle est revenue dans son appartement, agitée des plus vifs mouvemens de haine & de rage ; elle a rêvé long-tems à la question que vous lui avez proposée, & n'y pouvant trouver de réponse à son gré, elle s'est abandonnée au désespoir. Je n'ai rien épargné, non plus que l'autre esclave favorite, pour calmer la violence de ses transports. Nous avons fait même tout notre possible pour lui inspirer des sentimens favorables pour vous ; nous lui avons vanté votre bonne mine & votre esprit, & nous lui avons représenté qu'au-lieu de s'affliger sans modération, elle devoit plutôt se déterminer à vous donner la main. Mais elle nous a imposé silence par un torrent de mots injurieux qui lui sont échappés contre les hommes ; le plus aimable ne fait pas plus d'impression sur elle, que le plus laid & le plus mal fait. Ce sont tous, a-t-elle dit, des objets méprisables, & pour qui je n'aurai jamais que de l'aversion. A l'égard de celui qui se présente, j'ai encore plus de haine pour lui que pour les autres ; & puisque je ne saurois m'en délivrer autrement que par un assassinat, je veux le faire assassiner.

J'ai combattu ce dessein détestable, continua la princesse esclave ; j'en ai fait envisager à Tourandocte les suites terribles. Je lui ai représenté le tort qu'elle se feroit à elle-même, & la juste horreur que les siècles à venir auroient de sa mémoire. De son côté, l'autre esclave favorite n'a pas manqué d'ajouter des raisons aux miennes ; mais tous nos discours ont été inutiles, nous n'avons pu la détourner de son entreprise. Elle a chargé des eunuques affidés, du soin de vous ôter la vie demain matin lorsque vous sortirez de votre palais pour vous rendre au divan.

O princesse inhumaine ! perfide Tourandocte ! s'écria le prince des Nogaïs, est-ce ainsi que vous vous préparez à couronner la tendresse du malheureux fils de Timurtasch ? Calaf vous a donc paru bien horrible, puisque vous aimez mieux vous en défaire par un crime qui va vous déshonorer, que de joindre votre destinée à la sienne ! Grand dieu ! que ma vie est composée d'aventures bizarres ! Tantôt je parois jouir d'un bonheur digne d'envie, & tantôt je suis plongé dans un abîme de maux !

Seigneur, lui dit la dame esclave, si le ciel vous fait éprouver des malheurs, il ne veut pas du moins que vous y fuccombiez, puifqu'il vous avertit des périls qui vous menacent. Oui, prince, c'eft lui qui m'a fans doute infpiré la penfée de vous fauver, car je ne viens pas feulement vous découvrir un piège dreffé contre vos jours, je viens vous donner les moyens de l'éviter. Par l'entremife de quelques eunuques qui me font dévoués, j'ai gagné des foldats de la garde, qui vous faciliteront la fortie du férail. Comme après votre retraite on ne manquera pas de faire des perquifitions, & d'apprendre que j'en fuis l'auteur, j'ai réfolu de partir avec vous, pour m'éloigner de cette fatale cour, où j'ai plus d'un fujet d'ennui ; mon efclavage me la fait haïr, & vous me la rendez encore plus odieufe.

Il y a, continua-t-elle, dans un endroit de cette ville, des chevaux qui nous attendent : partons, & gagnons, s'il eft poffible, les terres de la tribu de Berlas. Le fang me lie avec le prince Alinguer qui en eft le fouverain ; il aura une extrême joie de voir fa parente hors des fers du fuperbe Altoun-Kan, & il vous recevra comme mon libérateur. Nous vivrons tous deux fous fes tentes, plus tranquilles & plus heureux qu'ici ; moi, dégagée des liens de ma captivité, j'y jouirai d'un fort plus doux ; & vous, feigneur, vous y pourrez trouver quelque princeffe affez belle pour mériter d'être aimée, & qui, bien

loin

loin d'attenter à votre vie, pour ne pas devenir votre femme, ne sera occupée que du soin de vous plaire, si elle peut faire le bonheur d'un prince tel que vous. Ne perdons point de tems, allons, & que demain, le soleil en commençant sa course, nous trouve déjà bien éloignés de Pekin.

Calaf répondit: belle princesse, j'ai mille grâces à vous rendre de m'avoir voulu délivrer du danger où je suis. Que ne puis-je, par reconnoissance, vous tirer d'esclavage, & vous conduire à la horde du kan de Berlas votre parent! que j'aurois de plaisir à vous remettre entre ses mains! par-là je m'acquitterois de quelques obligations que je lui ai. Mais dites-moi, Canume, dois-je ainsi disparoître aux yeux d'Altoun-Kan; que penseroit-il de moi? il croiroit que je ne serois venu dans sa cour que pour vous enlever, & dans le tems que je ne fuirois que pour épargner un crime à sa fille, il m'accuseroit d'avoir violé les droits de l'hospitalité; d'ailleurs, faut-il vous l'avouer, toute barbare qu'est la princesse de la Chine, mon lâche cœur ne sauroit la haïr. Que dis-je, la haïr! je l'adore; je suis dévoué à toutes ses volontés; &, puisqu'elle veut m'immoler, la victime est toute prête.

La dame esclave voyant le prince des Nogaïs

du moins que vous y fuccombiez, puifqu'il vous avertit des périls qui vous menacent. Oui, prince, c'eſt lui qui m'a fans doute inſpiré la penſée de vous fauver, car je ne viens pas feulement vous découvrir un piège dreſſé contre vos jours, je viens vous donner les moyens de l'éviter. Par l'entremiſe de quelques eunuques qui me font dévoués, j'ai gagné des foldats de la garde, qui vous faciliteront la fortie du férail. Comme après votre retraite on ne manquera pas de faire des perquifitions, & d'apprendre que j'en fuis l'auteur, j'ai réfolu de partir avec vous, pour m'éloigner de cette fatale cour, où j'ai plus d'un fujet d'ennui ; mon efclavage me la fait haïr, & vous me la rendez encore plus odieufe.

Il y a, continua-t-elle, dans un endroit de cette ville, des chevaux qui nous attendent : partons, & gagnons, s'il eſt poſſible, les terres de la tribu de Berlas. Le fang me lie avec le prince Alinguer qui en eſt le fouverain ; il aura une extrême joie de voir fa parente hors des fers du fuperbe Altoun-Kan, & il vous recevra comme mon libérateur. Nous vivrons tous deux fous fes tentes, plus tranquilles & plus heureux qu'ici ; moi, dégagée des liens de ma captivité, j'y jouirai d'un fort plus doux; & vous, feigneur, vous y pourrez trouver quelque princeſſe aſſez belle pour mériter d'être aimée, & qui, bien loin

loin d'attenter à votre vie, pour ne pas devenir votre femme, ne sera occupée que du soin de vous plaire, si elle peut faire le bonheur d'un prince tel que vous. Ne perdons point de tems, allons, & que demain, le soleil en commençant sa course, nous trouve déjà bien éloignés de Pekin.

Calaf répondit : belle princesse, j'ai mille grâces à vous rendre de m'avoir voulu délivrer du danger où je suis. Que ne puis je, par reconnoissance, vous tirer d'esclavage, & vous conduire à la horde du kan de Berlas votre parent! que j'aurois de plaisir à vous remettre entre ses mains! par-là je m'acquitterois de quelques obligations que je lui ai. Mais dites-moi, Canume, dois-je ainsi disparoître aux yeux d'Altoun-Kan ; que penseroit-il de moi ? il croiroit que je ne serois venu dans sa cour que pour vous enlever, & dans le tems que je ne fuirois que pour épargner un crime à sa fille, il m'accuseroit d'avoir violé les droits de l'hospitalité ; d'ailleurs, faut-il vous l'avouer, toute barbare qu'est la princesse de la Chine, mon lâche cœur ne sauroit la haïr. Que dis-je, la haïr ! je l'adore ; je suis dévoué à toutes ses volontés ; &, puisqu'elle veut m'immoler, la victime est toute prête.

La dame esclave voyant le prince des Nogaïs

dans la réfolution de mourir, plutôt que de partir avec elle, fe prit à pleurer, en lui difant : eft-il poffible, feigneur, que vous préfériez la mort à la reconnoiffance d'une princeffe captive dont vous pouvez brifer les fers ? Si Tourandocte eft plus belle que moi, en récompenfe j'ai un autre cœur que le fien. Hélas ! quand vous vous êtes préfenté ce matin au divan, j'ai tremblé pour vous; j'ai craint que vous ne répondiffiez mal aux queftions de la fille d'Altoun-Kan; & lorfque vous y avez bien répondu, j'ai fenti naître un autre trouble; je preffentois, fans doute, qu'on attenteroit fur vos jours. Ah ! mon cher prince, ajouta-t-elle, je vous conjure de réfléchir fur vous-même, & de ne point vous laiffer entraîner à cette fureur qui vous fait envifager la mort fans pâlir. Qu'un aveugle amour ne vous faffe point méprifer un péril qui m'allarme : cédez à la crainte qui m'agite pour vous; & tous deux, fans différer, fortons de ce férail où je fouffre un cruel tourment.

Ma princeffe, repartit à ces paroles le fils de Timurtafch, quelque malheur qui me doive arriver, je ne puis me réfoudre à une fi prompte fuite. Vous avez, je l'avoue, de quoi payer votre libérateur, & lui faire un deftin plein de charmes; mais je ne fuis pas né pour être heureux; mon fort eft d'aimer Tourandocte; malgré l'horreur qu'elle a pour moi, je ne ferois, loin de ses yeux, que traîner des jours languissans.... Hé bien, ingrat, demeure, interrompit brusquement la dame en se levant, ne t'éloignes pas de ce séjour qui fait tes délices ; quand tu devrois l'arroser de ton sang, je ne te presse plus de partir ; la fuite te déplaît avec une esclave ; si tu vois le fond de mon cœur, je lis dans le tien : quelque ardeur que t'inspire la princesse de la Chine, tu as moins d'amour pour elle que d'aversion pour moi. En achevant ces mots, elle remit son voile, & sortit de l'appartement de Calaf.

LXXVII. JOUR.

CE jeune prince, après le départ de la dame, demeura sur le sopha dans une grande perplexité. Dois-je croire, disoit-il, ce que je viens d'entendre ? peut-on jusque-là pousser la barbarie ? mais, hélas ! je n'en saurois douter : cette princesse esclave a eu horreur de l'attentat que médite Tourandocte, elle est venue m'en avertir, & les sentimens même qu'elle m'a laissé voir, sont de sûrs garants de sa sincérité. Ah ! cruelle fille du meilleur de tous les rois, est-ce ainsi que vous abusez des dons que vous avez reçus du ciel ? O dieu ! comment avez-vous pu douer d'une beauté si parfaite, cette princesse inhumaine, ou, pourquoi lui avez-vous donné une ame si barbare avec tant de charmes?

Au-lieu de chercher à se procurer quelques heures de sommeil, il passa le reste de la nuit à se livrer aux plus affligeantes réflexions. Enfin, le jour parut, le son des cloches & le bruit des tambours se firent entendre, & bientôt six mandarins le vinrent prendre comme le jour précédent, pour le mener au conseil. Il traversa la cour, où des soldats de la garde du roi étoient en haie; il crut qu'il laisseroit la vie en cet endroit, & que sans doute les gens dont on avoit fait choix pour l'assassiner, l'attendoient au passage. Loin de se tenir sur ses gardes, & de songer à se défendre, il marchoit comme un homme résolu à la mort, & sembloit même accuser de lenteur ses assassins. Il passa pourtant la cour, sans que personne l'attaquât, & il arriva dans la première salle du divan. Ah! c'est sans doute ici, disoit-il en lui-même, que l'ordre sanguinaire de la princesse doit être exécuté. En même tems il regardoit de tous côtés, & chaque personne qu'il voyoit, lui paroissoit son meurtrier. Il s'avance toutefois, & entre dans la chambre où se tenoit le conseil, sans recevoir le coup mortel qu'il attendoit.

Tous les docteurs & les mandarins étoient déjà

sous leurs pavillons, & Altoun-Kan alloit paroître. Quel est donc le dessein de la princesse, dit-il alors en lui-même? veut-elle être témoin de ma mort, & veut-elle me faire assassiner aux yeux de son père? le roi seroit-il complice de cet attentat? que dois-je penser? auroit-elle changé de sentiment, & révoqué l'arrêt de mon trépas? Tandis qu'il étoit dans cette incertitude, la porte du palais intérieur s'ouvrit, & le roi, accompagné de Tourandocte, entra dans la salle. Ils se placèrent sur leurs trônes, & le prince des Nogaïs se tint debout devant eux, & à la même distance que le jour précédent.

Le colao, dès qu'il vit le roi assis, se leva, & demanda au jeune prince s'il se ressouvenoit d'avoir promis de renoncer à la princesse, si elle répondoit juste à la question qu'il lui avoit proposée? Calaf fit réponse qu'oui, & protesta de nouveau qu'à cette condition il cessoit de prétendre à l'honneur d'être gendre du roi. Le colao ensuite adressa la parole à Tourandocte. Et vous, grande princesse, lui dit-il, vous savez quel serment vous lie, & à quoi vous êtes soumise, si vous ne nommez pas aujourd'hui le prince dont on vous a demandé le nom.

Le roi, persuadé qu'elle ne pouvoit répondre à la question de Calaf, lui dit: Ma fille, vous avez eu tout le tems de rêver à ce qu'on vous a proposé; mais quand on vous donneroit une année entière pour y penser, je crois que malgré votre pénétration, vous seriez obligée d'avouer à la fin, que c'est une chose impénétrable pour vous. Ainsi, puisque vous ne sauriez la deviner, rendez-vous de bonne grace à l'amour de ce jeune prince, & satisfaites l'envie que j'ai de le voir votre époux; il est digne de l'être & de régner avec vous, après moi, sur les peuples de la Chine. Seigneur, dit Tourandocte, pourquoi vous imaginez-vous que je ne saurois répondre à la question de ce prince! cela n'est pas si difficile que vous le pensez; si j'eus hier la honte d'être vaincue, je prétends avoir aujourd'hui l'honneur de vaincre. Je vais confondre ce jeune téméraire, qui a eu trop mauvaise opinion de mon esprit. Qu'il me fasse sa question, & j'y répondrai.

Madame, dit alors le prince des Nogaïs, je vous demande *quel est le nom du prince qui, après avoir souffert mille fatigues & mendié son pain, se trouve en ce moment comblé de joie & de gloire?* Ce prince, repartit Tourandocte, *se nomme Calaf, & il est fils de Timurtasch.* Aussi-tôt que Calaf entendit prononcer son nom, il changea de couleur; ses yeux se couvrirent d'épaisses ténèbres, & il tomba tout-à-coup sans sentiment.

Le roi & toute l'assemblée jugeant par-là que Tourandocte avoit effectivement nommé le prince dont on lui demandoit le nom, pâlirent, & demeurèrent dans une grande consternation.

LXXVIII. JOUR.

Après que le prince Calaf fut revenu de son évanouissement par les soins des mandarins & du roi même, qui étoit descendu de son trône pour le secourir, il adressa la parole à Tourandocte : Belle princesse, lui dit-il, vous êtes dans l'erreur, si vous croyez avoir bien répondu à ma question; le fils de Timurtasch n'est point comblé de joie & de gloire; il est plutôt couvert de honte & accablé de douleur. Je conviens, dit la princesse, que vous n'êtes point comblé de joie & de gloire en ce moment; mais vous l'étiez, quand vous m'avez proposé votre question : ainsi, prince, au lieu d'avoir recours à de vaines subtilités, avouez de bonne foi que vous avez perdu les droits que vous aviez sur Tourandocte. Je puis donc vous refuser ma main, & vous abandonner au regret de l'avoir manquée : cependant je veux bien vous l'apprendre, & le déclarer ici publiquement ; je suis dans une autre disposition à votre égard ; l'amitié que le roi mon père a conçue pour vous, & votre mérite particulier, me déterminent à vous prendre pour époux.

A ce discours, la salle du divan retentit de mille cris de joie. Les mandarins & les docteurs applaudirent aux paroles de la princesse ; le roi s'approcha d'elle, l'embrassa, & lui dit : Ma fille, vous ne pouviez prendre une résolution qui me fût plus agréable : par-là, vous effacerez la mauvaise impression que vous avez faite sur l'esprit de mes peuples, & vous donnerez à un père la satisfaction qu'il attendoit de vous depuis longtems, & qu'il désespéroit d'avoir jamais. Oui, l'aversion que vous aviez pour tous les hommes, cette aversion si contraire à la nature, m'ôtoit la douce espérance de voir naître de vous des princes de mon sang. Heureusement cette haine finit aujourd'hui son cours ; &, ce qui met le comble à mes souhaits, vous venez de l'éteindre en faveur d'un jeune héros qui m'est cher : Mais apprenez-nous, ajouta-t-il, comment vous avez pu deviner le nom d'un prince qui vous étoit inconnu ? par quel charme l'avez-vous découvert ? Seigneur, répondit Toutandocte, ce n'est point par enchantement que je l'ai su, c'est par une aventure assez naturelle : une de mes esclaves a été trouver cette nuit le prince Calaf, & a eu l'adresse de lui arracher son secret : il doit me pardonner d'avoir profité de cette trahison, puisque je n'en fais pas un plus mauvais usage.

Ah! charmante Tourandocte, s'écria le prince des Nogaïs en cet endroit, est-il bien possible que vous ayez pour moi des sentimens si favorables? De quel abîme affreux vous me retirez pour m'élever à la première place du monde! Hélas! que j'étois injuste! tandis que vous me prépariez un si beau sort, je vous croyois coupable de la plus noire de toutes les perfidies. Trompé par une horrible fable qui avoit troublé ma raison, je payois vos bontés de soupçons injurieux: Que j'ai d'impatience d'expier à vos pieds mon injustice!

L'amoureux fils de Timurtasch alloit continuer de se répandre en discours tendres & passionnés, lorsque tout-à-coup il fut obligé de se taire pour écouter & considérer une esclave, qui jusque-là s'étoit tenue debout derrière la princesse de la Chine, & qui s'avançant alors au milieu de l'assemblée, surprit tout le monde par son action : elle leva son voile, & aussi-tôt Calaf la reconnut pour cette même personne qu'il avoit vue la nuit dans son appartement; elle avoit le visage aussi pâle que la mort, les yeux égarés, & elle paroissoit méditer quelque chose de funeste. Tous les spectateurs la regardoient avec étonnement, &

Altoun-Kan, comme les autres, étoit dans l'attente de ce qu'elle alloit dire, quand se tournant vers Tourandocte, elle lui parla dans ces termes: Princesse, il est tems de vous désabuser; je n'ai point été trouver le prince Calaf pour l'engager à me découvrir son nom; je n'ai pas fait cette démarche pour vous servir; c'est pour mon intérêt seul que je l'ai hasardée: je voulois sortir d'esclavage & vous enlever votre amant. J'avois tout disposé pour prendre la fuite avec lui; il a rejeté ma proposition, ou plutôt l'ingrat a méprisé ma tendresse: je n'ai pourtant rien épargné pour le détacher de vous; je lui ai peint votre fierté avec les plus noires couleurs; j'ai dit même que vous deviez le faire assassiner aujourd'hui; mais je vous ai vainement chargée de cet attentat, je n'ai pu ébranler sa constance: il sait quels transports j'ai laissé éclater en le quittant, & ses yeux ont été témoins de mon dépit & de ma confusion. Jalouse, désespérée, je suis revenue dans votre appartement; & par une fausse confidence, je me suis fait un mérite auprès de vous d'une démarche qui n'a tourné qu'à ma honte. Ce n'est donc point pour vous tirer d'embarras que je vous ai appris le nom que vous vouliez savoir; il est échappé au prince dans un transport qu'il n'a pu retenir; & j'ai cru que toujours ennemie des hommes, vous seriez bien-aise de pouvoir écarter Calaf. Enfin, j'ai cru par-là prévenir les funestes nœuds qui vont vous lier l'un à l'autre ; mais puisque mon artifice a été inutile, & que vous vous déterminez à épouser votre amant, je n'ai point d'autre parti à prendre que celui-ci. En achevant ces mots, elle tira de dessous sa robe un cangiar (*a*), & se le plongea dans le sein.

LXXIX. JOUR.

TOUTE l'assemblée frémit à cette action. Altoun-Kan en fut saisi d'horreur ; Calaf sentit diminuer sa joie, & Tourandocte, en jetant un grand cri, descendit de son trône, pour aller secourir la princesse esclave, & l'empêcher de périr, s'il étoit possible ; l'autre esclave favorite accourut aussi dans le même dessein, ainsi que les deux autres, qui tenoient l'encre & le papier ; mais avant qu'elles arrivassent, la malheureuse amante du fils de Timurtasch, comme si le coup qu'elle s'étoit donné n'eût pas suffi pour lui achever la vie, retira son poignard, & s'en frappa une seconde fois. Tout ce qu'elles purent faire, ce fut de recevoir dans leurs bras son corps chancelant : Adelmulc (*b*), lui dit la princesse de la Chine

---

(*a*) Poignard.
(*b*) Équité du royaume.

toute éplorée, ma chère Adelmulc, qu'avez-vous fait ? Falloit-il vous porter à cette extrêmité ? Pourquoi ne m'avez-vous pas ouvert votre cœur cette nuit ? que ne me disiez-vous que vous perdriez la vie, si j'époufois le prince Calaf ? quels efforts n'aurois-je pas faits pour une rivale telle que vous !

A ces paroles, la princesse esclave ouvrant des yeux que déjà la mort commençoit à fermer, les tourna d'un air languissant vers Tourandocte, & lui dit : C'en est fait, ma princesse, je vais cesser de vivre & de souffrir ; ne plaignez point mon fort ; louez plutôt ma généreuse résolution. Je m'affranchis en mourant d'un double esclavage ; je sors des fers d'Altoun-Kan & de ceux de l'Amour, qui sont encore plus rigoureux. J'ai sucé avec le lait les principes de Xaca (*a*), ainsi l'on ne doit pas être surpris que j'aie été capable de cette fermeté. En achevant ces mots, elle fit un profond soupir & expira.

Les mandarins & les docteurs furent touchés de la pitoyable fin d'Adelmulc ; Tourandocte répandit de nouvelles larmes ; & Calaf se regardant comme l'auteur de ce tragique évènement, en conçut une vive douleur. De son côté, le bon roi de la Chine en parut fort affligé : ah ! princesse

---

(*a*) Suivant la secte de Xaca, il n'y a point de récompense à espérer après la mort, ni de châtiment à craindre.

infortunée, dit-il, seul & précieux reste du débris d'une célèbre maison, de quoi vous sert présentement qu'on vous ait sauvée de la fureur des eaux ? hélas ! vous auriez été plus heureuse, si vous eussiez achevé votre destin le jour qui vit périr le malheureux Keycobad, le kan des Catalans votre père, & toute votre famille : puissiez-vous du moins, après avoir parcouru les neuf enfers (*a*), renaître fille d'un autre souverain à la première transmigration.

Altoun-Kan ne se contenta pas de déplorer ainsi le malheur de la princesse Adelmulc, il ordonna de superbes funérailles. On porta le corps dans un palais séparé, où il fut revêtu de riches habits blancs; & avant qu'on le mît dans le cercueil, le roi, avec tous les officiers de sa maison, alla lui faire la révérence & lui présenter des parfums ; ensuite on l'enferma dans un cercueil de bois d'aloës, & on le plaça sur une espèce de trône qui avoit été élevé pour cet effet au milieu d'une grande cour ; il demeura-là une

---

(*a*) La plupart des Chinois s'imaginent qu'il y a neuf enfers que les ames parcourent; qu'elles revivent ensuite, mais qu'elles n'ont pas toutes le même sort : celles qui sont les plus heureuses renaissent hommes, les autres deviennent des animaux semblables aux hommes; & les plus malheureuses prennent des formes d'oiseaux, sans espérance de pouvoir redevenir hommes à la première transmigration.

semaine entière ; & tous les jours les femmes des mandarins, couvertes de deuil depuis les pieds jufqu'à la tête, furent obligées de l'aller vifiter, & de lui faire chacune quatre révérences avec des démonftrations de douleur. Après cette cérémonie, le jour que le grand mathématicien avoit défigné pour l'enterrement, étant venu, on mit le cercueil fur un char de triomphe, couvert de plaques d'argent, entremêlées de figures d'animaux peintes fur du carton, puis on fit un facrifice au génie qui gardoit le char, afin que les funérailles s'achevaffent heureufement ; & après avoir arrofé le cercueil d'eau de fenteur, la marche commença : elle dura trois jours à caufe des diverfes cérémonies & des paufes qu'il fallut faire avant que d'arriver à la montagne où font les tombeaux des rois de la Chine ; car Altoun-Kan voulut que la cendre de la princeffe Adelmuc fût mêlée avec les cendres des princes mêmes de fa maifon ; il eft vrai que Tourandocte, par amitié pour fon efclave favorite, avoit prié le roi fon père de lui faire cet honneur.

Lorfque le convoi fut auprès de la montagne, on ôta le cercueil du char qui l'avoit apporté jufque-là, pour le mettre fur un autre encore plus riche ; enfuite on facrifia un taureau qu'on arrosa de vin aromatique, & on le présenta avec d'autres choses à la terre, en la suppliant de recevoir favorablement le corps de la princesse.

LXXX. JOUR.

Quand les obsèques d'Adelmulc furent finies, la cour de la Chine changea de face : on y quitta les habits de deuil, & les plaisirs succédèrent aux tristes soins dont on y avoit été occupé. Altoun-Kan ordonna les apprêts du mariage de Calaf avec Tourandocte ; & pendant qu'on y travailloit, il envoya des ambassadeurs à la tribu de Berlas, pour informer le kan des Nogaïs de tout ce qui s'étoit passé à la Chine, & pour le prier d'y venir avec la princesse sa femme.

Les préparatifs étant achevés, le mariage se fit avec toute la pompe & la magnificence qui convenoit à la qualité des époux ; on ne donna point de maîtres (a) à Calaf, & le roi déclara même publiquement, que pour marquer l'estime & la

(a) On donne ordinairement aux gendres des rois de la Chine, deux vieux mandarins pour leur servir de maîtres, & pour les instruire de tout ce qu'il convient aux princes de savoir : D'ailleurs, il faut observer que jusqu'à ce que la fille du roi ait eu des enfans, le *Fum-ma*, c'est-à-dire celui qui l'a épousée, est obligé de lui faire tous les jours quatre révérences à genoux.

considération particulière qu'il avoit pour son gendre, il le dispensoit de faire à son épouse les révérences ordinaires. On ne vit à la cour, pendant un mois entier, que spectacles & que festins; & il y eut aussi dans la ville de grandes réjouissances.

La possession de Tourandocte ne rallentit point l'amour de Calaf; & cette princesse qui avoit jusque-là regardé les hommes avec tant de mépris, ne put se défendre d'aimer un prince si parfait. Quelque tems après leur mariage, les ambassadeurs qu'Altoun-Kan avoit envoyés au pays de Berlas, revinrent en bonne compagnie: ils avoient avec eux, non-seulement le père & la mère du gendre de leur roi; mais même le prince Alinguer, qui pour faire plus d'honneur à Elmaze & à Timurtasch, avoit voulu les accompagner avec les plus grands seigneurs de sa cour, & les conduire jusqu'à Pekin.

Le jeune prince des Nogaïs, averti de leur arrivée, ne manqua pas d'aller au-devant d'eux; il les rencontra à la porte du palais: il faut se représenter la joie qu'il eut de revoir son père & sa mère, & les transports dont ils furent agités à sa vue; car c'est une chose qu'il n'est pas possible d'exprimer par des paroles. Ils s'embrasèrent tous trois à plusieurs reprises, & les larmes qu'ils répandirent en s'embrassant, excitèrent sèrent celles des Chinois & des Tartares qui étoient préfens.

Après de fi doux embraffemens, Calaf falua le kan de Berlas; il lui témoigna combien il étoit touché de fes bontés, & fur-tout de ce qu'il avoit voulu accompagner lui-même jufqu'à la cour de la Chine, les auteurs de fa naiffance; à quoi le prince Alinguer répondit : qu'ignorant la qualité de Timurtafch & d'Elmaze, il n'avoit pas eu pour eux tous les égards qu'il leur devoit; & qu'ainfi, pour réparer les mauvais traitemens qu'il pouvoit leur avoir faits, il avoit cru devoir faire cette démarche. Là-deffus le kan des Nogaïs & la princeffe fa femme firent des complimens au fouverain de Berlas; enfuite ils entrèrent tous dans le palais pour aller voir Altoun-Kan. Ils trouvèrent ce monarque qui les attendoit dans la première falle; il les embraffa tous l'un après l'autre, & les reçut fort agréablement : il les conduifit enfuite dans fon cabinet, où après avoir témoigné à Timurtafch le plaifir qu'il avoit de le voir, & la part qu'il prenoit à fes malheurs, il l'affura qu'il emploieroit toutes fes forces pour le venger du fultan de Carizme; & cette affurance ne fut pas vaine; car dès le même jour on envoya ordre aux gouverneurs des provinces, de faire marcher en diligence les soldats (*a*) qui étoient dans les villes de leurs jurisdictions, & de leur faire prendre la route du lac Baljouta, qu'on avoit choisi pour le rendez-vous de la formidable armée qu'on vouloit assembler. De son côté, le kan de Berlas qui avoit prévu cette guerre, & qui souhaitoit de contribuer au rétablissement de Timurtasch dans ses états, avoit en partant de sa tribu, ordonné au premier chef de ses troupes, de se tenir prêt à se mettre en campagne au premier ordre. Il lui manda de se rendre auprès du lac Baljouta le plutôt qu'il lui seroit possible.

Tandis que les officiers & les soldats qui devoient composer l'armée d'Altoun-Kan, & qui se trouvoient dispersés dans les villes du royaume, étoient en marche pour s'assembler tous dans le même lieu, ce roi n'épargna rien pour bien recevoir ses nouveaux hôtes; il leur fit donner à chacun un palais séparé avec un grand nombre d'eunuques, & une garde de deux mille hommes. Chaque jour il les régaloit de quelque nouvelle fête, & il mettoit toute son attention à rechercher ce qui pouvoit leur faire plaisir. Calaf, quoiqu'occupé de mille soins, n'oublia pas sa

---

(*a*) Il y a dans toutes les villes du royaume de la Chine, des soldats qui n'ont point d'autre métier que celui de la guerre, & il y en a aussi qui de plus sont artisans, comme cordonniers & tisserans.

vieille hôtesse, il se ressouvint avec plaisir de la part qu'elle avoit prise à son sort; il la fit venir au palais, & pria Tourandocte de la recevoir parmi les personnes de sa suite.

LXXXI. JOUR.

L'Espérance que Timurtasch & la princesse Elmaze avoient de remonter sur le trône des Tartares Nogaïs, par le secours du roi de la Chine, leur fit insensiblement oublier leurs malheurs passés; & le beau prince, dont Tourandocte accoucha dans ce tems-là, les combla de joie. La naissance de cet enfant, qui fut nommé le prince de la Chine, fut célébrée dans toutes les villes de ce vaste empire par des réjouissances publiques.

Elles duroient encore, lorsqu'on apprit des couriers, envoyés par les officiers qui avoient ordre d'assembler l'armée, que toutes les troupes du royaume, & celles même du kan de Berlas étoient arrivées au lac Baljouta. Aussi-tôt Timurtasch, Calaf & Alinguer partirent pour se rendre au camp, où ils trouvèrent en effet toutes choses en état (a), & sept cens mille hommes

___
(a) Ce qui est très-possible, puisqu'il y a plus d'un million de soldats de profession dans tout le royaume. Il y en a ordinairement quatre-vingt mille dans la seule ville de Pekin.

prêts à marcher : ils prirent bientôt le chemin de Cotan, d'où ils allèrent à Cachar, & enfin ils entrèrent dans les états du sultan de Carizme.

Ce prince, averti de leur marche & de leur nombre, par les couriers que lui envoyèrent les gouverneurs de ses places frontières, au-lieu d'être étonné de tant d'ennemis, se prépara courageusement à les bien recevoir. Au-lieu même de se retrancher, il eut l'audace de marcher au-devant d'eux à la tête de quatre cens mille hommes qu'il avoit ramassés en diligence. Ils se rencontrèrent auprès de Cogende, où ils se mirent en bataille. Du côté des Chinois, Timurtasch commandoit l'aîle droite ; le prince Alinguer la gauche, & Calaf étoit au centre : de l'autre côté, le sultan confia la conduite de son aîle droite au plus habile de ses généraux, opposa le prince de Carizme au prince des Nogaïs, & se réserva la gauche où étoit l'élite de sa cavalerie. Le kan de Berlas commença le combat avec les soldats de sa tribu, qui se battant comme des gens qui avoient les yeux de leur maître pour témoins de leurs actions, firent bientôt plier l'aîle droite des ennemis ; mais l'officier qui la commandoit la rétablit : il n'en fut pas de même de Timurtasch ; le sultan l'enfonça dès le premier choc, & les Chinois en désordre, étoient prêts à prendre la fuite, fans que le kan des Nogaïs pût les retenir, lorfque Calaf, informé de ce qui fe paffoit, laiffa le foin du centre à un vieux général Chinois, & courut au fecours de fon père avec des troupes choifies. En peu de tems les chofes changèrent de face ; la gauche des Carizmiens fut enfoncée à fon tour, les rangs s'ouvrirent & furent enfuite facilement rompus : toute l'aîle fut mife en déroute. Le fultan qui vouloit vaincre ou mourir, fit des efforts incroyables pour rallier fes foldats ; mais Timurtafch & Calaf ne lui en donnèrent pas le tems, & l'enveloppèrent de toutes parts; de forte que le prince Alinguer ayant auffi défait l'aîle droite, la victoire fe déclara pour les Chinois.

Il ne reftoit plus au fultan de Carizme qu'un parti à prendre, c'étoit de fe faire un paffage au travers de fes ennemis, & de fe réfugier chez quelque prince étranger ; mais ce prince aimant mieux ne pas furvivre à fa défaite, que d'aller montrer aux nations un front dépouillé de tous fes diadêmes, fe jeta en aveugle où il s'apperçut qu'on faifoit un plus grand carnage, & il ne ceffa point de combattre, jufqu'à ce que frappé de mille coups mortels, il tomba fans vie, & demeura dans la foule des morts. Le prince de Carizme fon fils eut la même deftinée ; deux cens mille hommes des leurs furent tués ou faits prisonniers ; le reste chercha son salut dans la fuite : les Chinois perdirent aussi beaucoup de monde ; mais si la bataille avoit été sanglante, en récompense, elle étoit décisive. Timurtasch, après avoir rendu grâces au ciel de cet heureux succès, envoya un officier à Pekin pour en faire le détail au roi de la Chine : ensuite il s'avança dans le Zigantay, & s'empara de la ville de Carizme.

LXXXII. JOUR.

IL fit publier dans cette capitale, qu'il n'en vouloit ni aux richesses, ni à la liberté des Carizmiens ; que Dieu l'ayant rendu maître du trône de son ennemi, il prétendoit le conserver ; que désormais le Zagatay, & les autres pays qui étoient sous l'obéissance du sultan, reconnoîtroient pour leur souverain le prince Calaf son fils.

Les Carizmiens, fatigués de la domination de leur dernier maître, & persuadés que celle de Calaf seroit plus douce, se soumirent de bonne grâce, & proclamèrent sultan ce jeune prince dont ils connoissoient le mérite. Pendant que le nouveau sultan de Carizme prenoit toutes les mesures nécessaires pour affermir sa puissance, Timurtasch partit avec une partie des troupes

Chinoises, & se rendit avec toute la diligence possible dans ses états. Les tartares Nogaïs le reçurent comme des sujets fidèles, qui étoient ravis de revoir leur légitime souverain; mais il ne se contenta pas de remonter sur son trône, il déclara la guerre aux Circassiens, pour se venger de la trahison qu'ils avoient faite au prince Calaf à Jund. Au-lieu de chercher à l'appaiser par des soumissions, ces peuples formèrent à la hâte une armée pour lui résister : il les battit, les tailla presque tous en pièces, & se fit déclarer roi de Circassie. Après cela s'en étant retourné au Zagatay, il y trouva les princesses Elmaze & Tourandocte, qu'Altoun-Kan avoit fait conduire à Carizme avec beaucoup d'appareil.

Telle fut la fin des malheurs du prince Calaf, qui s'attira par ses vertus l'amour & l'estime des Carizmiens. Il régna long-tems & paisiblement sur eux; & toujours charmé de Tourandocte, il en eut un second fils, qui fut après lui sultan de Carizme; car pour le prince de la Chine, Altoun-Kan le fit élever, & le choisit pour son successeur. Timurtasch & la princesse sa femme allèrent passer le reste de leurs jours à Astracan; & le kan de Berlas, après avoir reçu d'eux & de leur fils, toutes les marques de reconnoissance que méritoit sa générosité, se retira dans sa tribu avec le reste de ses troupes.

La nourrice de la princesse de Caschmire ayant achevé de raconter l'histoire de Calaf, demanda aux femmes de Farruknaz ce qu'elles en pensoient. Elles lui dirent toutes qu'elle étoit très-intéressante, & que Calaf leur paroissoit un prince vertueux & un parfait amant. Pour moi, dit alors la princesse, je le trouve plus vain qu'amoureux, un peu étourdi ; en un mot, ce qu'on appelle un jeune homme. A l'égard du vieux roi de Mousel, du bon Fadlallah, poursuivit-elle en souriant, il faut avouer que c'est un époux tendre & fidèle ; au-lieu de se laisser mourir brusquement, comme Zemroude, il a mieux aimé vivre cinquante ans après elle pour la pleurer. Hé bien, ma princesse, dit la nourrice, puisque Calaf & Fadlallah ne satisfont pas encore votre délicatesse, je vais, si vous voulez me le permettre, vous raconter l'histoire d'un roi de Damas & de son visir, peut-être en serez-vous plus contente : Très-volontiers, repartit Farrukhnaz, mes femmes aiment trop vos récits, pour ne leur pas donner le plaisir de vous entendre : il est vrai que vous savez faire d'agréables portraits ; mais, Sutlumemé, ajouta-t-elle, ma chère Sutlumemé, vous avez beau peindre les hommes avec les plus belles couleurs, leurs défauts percent toujours au travers de vos peintures.

HISTOIRE

DU ROI BEDREDDIN-LOLO
& de son Visir Atalmulc, surnommé le Visir triste.

BEDREDDIN LOLO, roi de Damas, reprit la nourrice, avoit pour grand visir un homme de bien, à ce que rapporte l'histoire de son tems : Ce ministre, qui se nommoit Atalmulc (a), étoit bien digne du beau nom qu'il portoit ; il avoit un zèle infatigable pour le service du roi, une vigilance qu'on ne pouvoit tromper, un génie pénétrant & fort étendu, & avec cela un désintéressement que tous les peuples admiroient ; mais il fut surnommé le visir triste, parce qu'il paroissoit ordinairement plongé dans une profonde mélancolie : il étoit toujours sérieux, quelque action ridicule qu'il vît faire à la cour, & il ne rioit jamais, quelque plaisante chose qu'on pût dire devant lui.

Un jour le roi l'entretenoit en particulier, & lui contoit en riant de tout son cœur une aventure qu'il venoit d'apprendre ; le visir l'écouta si sérieusement, que Bedreddin en fut choqué : Atalmulc, lui dit-il, vous êtes d'un étrange ca-

---

(a) Présent fait au royaume.

ractère; vous avez toujours l'air sombre & triste; depuis dix ans que vous êtes à moi, je n'ai jamais vu paroître sur votre visage la moindre impression de joie : Seigneur, répondit le visir, votre majesté ne doit pas s'en étonner ; chacun a ses peines ; il n'est point d'homme sur la terre qui soit exempt de chagrin. Votre réponse n'est pas juste, répliqua le roi ; parce que vous avez sans doute quelque secret déplaisir, est-ce à dire pour cela que tous les hommes en doivent avoir aussi ? croyez-vous de bonne foi ce que vous dites ? Oui, seigneur, repartit Atalmulc, telle est la condition des enfans d'Adam ; notre cœur ne sauroit jouir d'une entière satisfaction ; jugez des autres par vous-même, sire ; votre majesté est-elle parfaitement contente ? Ho, pour moi, s'écria Bedreddin, je ne puis l'être ; j'ai des ennemis sur les bras ; je suis chargé du poids d'un empire ; mille soins partagent mes esprits, & troublent le repos de ma vie ; mais je suis persuadé qu'il y a dans le monde une infinité de particuliers, dont les jours heureux coulent dans des plaisirs qui ne sont mêlés d'aucune amertume.

LXXXIII. JOUR.

Le visir Atalmulc soutenoit toujours ce qu'il avoit avancé, de sorte que le roi le voyant fort attaché à son opinion, lui dit : Si personne n'est exempt de chagrin, tout le monde, du moins, n'est pas, comme vous, possédé de son affliction: Vous me donnez, je l'avoue, une vive curiosité de savoir ce qui vous rend si rêveur & si triste; apprenez-moi pourquoi vous êtes insensible aux ris, qui font les plus doux charmes de la société? Je vais vous obéir, seigneur, répondit le visir, & vous découvrir la cause de mes secrets ennuis, en vous racontant l'histoire de ma vie.

HISTOIRE

D'Atalmulc, surnommé le Visir triste, & de la Princesse Zélica Béyume.

Je suis fils unique d'un riche joaillier de Bagdad. Mon père, qui se nommoit Coaja Abdallah, n'épargna rien pour mon éducation : il me donna presque dès mon enfance des maîtres qui m'enseignèrent diverses sortes de sciences, comme la philosophie, le droit, la théologie; & sur-tout il me fit apprendre toutes les langues différentes qui se parlent dans l'Asie, afin que si je voyageois un jour dans cette partie du monde, cela me pût être utile dans mes voyages.

J'aimois naturellement le plaisir & la dépense; mon père s'en apperçut avec douleur; il tâcha même, par de sages remontrances, de détruire en moi ce penchant; mais quelles impressions peuvent faire sur un fils libertin, les discours sensés d'un père ? J'écoutois sans attention ceux d'Abdallah, ou je les imputois aux chagrins de la vieillesse. Un jour que je me promenois avec lui dans le jardin de notre maison, & qu'il blâmoit ma conduite à son ordinaire, il me dit : O mon fils! j'ai remarqué jusqu'ici que mes réprimandes n'ont fait que te fatiguer; mais tu seras bientôt débarrassé d'un censeur importun; l'ange de la mort n'est pas éloigné de moi; je vais descendre dans l'abîme de l'éternité, & te laisser de grandes richesses; prends garde d'en faire un mauvais usage, ou du moins si tu es assez malheureux pour les dissiper follement, ne manque pas d'avoir recours à cet arbre que tu vois au milieu de ce jardin; attache à une de ses branches un cordeau funeste, & préviens par-là tous les maux qui accompagnent la pauvreté.

Il mourut effectivement peu de tems après, comme il l'avoit prédit : je lui fis de superbes funérailles, & pris ensuite possession de tous ses biens; j'en trouvai une si prodigieuse quantité, que je crus pouvoir impunément me livrer au penchant que j'avois pour le plaisir. Je grossis le nombre de mes domestiques; j'attirai chez moi tous les jeunes gens de la ville; je tins table ouverte, & me jetai dans toutes sortes de débauches; de manière qu'insensiblement je mangeai mon patrimoine; mes amis m'abandonnèrent aussi-tôt, & tous mes domestiques me quittèrent l'un après l'autre. Quel changement dans ma fortune! mon courage en fut abattu; je me ressouvins alors, mais trop tard, des dernières paroles de mon père. Que je suis bien digne de la situation où je me trouve, disois-je; pourquoi n'ai-je pas profité des conseils d'Abdallah? ce n'étoit pas sans raison qu'il me recommandoit de ménager mon bien : est-il un état plus affreux que celui d'un homme qui sent la nécessité, après avoir connu l'abondance? Ah! du moins je ne négligerai pas tous ses avis; je n'ai point oublié qu'il me conseilla de terminer moi-même mon destin, si je tombois dans la misère; j'y suis tombé; je veux suivre ce conseil, qui n'est pas moins judicieux que l'autre; car enfin, quand j'aurai vendu ma maison, la seule chose qui me reste, & qui ne suffira tout au plus qu'à me nourrir quelques années, que faudra-t-il que je devienne ? je ferai réduit à demander l'aumône, ou à mourir de faim : quelle alternative ! il vaut mieux que je me pende tout-àl'heure ; je ne saurois trop tôt affranchir mon esprit de ces idées cruelles.

En difant cela, j'allai acheter un cordeau, j'entrai dans mon jardin, & m'approchai de l'arbre que mon père m'avoit marqué, qui me parut en effet fort propre pour mon deffein. Je mis au pied de cet arbre deux groffes pierres, fur lefquelles étant monté, je levai les bras pour attacher à une groffe branche la corde par un bout ; je fis de l'autre un nœud coulant, que je me paffai au cou, enfuite je m'élançai en l'air de deffus les deux pierres. Le nœud coulant, que j'avois fort bien fait, alloit m'étrangler ; lorfque la branche où le cordeau étoit attaché, cédant au poids qui l'entraînoit, fe détacha du tronc auquel elle ne tenoit que foiblement, & tomba avec moi.

Je fus d'abord très-mortifié d'avoir fait un effort inutile pour me pendre ; mais en regardant la branche qui avoit fi mal fervi mon défefpoir, je m'apperçus avec furprife qu'il en fortoit quelques diamans, & qu'elle étoit creufe, auffi-bien que tout le tronc de l'arbre : je courus chercher une hache dans la maifon, & je coupai l'arbre que je trouvai plein de rubis, d'éméraudes & d'autres pierres précieuses; j'ôtai vîte de mon cou le nœud coulant, & paſſai du déſeſpoir à la joie la plus vive.

LXXXIV. JOUR.

Au lieu de m'abandonner au plaiſir, & de vivre comme duparavant, je réſolus d'embraſſer la profeſſion de mon père. Je me connoiſſois bien en pierreries, & j'avois lieu d'eſpérer que je ne ferois point mal mes affaires; je m'aſſociai avec deux marchands joailliers de Bagdad, qui avoient été amis d'Abdallah, & qui devoient aller trafiquer à Ormus. Nous nous rendîmes tous trois à Baſra; nous y affrétâmes un vaiſſeau, & nous nous embarquâmes ſur le golfe qui porte le nom de cette ville.

Nous vivions en bonne intelligence; & notre vaiſſeau, pouſſé par un vent favorable, fendoit légèrement les flots. Nous paſſions les jours à nous réjouir, & le cours de notre navigation alloit finir au gré de nos ſouhaits, quand mes deux aſſociés me firent connoître que je n'étois pas en ſociété avec de fort honnêtes gens. Nous étions prêts d'arriver à la pointe du golfe & de prendre terre, ce qui nous mit de bonne humeur. Dans la joie qui nous animoit, nous n'épargnâmes pas les vins (*a*) exquis, dont nous avions eu foin de faire provifion à Bafra; après avoir bien bu, je m'endormis au milieu de la nuit, tout habillé, fur un fopha: tandis que je dormois d'un profond fommeil, mes affociés me prirent entre leurs bras, & par une fenêtre du vaiffeau me précipitèrent dans la mer; je devois trouver la mort dans fes abîmes, & je ne comprends pas comment il eft poffible que je vive encore, après cette aventure; mais la mer étoit groffe, & les vagues, comme fi le ciel leur eût défendu de m'engloutir, m'emportèrent jufqu'au pied d'une montagne, qui refferroit d'un côté la pointe du golfe; je me trouvai même fain & fauf fur le rivage, où je paffai le refte de la nuit à remercier Dieu de ma délivrance, que je ne pouvois affez admirer.

Dès que le jour parut, je grimpai avec beaucoup de peine au haut de la montagne, qui étoit très-efcarpée; j'y rencontrai plufieurs payfans des environs, qui s'occupoient à tirer du cryftal, pour l'aller vendre enfuite à Ormus; je leur contai à quel péril ma vie venoit d'être expofée, & il leur fembla, comme à moi, que je n'en étois échappé que par miracle. Ces bonnes gens

---

(*a*) Quoique le vin foit défendu aux Mahométans, les perfonnes de quelque condition ne fe font pas un fcrupule d'en boire en particulier.

eurent

eurent pitié de mon fort; ils me firent part de leurs provifions, qui confiftoient en miel & en ris, & ils me conduifirent à la grande ville d'Ormus, auffi-tôt qu'ils eurent leurs charges de cryftal: j'allai loger dans un caravanferail, où le premier objet qui s'offrit à mes yeux, fut un de mes affociés.

Il parut affez furpris de voir un homme qu'il croyoit avoir déjà fervi de pâture à quelque monftre marin: il courut chercher fon camarade, pour l'avertir de mon arrivée, & concerter la réception qu'ils me feroient tous deux. Ils eurent bientôt pris leur parti; je les vis un moment après l'un & l'autre; ils vinrent dans la cour où j'étois, & fe préfentèrent devant moi, fans faire femblant de me connoître: ah! perfides, leur dis-je, le ciel a rendu votre trahifon inutile; je vis encore malgré votre barbarie; remettez promptement entre mes mains toutes mes pierreries; je ne veux plus être en fociété avec de fi méchans hommes. A ce difcours, qui devoit les confondre, ils eurent l'impudence de me faire cette réponfe: ô voleur! ô fcélérat! qui es-tu, & d'où viens-tu? quelles pierreries, quels effets avons-nous qui t'appartiennent? En parlant ainfi, ils me donnèrent plufieurs coups de bâton; & comme je les menaçois de m'aller plaindre au cadi, ils me prévinrent, & fe rendirent chez ce juge ; ils lui firent de profondes révérences, & après lui avoir préfenté quelques pierreries qu'ils avoient fur eux, & qui peut-être étoient à moi, ils lui dirent : ô flambeau de l'équité, lumière qui diffipez les ténèbres de la mauvaife foi ! nous avons recours à vous ; nous fommes de foibles étrangers ; nous venons du bout du monde trafiquer ici : eft-il jufte qu'un voleur nous infulte ? & permettrez-vous qu'il nous enlève par une impofture, ce que nous n'avons acquis qu'après mille travaux & qu'au péril de nos vies ? Qui eft l'homme dont vous vous plaignez, leur dit le cadi ? Monfeigneur, lui répondirent-ils, nous ne le connoiffons point, nous ne l'avons jamais vu. J'arrivai chez le juge dans ce moment-là ; ils s'écrièrent dès qu'ils m'apperçurent : le voilà, monfeigneur, le voilà, ce miférable, ce voleur infigne, qui même eft affez hardi pour venir jufque dans votre palais, s'expofer à vos regards qui doivent épouvanter les coupables : grand juge ! daignez nous protéger.

Je m'approchai du cadi pour parler à mon tour ; mais n'ayant point de préfens à lui offrir, il me fut impoffible de me faire écouter. L'air ferme & tranquille que me donnoit le témoignage de ma confcience, paffa même dans fon efprit prévenu, pour une marque d'effronterie ;

il ordonna sur le champ à ses asas (*a*), de me conduire en prison; ce qu'ils exécutèrent fort exactement; de sorte que pendant qu'on me chargeoit de fers, mes associés s'en retournèrent triomphans, & bien persuadés que j'aurois besoin d'un nouveau miracle pour me tirer des mains du cadi.

LXXXV. JOUR.

JE n'en serois pas en effet sorti peut-être aussi heureusement que du golfe, sans un incident qui survint, & qui étoit encore un effet visible de la bonté du ciel. Les paysans qui m'avoient amené à Ormus, apprirent par hasard qu'on m'avoit emprisonné: touchés de compassion, ils allèrent trouver le cadi; ils lui dirent comment ils m'avoient rencontré, & lui firent un détail de tout ce que je leur avois conté dans la montagne. Le juge, sur leur rapport, ouvrit les yeux, se repentit de n'avoir pas voulu m'entendre, & résolut d'approfondir l'affaire. Il envoya chercher les deux marchands au caravansérail; mais ils n'y étoient plus; ils avoient déjà regagné leur vaisseau, & pris le large; car, malgré la prévention du juge, je ne laissois pas de leur cau-

___

(*a*) Archers.

ser de l'inquiétude. Une si prompte fuite acheva de persuader au cadi que j'étois en prison injustement ; il me fit mettre en liberté, & voilà quelle fut la fin de la société que j'avois faite avec ces deux honnêtes joailliers.

Échappé de la mer & de la justice, j'aurois dû me regarder comme un homme qui n'avoit pas peu de grâces à rendre au ciel ; mais j'étois dans une situation à ne lui pas tenir grand compte de m'avoir conservé ; sans argent, sans amis, sans crédit, je me voyois réduit à subsister de charité, ou à me laisser mourir de faim. Je sortis d'Ormus sans savoir ce que je deviendrois, & marchai vers la prairie de Lar, qui est entre les montagnes & la mer du sein Persique. En y arrivant, je rencontrai une caravane de marchands de l'Indostan qui en décampoit pour prendre le chemin de Chiras ; je me joignis à ces marchands, & par les petits services que je leur rendis, je trouvai moyen de subsister ; j'allai avec eux à Chiras, où je m'arrêtai ; le roi Schah Tahmaspe tenoit sa cour dans cette ville.

Un jour comme je revenois de la grande mosquée au caravansérail où j'étois logé, j'apperçus un officier du roi de Perse ; il étoit vêtu de riches habits, & parfaitement bien fait ; il me regarda fort attentivement, il m'aborda, & me dit : O jeune homme, de quel pays es-tu ? je vois bien que tu es étranger, & je ne crois pas que tu sois dans la prospérité; je répondis que j'étois de Bagdad, & qu'à l'égard de sa conjecture, elle n'étoit que trop véritable; ensuite je lui racontai mon histoire assez succinctement: il parut l'écouter avec attention, & se montra sensible à mon malheur. Quel âge as-tu, me dit-il? Je suis, repartis-je, dans ma dix-neuvième année; il m'ordonna de le suivre; il marcha devant moi, & prit le chemin du palais du roi, où j'entrai avec lui; il me mena dans un fort bel appartement où il me dit: Comment te nommes-tu? Je lui répondis que je m'appelois Hasan; il me fit encore plusieurs autres questions; &, satisfait de mes réponses: Hasan, reprit-il, je suis touché de ton infortune, & je veux te servir de père; apprends que je suis le capitaine aga (a) du roi de Perse; il y a une place de page vacante dans la casoda (b); je te choisis pour la remplir; tu es beau, jeune & bien fait; je ne puis faire un meilleur choix: il n'y a point de casodali (c) présentement que tu ne surpasses en bonne mine.

Je remerciai le capi-aga de toutes les bontés qu'il me témoignoit; il me prit sous sa protec-

---

(a) C'est le capitaine de la porte de la chambre du roi de Perse : c'est lui qui choisit les pages quand il en manque quelques-uns.

(b) *Casoda.* C'est la chambre du roi.

(c) On appelle ainsi les pages de la chambre du roi. Les pages des autres chambres se nomment autrement.

tion, & me fit donner un habillement de page. On m'inſtruiſit de tous mes devoirs, & je commençai à m'en acquitter d'une manière qui m'attira bientôt l'eſtime de nos Zuluflis (a), & fit honneur à mon patron.

Il étoit défendu, ſous peine de la vie, à tous les pages des douze chambres, de même qu'à tous les officiers du palais & aux ſoldats de la garde, de demeurer la nuit dans les jardins du ſérail après une heure marquée, parce que les femmes s'y promenoient quelquefois. J'y étois un ſoir tout ſeul, & je rêvois à mes malheurs; je m'abandonnai ſi bien à mes réflexions, que ſans m'en appercevoir, je laiſſai paſſer le tems preſcrit aux hommes pour ſe retirer. Je ſortis pourtant de ma rêverie; & jugeant que le moment de la retraite ne devoit pas être éloigné, je marchois avec précipitation pour rentrer dans le palais, lorſqu'une dame, au détour d'une allée, ſe préſenta tout-à-coup devant moi. Elle avoit un port majeſtueux; &, malgré l'obſcurité de la nuit, je remarquai qu'elle avoit de la jeuneſſe & de la beauté.

Vous allez bien vîte, me dit-elle; qui peut vous obliger à courir ainſi? J'ai mes raiſons, lui répondis-je; ſi vous êtes de ce palais, comme je

___

(a) Ce ſont ſix officiers des pages de la chambre du roi, ainſi nommés, parce qu'ils portent deux paquets de cheveux bouclés qui pendent depuis le haut des tempes juſqu'au cou.

n'en doute pas, vous ne pouvez les ignorer. Vous savez qu'il est défendu aux hommes de se trouver dans ces jardins après une certaine heure, & qu'il y va de la vie de contrevenir à cette défense. Vous vous avisez un peu tard de vous retirer, reprit la dame, l'heure est passée; mais vous en devez savoir bon gré à votre étoile; car sans cela vous ne m'auriez pas rencontrée. Que je suis malheureux! m'écriai-je, sans faire attention à d'autres choses qu'au nouveau danger où je voyois mes jours : pourquoi faut-il que je me sois laissé surprendre par le tems? Ne vous affligez pas, dit la dame; votre affliction m'outrage, ne devriez-vous pas être déjà consolé de votre malheur? Regardez-moi; je ne suis point mal faite; je n'ai que dix-huit ans; & pour le visage, je me flatte de ne l'avoir pas désagréable : Belle dame, lui dis-je, quoique la nuit dérobe à mes yeux une partie de vos charmes, j'en découvre plus qu'il n'en faut pour m'enchanter; mais entrez dans ma situation, & convenez qu'elle est un peu triste. Il est vrai, répliqua-t-elle, que le péril où vous êtes ne présente pas à l'esprit des idées bien riantes; votre perte pourtant n'est peut-être pas si assurée que vous vous l'imaginez; le roi est un bon prince, qui pourra vous pardonner.

Qui êtes-vous? madame, lui repartis-je, je suis Casodali : ah! vraiment, interrompit-elle, pour un page, vous faites bien des réflexions ; l'Atemadolet (*a*) n'en feroit pas davantage : hé! croyez-moi, n'ayez point d'inquiétude aujourd'hui de ce qui doit vous arriver demain, vous ne le savez pas ; le ciel s'en est réservé la connoissance, & vous a déjà peut-être préparé une voie pour sortir d'embarras ; laissez donc-là l'avenir, & ne soyez occupé que du présent. Si vous saviez qui je suis, & tout l'honneur que vous fait cette aventure, au-lieu d'empoisonner des momens si doux par des réflexions amères, vous vous estimeriez le plus heureux des hommes.

Enfin, la dame à force de m'agacer, dissipa la crainte qui m'agitoit. L'image du châtiment qui me menaçoit, s'effaça insensiblement de mon esprit ; &, me livrant tout entier aux flatteuses espérances qu'on me laissoit concevoir, je ne songeai plus qu'à profiter de l'occasion. J'embrassai la dame avec transport ; mais bien loin de se prêter à mes caresses, elle fit un cri en me repoussant très-rudement, & aussi-tôt je vis paroître dix ou douze femmes qui s'étoient cachées pour entendre notre conversation.

(*a*) *L'Atemadolet.* C'est le grand visir de Perse.

LXXXVI. JOUR.

Il ne me fut pas difficile alors de m'appercevoir que la personne qui venoit de me donner si beau jeu, s'étoit moquée de moi. Je jugeai que c'étoit quelque esclave de la princesse de Perse, qui, pour se divertir, avoit voulu faire l'aventurière; toutes les autres femmes accoururent promptement à son secours en éclatant de rire, & la trouvant un peu tremblante de la frayeur que je lui avois causée: Calé-Cairi, lui dit une d'entr'elles, avez-vous encore envie de prendre de pareils passe-tems? Ho pour cela non, répondit Calé-Cairi, cela ne m'arrivera plus; je suis bien payée de ma curiosité.

Les esclaves commencèrent ensuite à m'environner & à plaisanter. Ce page, disoit l'une, est un peu vif, il est né pour les belles aventures: si jamais, disoit une autre, je me promène toute seule la nuit, je souhaite de n'en pas trouver un plus sot. Quoique page, j'étois fort déconcerté de toutes leurs plaisanteries, qu'elles accompagnoient de longs éclats de rire: quand elles m'auroient raillé pour avoir été trop timide, je n'aurois pas été plus honteux.

Il leur échappa aussi des railleries sur l'heure

de la retraite que j'avois laissé passer ; elles dirent que c'étoit dommage que je périsse, & que je méritois bien qu'on me sauvât la vie, puisque j'étois si dévoué au service des dames. Alors celle que j'avois entendu nommer Calé-Cairi, s'adressant à une autre, lui dit : c'est à vous, ma princesse, c'est à vous d'ordonner de son sort ; voulez-vous qu'on l'abandonne, ou qu'on lui prête du secours ? Il faut le délivrer du danger où il est, répondit la princesse ; qu'il vive ; j'y consens : il faut même, afin qu'il se souvienne plus long-tems de cette aventure, la rendre encore plus agréable pour lui : faisons le entrer dans mon appartement, qu'aucun homme jusqu'ici ne peut se vanter d'avoir vu. Aussi-tôt deux esclaves allèrent chercher une robe de femme, & me l'apportent ; je m'en revêtis, & me mêlant parmi les personnes de la suite de la princesse, je l'accompagnai jusque dans son appartement, qu'éclairoit une infinité de bougies parfumées, qui se faisoient agréablement sentir ; il me parut aussi riche que celui du roi ; l'or & l'argent y brilloient de toutes parts.

En entrant dans la chambre de Zélica Beghume, c'est ainsi que se nommoit la princesse de Perse, je remarquai qu'il y avoit au milieu, sur le tapis de pied, quinze ou vingt grands carreaux de brocard disposés en rond : toutes les dames s'allèrent jeter dessus, & l'on m'obligea de m'y asseoir aussi ; ensuite Zélica demanda des rafraîchissemens. Six vieilles esclaves, moins richement vêtues que celles qui étoient assises, parurent à l'instant ; elles nous distribuèrent des mahramas (*a*), & servirent peu de tems après dans un grand bassin de martabani (*b*), une salade composée de lait caillé, de jus de citron & de tranches de concombres (*c*). On apporta une cuillière de cocnos (*d*) à la princesse, qui prit d'abord une cuillerée de salade, la mangea, & donna aussi-tôt sa cuillère à la première esclave qui étoit assise auprès d'elle à sa droite ; cette esclave fit la même chose que sa maîtresse, si bien que toute la compagnie se servit de la même cuillère à la ronde, jusqu'à ce qu'il n'y eût plus rien dans le bassin. Alors les six vieilles esclaves dont j'ai parlé, nous présentèrent de fort belle eau dans des coupes de cryftal.

Après ce repas l'entretien devint aussi vif que si nous eussions bu du vin ou de l'eau-de-vie de dattes. Calé-Cairi, qui par hasard ou autrement

---

(*a*) Ce sont des petits quarrés d'étoffe qu'on se met sur les genoux pour s'essuyer les doigts.

(*b*) *Martabani.* C'est de la porcelaine verte.

(*c*) Les concombres de Perse sont fort bons, & ne font point de mal, quoiqu'on les mange crus.

(*d*) Les cuillères du roi de Perse sont faites de becs de cocnos. C'est un oiseau fort estimé.

s'étoit placée vis-à-vis de moi, me regardoit quelquefois en souriant, & sembloit me vouloir faire comprendre par ses regards qu'elle me pardonnoit la vivacité que j'avois fait paroître dans le jardin. De mon côté, je jetois les yeux sur elle de tems en tems; mais je les baissois dès que je remarquois qu'elle avoit la vue sur moi; j'avois la contenance très-embarrassée, quelque effort que je fisse pour témoigner un peu d'assurance sur mon visage & dans mes actions. La princesse & ses femmes, qui s'en appercevoient bien, tâchèrent de m'inspirer de la hardiesse; Zélica me demanda mon nom, & depuis quand j'étois page de la Casoda.

Après que j'eus satisfait sa curiosité, elle me dit: hé bien, Hasan, prenez un air plus libre; oubliez que vous êtes dans un appartement dont l'entrée est interdite aux hommes; oubliez que je suis Zélica; parlez-nous comme si vous étiez avec de petites bourgeoises de Chiras; envisagez toutes ces jeunes personnes; examinez-les avec attention, & dites franchement quelle est celle d'entre nous qui vous plaît davantage.

LXXXVII. JOUR.

La princesse de Perse, au lieu de me donner de l'assurance par ce discours, comme elle se l'imaginoit, ne fit qu'augmenter mon trouble & mon embarras. Je vois bien, Hasan, me dit-elle, que j'exige de vous une chose qui vous fait de la peine; vous craignez sans doute, qu'en vous déclarant pour l'une, vous ne déplaisiez à toutes les autres; mais que cette crainte ne vous arrête pas; que rien ne vous contraigne; mes femmes sont tellement unies, que vous ne sauriez altérer leur union: considérez-nous donc, & nous faites connoître celle que vous choisiriez pour maîtresse, s'il vous étoit permis de faire un choix.

Quoique les esclaves de Zélica fussent parfaitement belles, & que cette princesse même eût de quoi se flatter de la préférence, mon cœur se rendit sans balancer aux charmes de Calé-Cairi; mais cachant des sentimens qui me sembloient faire injure à Zélica, je dis à cette princesse qu'elle ne devoit point se mettre sur les rangs, ni disputer un cœur avec ses esclaves; puisque telle étoit sa beauté, que par-tout où elle paroîtroit, on ne pourroit avoir des yeux que pour elle. En difant ces paroles, je ne pus m'empêcher de regarder Calé-Cairi d'une manière qui lui fit affez juger que la flatterie feule me les avoit dictées. Zélica s'en apperçut auffi : Hafan, me dit-elle, vous êtes trop flatteur ; je veux plus de fincérité ; je fuis perfuadée que vous ne dites pas ce que vous penfez ; donnez-moi la fatisfaction que je vous demande ; découvrez-nous le fond de votre ame ; toutes mes femmes vous en prient ; vous ne pouvez nous faire un plus grand plaifir. Effectivement les efclaves m'en prefsèrent ; Calé Cairi fur-tout fe montroit la plus ardente à me faire parler, comme fi elle eût deviné qu'elle y étoit la plus intéreffée.

Je me rendis enfin à leurs inftances ; je bannis ma timidité, & m'adreffant à Zélica : ma princeffe, lui dis-je, je vais donc vous fatisfaire : il feroit difficile de décider qui eft la plus belle dame, vous avez toutes une beauté raviffante ; mais l'aimable Calé-Cairi eft celle pour qui je me fens le plus d'inclination.

Je n'eus pas achevé ces mots, que les efclaves commencèrent à faire de grands éclats de rire, fans qu'il parût fur leurs vifages la moindre marque de dépit : font-ce là des femmes, dis-je en moi-même ? Zélica, au lieu de me laiffer voir que ma franchife l'eût offenfée, me dit : je fuis bien aife, Hafan, que vous ayez donné la préférence à Calé-Cairi; c'est ma favorite, & cela prouve que vous n'avez pas le goût mauvais. Vous ne connoissez pas tout le prix de la personne que vous avez choisie ; telle que vous nous voyez, nous sommes toutes d'assez bonne foi pour avouer que nous ne la valons pas. La princesse & les esclaves plaisantèrent ensuite Calé-Cairi sur le triomphe que venoient de remporter ses charmes, ce qu'elle soutint avec beaucoup d'esprit. Après cela, Zélica fit apporter un luth, & le mettant entre les mains de Calé-Cairi : montrez à votre amant, lui dit-elle, ce que vous savez faire. L'esclave favorite accorda le luth, & en joua d'une manière qui me ravit; elle l'accompagna de sa voix, & chanta une chanson dont le sens étoit, que *lorsqu'on a fait choix d'un objet aimable, il faut l'aimer toute sa vie.* En chantant, elle tournoit de tems en tems vers moi les yeux si tendrement, qu'oubliant tout-à-coup devant qui j'étois, je me jetai à ses pieds, transporté d'amour & de plaisir. Mon action donna lieu à de nouveaux éclats de rire, qui durèrent jusqu'à ce qu'une vieille esclave vint avertir que le jour alloit bientôt paroître, & que si l'on me vouloit faire sortir de l'appartement des femmes, il n'y avoit point de tems à perdre.

Alors Zélica, de même que ses femmes, ne songeant plus qu'à se reposer, me dit de suivre la vieille esclave qui me mena dans plusieurs galeries, & par mille détours me fit arriver à une petite porte dont elle avoit la clef : elle l'ouvrit : je sortis, & je m'apperçus dès qu'il fut jour, que j'étois hors l'enceinte du palais.

LXXXVIII. JOUR.

Voila de quelle manière je sortis de l'appartement de la princesse Zélica Beghume, & du nouveau péril où je m'étois imprudemment jeté moi-même. Je rejoignis mes camarades quelques heures après. L'Oda Bachi (a) me demanda pourquoi j'avois couché hors du palais. Je lui répondis qu'un de mes amis, marchand de Chiras, qui venoit de partir pour Basra avec toute sa famille, m'avoit retenu chez lui, & que nous avions passé la nuit à boire. Il me crut, & j'en fus quitte pour quelques réprimandes.

J'étois trop charmé de mon aventure pour l'oublier ; j'en rappelois à tous momens jusqu'aux moindres circonstances, & particulièrement celles qui flattoient le plus ma vanité ; c'est-à-dire, qui me faisoient croire que je m'étois attiré l'attention de l'esclave favorite de la

_____

(a) *L'Oda Bachi.* C'est le maître des pages, & celui qui a le pouvoir de les châtier lorsqu'ils ont commis quelque faute.

princesse.

princesse. Huit jours après, un eunuque vint à la porte de la chambre du roi, & dit qu'il vouloit me parler. Je l'allai trouver, pour lui demander de quoi il s'agissoit. Ne vous appelez-vous pas Hasan, me dit-il ? Je lui répondis qu'oui. En même-tems il me mit entre les mains un billet, & disparut aussi-tôt. On me mandoit que si j'étois d'humeur à me trouver encore la nuit prochaine dans les jardins du sérail après l'heure de la retraite, au même endroit où l'on m'avoit rencontré, j'y verrois une personne qui étoit très-sensible à la préférence que je lui avois donnée sur toutes les femmes de la princesse.

Quoique j'eusse soupçonné Calé-Cairi d'avoir pris du goût pour moi, je ne m'attendois point à recevoir cette lettre. Enivré de ma bonne fortune, je demandai à l'Oda-Bachi, permission d'aller voir un Derviche de mon pays, fraîchement arrivé de la Mecque ; ce qui m'ayant été accordé, je courus, je volai dans les jardins du sérail dès que la nuit fut venue. Si la première fois je m'étois laissé surprendre par le tems, en récompense il me parut bien long dans l'attente des plaisirs que je me promettois alors ; je crus que l'heure de la retraite ne viendroit jamais. Elle vint pourtant, & j'apperçus, peu de tems après, une dame, que je reconnus à sa taille & à son air pour Calé-Cairi.

Tome XIV.   D d

Je m'approchai d'elle, tout transporté de plaisir & de joie; & me prosternant à ses pieds, je demeurai le visage contre terre, sans pouvoir dire une parole, tant j'étois hors de moi-même. Levez-vous, Hasan, me dit-elle; je veux savoir si vous m'aimez : pour me le persuader, il faut d'autres peuves que ce silence tendre & passionné. Parlez-moi sans déguisement : est-il possible que vous m'ayez trouvée plus belle que toutes mes compagnes, & que la princesse Zélica même; croirai-je qu'en effet vos yeux me sont plus favorables qu'à elle? N'en doutez pas, lui répondis-je, trop aimable Calé-Cairi; lorsque la princesse & ses femmes forcèrent ma bouche à prononcer entre vous & elles, il y avoit déjà long-tems que mon cœur s'étoit déclaré pour vous. Depuis cette heureuse nuit, je n'ai pu me distraire un moment de votre image, & vous auriez toujours été présente à mon esprit, quand vous n'auriez jamais eu de bonté pour moi.

Je suis ravie, repartit-elle, de vous avoir inspiré tant d'amour; car de mon côté, je l'avouerai, je n'ai pu me défendre de prendre de l'amitié pour vous. Votre jeunesse, votre bonne mine, votre esprit vif & brillant, & plus que tout cela peut-être, la préférence que vous m'avez donnée sur de fort jolies personnes, vous a rendu aimable à mes yeux : la démarche que je fais le prouve assez ; mais hélas ! mon cher Hasan, ajouta-t-elle en soupirant, je ne sais si je dois m'applaudir de ma conquête, ou si je ne dois pas plutôt la regarder comme une chose qui va faire le malheur de ma vie.

Hé ! madame, lui dis-je, pourquoi, au milieu des transports que votre présence me cause, écoutez-vous un noir pressentiment ? ce n'est pas, repartit-elle, une crainte insensée qui vient en ce moment troubler nos plaisirs ; mes allarmes ne sont que trop bien fondées, & vous ne savez pas ce qui fait ma peine ; la princesse Zélica vous aime ; &, s'affranchissant bientôt du joug superbe auquel elle est liée, elle doit vous annoncer votre bonheur. Quand elle vous avouera que vous avez su lui plaire, comment recevrez-vous un aveu si glorieux ? l'amour que vous avez pour moi, tiendra-t-il contre l'honneur d'avoir pour maîtresse la première princesse du monde ? Oui, charmante Calé-Cairi, interrompis-je en cet endroit, vous l'emporterez sur Zélica : plût au ciel que vous puissiez avoir une rivale encore plus redoutable, vous verriez que rien ne sauroit ébranler la constance d'un cœur qui vous est asservi ! Quand Schah Tahmaspe n'auroit point de fils pour lui succéder, quand il se dépouilleroit du royaume de Perse, pour le donner à son gendre, & qu'il dépendît de moi de l'être, je vous sacrifierois une si haute fortune. Ah ! malheureux Hasan, s'écria la dame, où vous emporte votre amour ! quelle funeste assurance vous me donnez de votre fidélité ; vous oubliez que je suis esclave de la princesse de Perse. Si vous payez ses bontés d'ingratitude, vous attirerez sur nous sa colère, & nous périrons tous deux ; il vaut mieux que je vous cède à une rivale si puissante ; c'est le seul moyen de nous conserver.

Non, non, répliquai-je brusquement, il en est un autre que mon désespoir choisira plutôt ; c'est de me bannir de la cour ; ma retraite vous mettra d'abord à couvert de la vengeance de Zélica, & vous rendra votre tranquillité ; & tandis que peu-à-peu vous oublierez l'infortuné Hasan, il ira dans les déserts chercher la fin de ses malheurs. J'étois si pénétré de ce que je disois, que la dame se rendit à ma douleur, & me dit : cessez, Hasan, de vous abandonner à une affliction superflue ; vous êtes dans l'erreur, & vous paroissez mériter qu'on vous détrompe : je ne suis point une esclave de la princesse Zélica ; je suis Zélica même : la nuit que vous êtes venu dans mon appartement, j'ai passé pour Calé-Cairi, & vous avez pris Calé-Cairi pour moi. A ces mots, elle appela une de ses femmes, qui sortant d'entre quelques cyprès où elle se tenoit cachée, accourut vîte à sa voix, & je reconnus en effet cette esclave pour la dame que je croyois être la princesse de Perse.

LXXXIX. JOUR.

Vous voyez, Hasan, me dit Zélica, vous voyez la véritable Calé-Cairi; je lui rends son nom & je reprends le mien; je ne veux pas me déguiser plus long-tems, ni vous cacher l'importance de la conquête que vous avez faite; connoissez donc toute la gloire de votre triomphe. Quoique vous ayez plus d'amour que d'ambition, je suis persuadée que vous n'apprenez pas, sans un nouveau plaisir, que c'est une princesse qui vous aime.

Je ne manquai pas de dire à Zélica que je ne pouvois concevoir l'excès de mon bonheur, ni comment j'avois mérité que du faîte des grandeurs où elle étoit élevée, elle daignât descendre jusqu'à moi, & me venir chercher dans le néant, pour me faire un sort digne de l'envie des plus grands rois du monde. Enfin, surpris, enchanté des bontés de la princesse, je commençai à me répandre en discours pleins de reconnoissance; mais elle m'interrompit: Hasan, me dit-elle, cessez d'être étonné de ce que je fais pour vous; la fierté a peu d'empire sur des femmes renfermées : nous suivons, sans résistance, les mouvemens de notre cœur : vous êtes aimable, vous m'avez plu; cela suffit pour mériter mes bontés.

Nous passâmes presque toute la nuit à nous promener & à nous entretenir; & le jour nous auroit sans doute surpris dans les jardins, si Calé-Cairi, qui étoit avec nous, n'eût pris soin de nous avertir qu'il étoit tems de nous retirer. Il fallut donc nous séparer; mais avant que je quittasse Zélica, cette princesse me dit : adieu, Hasan, pensez toujours à moi; nous nous reverrons encore, & je promets de vous faire bientôt connoître jusqu'à quel point vous m'êtes cher. Je me jetai à ses pieds pour la remercier d'une promesse si flatteuse, après quoi Calé-Cairi me fit faire les mêmes détours que j'avois faits la première fois, & me mit hors l'enceinte du sérail.

Aimé de l'auguste princesse que j'idolâtrois, & me faisant une image charmante de ce qu'elle m'avoit promis, je m'abandonnai le lendemain & les jours suivans aux plus agréables idées qui puissent se présenter à l'esprit. C'étoit alors qu'on pouvoit dire qu'il y avoit sur la terre un homme heureux, si toutefois l'impatience de revoir Zélica me permettoit de l'être. Enfin, je me trouvois dans la situation qui fait le plus de plaisir aux amans, c'est-à-dire, que je touchois au moment qui devoit combler mes vœux, lorsqu'un évènement imprévu vint tout-à-coup m'enlever mes orgueilleuses espérances. J'entendis dire que la princesse Zélica étoit tombée malade, & deux jours après le bruit de sa mort se répandit dans le palais. Je ne voulois pas croire cette funeste nouvelle, & il fallut, pour y ajouter foi, que je visse préparer la pompe funèbre. Mes yeux, hélas! en furent les tristes témoins, & voici quel en fut l'ordre.

Tous les pages des douze chambres marchoient les premiers, nuds depuis la tête jusqu'à la ceinture : les uns s'égratignoient les bras, pour témoigner leur zèle & leur douleur; les autres y faisoient des caractères; & moi, profitant d'une si belle occasion de marquer le regret sincère, ou plutôt le désespoir dont j'étois saisi, je me déchirai le corps, je me mis tout en sang. Nos officiers nous suivoient d'un pas lent & d'un air grave; ils avoient derrière eux de longs rouleaux de papier de la Chine, déroulés & attachés à leurs turbans, & sur lesquels étoient écrits divers passages de l'Alcoran, avec quelques vers à la louange de Zélica, qu'ils chantoient d'un air aussi triste que respectueux. Après eux, paroissoit le corps dans un cercueil de bois de sandal, élevé sur un brancard d'ivoire que portoient douze hommes de qualité ; & vingt princes, parens de Schah Tahmafpe, tenoient chacun le bout d'un cordon de foie attaché au cercueil. Toutes les femmes du palais venoient enfuite en faifant d'affreux hurlemens ; & quand le corps fut arrivé au lieu de la fépulture, tout le monde fe mit à crier : *Laylah illallah* (a).

Je ne vis point le refte de la cérémonie, parce que l'excès de ma douleur, & le fang que j'avois perdu, me causèrent un long évanouiffement. Un de nos officiers me fit promptement porter dans notre chambre, où l'on eut grand foin de moi ; on me frotta le corps d'un excellent baume ; fi bien qu'au bout de deux jours je fentis mes forces rétablies ; mais peu s'en fallut que le souvenir de la princeffe ne me rendît infenfé : Ah ! Zélica, difois-je en moi-même à tous momens, eft-ce ainfi que vous dégagez la promeffe que vous me fîtes en vous quittant ? eft-ce là cette marque de tendreffe que vous vouliez me donner ? Je ne pouvois me confoler, & le féjour de Chiras me devenant infupportable, je fortis fecrètement de de la cour de Perfe trois jours après les obsèques de la princeffe Zélica.

_____

(a) Cri qu'on fait en Perfe lorfqu'on enterre les morts, qui fignifie : *Il n'y a point d'autre Dieu que Dieu.*

XC. JOUR.

Possédé de mon affliction, je marchai toute la nuit fans favoir où j'allois ni où je devois aller. Le lendemain matin, m'étant arrêté pour me repofer, il paffa près de moi un jeune homme qui avoit un habillement fort extraordinaire; il vint à moi, me falua, me préfenta un rameau verd qu'il tenoit à la main; & après m'avoir obligé par fes civilités à l'accepter, il fe mit à réciter des vers Perfans pour m'engager à faire l'aumône; comme je n'avois rien, je ne pouvois rien lui donner; il crut que je n'entendois pas la langue perfanne, il récita des vers Arabes; mais voyant qu'il ne réuffiffoit pas mieux d'une façon que de l'autre, & que je ne faifois pas ce qu'il fouhaitoit, il me dit : Frère, je ne puis me perfuader que tu manques de charité; je crois plutôt que tu n'as pas de quoi l'exercer : Vous êtes au fait, lui répondis-je; tel que vous me voyez, je n'ai pas feulement un afpre, & je ne fais où donner de la tête : Ah! malheureux, s'écria-t-il, quelle étrange condition eft la tienne! tu me fais pitié, je veux te fecourir.

J'étois affez furpris d'entendre ainfi parler un homme qui venoit de me demander l'aumône, &

je croyois que le secours qu'il m'offroit n'étoit autre chose que des prières & des vœux, lorsque poursuivant son discours : Je suis, ajouta-t-il, un de ces bons enfans qu'on appelle Faquirs (*a*) : quoique nous vivons de charité, nous ne laissons pas de vivre dans l'abondance, parce que nous savons exciter la pitié des hommes par un air de mortification & de pénitence que nous nous donnons. Véritablement, il y a des Faquirs qui sont assez simples pour être tels qu'ils paroissent, qui mènent une vie si austère, qu'ils seront quelquefois dix jours entiers sans prendre la moindre nourriture.

(*a*) *Les Faquirs* sont des gens qui font profession d'une vie austère ; mais la plupart sont des hypocrites : ils vont de royaume en royaume chercher des aventures ; ce sont des vagabonds. En voici le portrait : ils n'ont pour tout habit qu'une chemise qui leur va jusqu'au dessous du genou, & dont le bas est en falbala ; elle est ouverte par le haut jusqu'au nombril & sans manches ; deux nœuds la tiennent attachée sur les deux épaules ; cette chemise s'appelle *kefen*, c'est-à-dire, suaire : ils ont donc les bras nuds aussi-bien que les jambes, & ils portent des sandales nommées *nalén* ; ils ont sur la tête, qui est ordinairement rase, une petite calotte de toile jaune bordée, avec un petit bouton au-dessus. Leur ceinture est faite de griffes de lion, & l'on y voit trois choses attachées, *sikhtché-kard*, ou un long coûteau, un cornet de bufle comme nos vachers, & enfin, une corde au bout de laquelle pend un gros grelot qu'ils font entendre, en criant : *La Ilach Illallah Hindi faqir Ullah*. Ces paroles signifient : Il n'y a point d'autre Dieu que Dieu ; l'Indien est le pauvre de Dieu. Ce grelot s'appelle *zenghe Hayderi. Zenghe* veut dire sonnette, & *Hayder* est le nom de leur fondateur *Schéc Hayder*. Outre cela, ils ont à la main une pique garnie de rubans par le haut, comme celle des pélerins de Saint-Michel.

Nous sommes un peu plus relâchés que ceux-là ;
nous ne nous piquons pas d'avoir le fond de leurs
vertus, nous en conservons seulement les apparences. Veux-tu devenir un de nos confrères ? J'en
vais trouver deux qui sont à Bost ; si tu es d'humeur à faire le quatrième, tu n'as qu'à me suivre. N'étant pas accoutumé, lui dis-je, à vos pratiques de dévotion, je crains de m'acquitter mal..
Tu te moques, interrompit-il, avec tes pratiques ;
je te le répète encore, nous ne sommes pas des
Faquirs rigides ; en un mot, nous n'en avons que
l'habit.

Quoique ce Faquir, par ses paroles, me fît connoître que ses deux confrères & lui, étoient trois
libertins, je ne refusai pas de me joindre à eux.
Outre que je me trouvois dans un état misérable,
je n'avois pas appris parmi les pages à être scrupuleux sur les liaisons. Aussi-tôt que j'eus dit au
Faquir que je consentois à faire ce qu'il souhaitoit, il me conduisit à Bost en me faisant subsister
sur la route, de dattes, de ris & d'autres provisions qu'on lui donnoit dans les bourgs & les villages par où nous passions. D'abord qu'on entendoit son grelot & son cri, les bons musulmans
accouroient avec des vivres dont on le chargeoit.

Nous arrivâmes de cette manière à la ville de
Bost ; nous entrâmes dans une petite maison située
dans les fauxbourgs, où demeuroient les deux au-

tres Faquirs. Ils nous reçurent à bras ouverts, & parurent charmés de la réfolution que j'avois prife de vivre avec eux. Ils m'eurent bientôt initié à leurs myftères, c'eft-à-dire, qu'ils m'enfeignèrent toutes leurs grimaces. Quand je fus bien inftruit dans l'art de tromper le peuple, ils m'habillèrent comme eux, & m'obligèrent d'aller dans la ville préfenter aux honnêtes gens des fleurs ou des rameaux, & leur réciter des vers. Je revenois toujours au logis chargé de quelques pièces d'argent qui fervoient à nous faire faire bonne chère.

J'étois encore trop jeune, & j'aimois trop le plaifir naturellement, pour pouvoir réfifter au mauvais exemple que ces Faquirs me donnoient. Je me jetai dans toutes fortes de débauches, & par-là je perdis infenfiblement le fouvenir de la princeffe de Perfe. Ce n'eft pas qu'elle ne s'offrît quelquefois à ma penfée, & qu'elle ne m'arrachât des foupirs; mais au-lieu de nourrir ces foibles reftes de douleur, je n'épargnois rien pour les détruire, & je difois fouvent: Pourquoi penfer à Zélica, puifque Zélica n'eft plus? Quand je la pleurerai toute ma vie, de quoi lui ferviront mes pleurs?

XCI. JOUR.

JE paſſai près de deux années avec ces Faquirs, & j'y aurois demeuré bien davantage, ſi celui qui m'avoit attiré parmi eux, & que j'aimois plus que les autres, ne m'eût propoſé de voyager. Haſan, me dit-il un jour, je commence à m'ennuyer dans cette ville, il me prend envie de courir le pays. J'ai ouï dire des merveilles de la ville de Candahar; ſi tu veux m'accompagner, nous verrons ſi l'on m'en a fait un rapport fidèle. J'y conſentis, pouſſé par la curioſité de voir de nouveaux pays, ou, pour mieux dire, entraîné par cette puiſſance ſupérieure qui nous fait agir néceſſairement.

Nous partîmes donc tous deux de Boſt; & après avoir paſſé par pluſieurs villes du Ségeſtan, ſans nous y arrêter, nous arrivâmes à la belle ville de Candahar, qui nous parut revêtue de fortes murailles. Nous allâmes loger dans un Caravanſérail, où l'on nous reçut fort charitablement, en faveur des habits que nous portions, & c'étoit en effet ce que nous avions de plus recommandable. Nous trouvâmes tous les habitans de la ville dans un grand mouvement, parce qu'on devoit le lendemain célébrer la fête du Guilous (*a*). Nous ap-

---

(*a*) *Le Guilous.* C'eſt une fête qui ſe fait tous les ans le même jour que le roi a été couronné.

prîmes qu'à la Cour on n'étoit pas moins occupé, tout le monde voulant fignaler fon zèle pour le roi Firouzchah, qui fe faifoit aimer des bons par fon équité, & encore plus craindre des méchans par la rigueur avec laquelle il les traitoit.

Comme les Faquirs entrent par-tout, fans que perfonne puiffe les en empêcher, nous allâmes à la cour le jour fuivant pour voir la fête, qui n'eut pas de quoi charmer les yeux d'un homme qui avoit vu le Guilous du roi de Perfe. Pendant que nous étions attentifs à regarder tout ce qui fe paffoit, je me fentis tirer par le bras. En même-tems je tournai la tête, & j'apperçus auprès de moi l'eunuque, qui dans le palais de Schah Tahmafpe, m'avoit donné une lettre de la part de Calé-Cairi, ou plutôt de Zélica.

Seigneur Hafan, me dit-il, je vous ai reconnu malgré l'étrange habillement qui vous couvre. Bien qu'il me femble toutefois que je ne me trompe point, je ne fais fi je ne dois pas me défier du rapport de mes yeux. Eft-il poffible que je vous rencontre ici ? Et vous, lui répondis-je, que faites-vous à Candahar ? Pourquoi avez-vous quitté la cour de Perfe ? La mort de la princeffe Zélica vous en auroit-elle écarté comme moi ? C'eft, reprit-il, ce que je ne puis vous dire préfentement ; mais je fatisferai pleinement votre curiofité, fi vous voulez vous trouver feul ici demain à la même heure. Je vous apprendrai des choses qui vous étonneront; d'ailleurs, je vous avertis qu'elles vous regardent.

Je lui promis de revenir seul au même endroit le jour suivant, & je ne manquai pas de tenir ma promesse. L'eunuque parut, il vint à moi, & me dit, sortons de ce palais, cherchons un lieu plus commode pour nous entretenir. Nous allâmes dans la ville, nous traversâmes plusieurs rues, & enfin nous nous arrêtâmes à la porte d'une assez grande maison dont il avoit la clef. Nous y entrâmes. Je vis des appartemens fort bien meublés, de beaux tapis de pied, de riches sophas, & j'apperçus un jardin très-cultivé, au milieu duquel il y avoit un bassin plein d'une fort belle eau, & bordé de marbre jaspé.

Seigneur Hasan, me dit l'eunuque, trouvez-vous cette maison agréable? Fort agréable, lui répondis-je. J'en suis bien aise, reprit-il; car je l'ai louée hier pour vous, telle que vous la voyez. Il vous faut aussi quelques esclaves pour vous servir. Je vais vous en acheter pendant que vous vous baignerez. En disant cela, il me conduisit dans une chambre où il y avoit des bains préparés. Au nom de Dieu, lui dis-je, apprenez-moi pourquoi vous m'avez amené ici, & quelles sont ces choses que vous aviez à me dire? On vous les dira, repartit-il, en tems & lieu. Qu'il vous suffise de savoir préfentement, que votre fort a bien changé depuis que je vous ai rencontré, & que j'ai ordre d'en ufer avec vous comme j'en ufe. En même-tems il m'aida à me déshabiller; ce qui fut bientôt fait. Je me mis au bain, & l'eunuque fortit en me priant de ne me point impatienter.

Ce myftère qu'on me faifoit, me donna beaucoup à penfer; mais j'eus beau fatiguer mon efprit pour tâcher d'être au fait, je fis des efforts fuperflus. Chapour me laiffa dans l'eau fort long-tems, & je commençois à perdre patience, lorfqu'il revint fuivi de quatre efclaves, dont deux étoient chargés de linges & d'habits, & les autres de toutes fortes de provifions. Je vous demande pardon, Seigneur, me dit-il, je fuis fâché de vous avoir tant fait attendre. Auffi-tôt les efclaves mirent leurs paquets fur des fophas, & s'empreffèrent à me fervir. Ils me frottèrent avec des linges fins & neufs; enfuite ils me firent prendre une riche vefte, avec une robe magnifique & un turban. Où tout ceci doit-il aboutir, difois-je en moi-même ? Par l'ordre de qui cet eunuque me traite-t-il de cette manière ? J'avois une impatience d'en être éclairci, que je ne pouvois modérer.

XCII.

XCII. JOUR.

CHAPOUR s'en apperçut bien. C'eſt à regret, me dit-il, que je vous vois en proie à votre inquiétude, mais je ne puis vous ſoulager. Quand il ne m'auroit pas été expreſſément défendu de parler, quand trahiſſant mon devoir, je vous inſtruirois de tout ce que je vous cèle, je ne vous rendrois pas plus tranquille ; d'autres déſirs encore plus violens ſuccéderoient à ceux qui vous preſſent. Vous ne ſaurez que cette nuit, ce que vous ſouhaitez d'apprendre.

Quoique je n'euſſe qu'un bon augure à tirer des diſcours de l'eunuque, je ne laiſſai pas d'être pendant tout le reſte de la journée dans une cruelle ſituation. Je crois que l'attente d'un mal fait moins ſouffrir que celle d'un grand plaiſir. Cependant la nuit arriva, l'on alluma par-tout des bougies, & l'on prit ſoin particulièrement de bien éclairer le plus bel appartement de la maiſon. J'y étois avec Chapour, qui pour adoucir mon ennui, me diſoit à tout moment : on va venir, encore un peu de patience. Enfin, nous entendîmes frapper à la porte ; l'eunuque alla lui-même ouvrir, & revint avec une dame, qui n'eut pas ſi-tôt levé ſon voile, que je la reconnus pour Calé-Cairi. A cette vue, ma surprise fut extrême; car je croyois cette dame à Chiras. Seigneur Hafan, me dit-elle, quelque étonné que vous foyez de me voir, vous le ferez bien davantage, quand vous entendrez ce que j'ai à vous raconter. A ces mots, Chapour & les deux efclaves fortirent, & me laifsèrent feul avec Calé-Cairi. Nous nous afsîmes tous deux fur le même fopha, & elle prit la parole dans ces termes :

Vous vous fouvenez bien, feigneur Hafan, de cette nuit que Zélica choifit pour fe découvrir à vous, & la promeffe qu'elle vous fit en vous quittant, ne doit pas être encore fortie de votre mémoire. Le lendemain, je lui demandai quelle réfolution elle avoit prife, & quel témoignage de tendreffe elle prétendoit vous donner. Elle me répondit qu'elle vouloit vous rendre heureux, & avoir fouvent avec vous de fecrets entretiens, quelque péril qu'il y eût à courir. Je ne vous nierai point que, révoltée contre fes fentimens, je n'épargnai rien pour les affoiblir. Je lui repréfentai que c'étoit une extravagance à une princeffe de fon rang de fonger à vous, & de s'expofer pour un page à perdre la vie : en un mot, je combattis fon amour de tout mon pouvoir, & vous devez me le pardonner, puifque tous mes raifonnemens ne fervirent qu'à fortifier fa paſſion. Quand je vis que je ne pouvois la perſuader : madame, lui dis je, je ne ſaurois enviſager, ſans frémir, les périls où vous allez vous jeter ; & puiſque rien n'eſt capable de vous détacher de votre amant, il faut donc chercher un moyen de le voir, ſans commettre vos jours ni les ſiens. J'en ſais un qui flatteroit ſans doute votre amour, mais je n'oſerois vous le propoſer, tant il me paroît délicat.

Parlez, Calé-Cairi, me dit alors la princeſſe ; quel que ſoit ce moyen, ne me le cachez pas. Si vous l'employez, lui répliquai-je, il faut vous réſoudre à quitter la cour, pour vivre comme ſi le ciel vous avoit fait naître dans la plus commune condition. Il faut que vous renonciez à tous les honneurs qui ſont attachés à votre rang. Aimez-vous aſſez Haſan pour lui faire un ſi grand ſacrifice ? Si je l'aime, repartit-elle, en pouſſant un profond ſoupir : ah ! le ſort le plus obſcur me plaira davantage avec lui, que toutes ces apparences faſtueuſes qui m'environnent. Dites-moi ce que je dois faire pour le voir ſans contrainte, & je le ferai ſans balancer : je vais donc, lui dis-je, céder à votre penchant, puiſqu'il eſt inutile de le combattre. Je connois une herbe qui a une vertu aſſez ſingulière ; ſi vous vous en mettez dans l'oreille une feuille ſeulement, vous tomberez en léthargie une heure après ; vous passerez pour morte; on fera vos funérailles, & la nuit je vous ferai sortir du tombeau.

A ces paroles, j'interrompis Calé-Cairi. O ciel! m'écriai-je, seroit-il bien possible que la princesse Zélica ne fût pas morte ? Qu'est-elle devenue ; Seigneur, me dit Calé-Cairi, elle vit encore ? mais je vous prie de m'écouter, vous allez apprendre tout ce que vous souhaitez de savoir. Ma maîtresse, continua-t-elle, m'embrassa de joie, tant ce projet lui parut ingénieux; mais se représentant bientôt combien il étoit difficile à exécuter, à cause des cérémonies qui s'observent aux funérailles, elle me dit ce qu'elle en pensoit ; je levai toutes les difficultés, & voici de quelle manière nous conduisîmes cette grande entreprise.

Zélica se plaignit d'un mal de tête, & se coucha. Le lendemain, je fis courir le bruit qu'elle étoit dangereusement malade. Le médecin du roi vint, qui s'y laissa tromper, & ordonna des remèdes qu'on ne prit point. Les jours suivans, la maladie augmenta; & quand je jugeai à propos que la princesse fût à l'extrémité, je lui mis dans l'oreille une feuille de l'herbe en question. Je courus aussi-tôt avertir Scah Tahmaspe, que Zélica n'avoit plus que quelques instans à vivre, & demandoit à lui parler. Il se rendit promptement auprès d'elle ; & remarquant, parce que l'herbe opéroit, que son visage changeoit de moment en moment, il s'attendrit & se mit à pleurer. Seigneur, lui dit alors sa fille, je vous conjure par la tendresse que vous avez toujours eue pour moi, d'ordonner que mes dernières volontés soient exactement suivies ; je veux qu'après ma mort, aucune autre femme que Calé-Cairi, ne lave mon corps, ne le frotte de parfums ; je souhaite que mes autres esclaves ne partagent point cet honneur avec elle ; je demande encore qu'elle me veille seule la première nuit, & que personne qu'elle n'arrose de ses larmes mon tombeau ; je veux que ce soit cette esclave zélée, qui prie le prophète de me secourir contre les assauts des mauvais anges (a).

―――――――――――

(a) Les Mulsulmans croient que dès qu'un Mahométan est enterré, deux méchans diables, appellés Munkir & Nekir, tous deux noirs & furieux, l'un armé d'une grosse masse de fer, & l'autre d'un long croc de cuivre tout rouge, se présentent devant lui d'un air menaçant ; qu'ils lui ordonnent de lever la tête, de se mettre à genoux, & de leur demander grace pour son ame ; ce que le mort a la complaisance de faire : il reprend alors la vie, & rend compte de ses actions ; s'il a toujours honoré Mahomet, ces deux démons se retirent pleins de honte & de confusion, & font place à deux bons anges vêtus de robes de soie blanche, qui le viennent consoler ; mais au contraire, s'il n'a pas fidellement suivi les maximes de l'Alcoran, Munkir & Nekir ne l'abandonnent point, & prennent plaisir à exercer sur lui leur rage diabolique ; l'un d'un coup de masse qu'il lui décharge sur la tête, l'enfonce de dix toises dans la terre, & l'autre aussi-tôt avec son croc l'attire en haut ; ils le tourmentent de cette façon, jusqu'à ce qu'il prenne envie à Mahomet de faire

XCIII. JOUR.

Schah-Tahmaspe promit à sa fille que je lui rendrois ces tristes devoirs, comme elle le désiroit : ce n'est pas tout, seigneur, lui dit-elle, je vous prie que Calé-Cairi soit libre d'abord que je ne serai plus, & donnez-lui avec la liberté, des présens qui soient dignes de vous & de l'attachement qu'elle a toujours eu pour moi : Ma fille, répondit Schah-Tahmaspe, ayez l'esprit en repos sur toutes les choses que vous me recommandez ; si j'ai le malheur de vous perdre, je jure que votre esclave favorite, chargée de présens, pourra se retirer où il lui plaira.

A peine eut-il achevé ces paroles, que l'herbe produisit tout son effet : Zélica perdit le sentiment, & son père la croyant morte, se retira dans son appartement tout en pleurs : il ordonna que moi seule laverois le corps & le parfumerois ; ce que je fis ; je l'enveloppai ensuite d'un drap blanc, & le mis dans le cercueil; après cela on le porta au lieu de sa sépulture, où, par ordre du roi, on me laissa seule la première nuit.

---

une assemblée générale de tous ceux qui ont professé sa religion. Il les sauvera tous dans cette assemblée, car il le leur a promis par un passage de l'Alcoran.

Je regardai par-tout pour voir si quelqu'un ne s'étoit point caché pour m'observer ; & n'ayant trouvé personne, je tirai ma maîtresse du cercueil & de sa léthargie ; je lui fis prendre une robe que j'avois sous la mienne avec un voile, & nous nous rendîmes toutes deux à un endroit où Chapour nous attendoit. Ce fidèle eunuque emmena la princesse dans une petite maison qu'il avoit louée, & moi je revins au tombeau passer le reste de la nuit ; je fis un paquet d'étoffe de la forme d'un cadavre, je le couvris d'un drap qui avoit servi à envelopper Zélica, & je l'enfermai dans le cercueil.

Le lendemain matin, les autres esclaves de la princesse vinrent prendre ma place, que je ne quittai point sans faire auparavant toutes les grimaces dont est ordinairement accompagnée la douleur. On rendit compte au roi des marques d'affliction qu'on m'avoit vu donner ; ce qui l'auroit excité à me faire des présens, quand il n'y auroit pas été déjà déterminé ; il fit tirer de son trésor dix mille sequins, qu'on me compta, & il m'accorda la permission que je lui demandai, de me retirer, & d'emmener avec moi l'eunuque Chapour : après cela j'allai trouver ma maîtresse pour me réjouir avec elle de l'heureux succès de notre stratagême. Le jour suivant, nous envoyâmes l'eunuque à la chambre du roi, avec un billet par lequel je vous priois de me venir voir ; mais un de vos Zulufflis lui dit que vous étiez indifposé, & qu'on ne pouvoit vous parler ; trois jours après, nous l'y renvoyâmes, il apprit que vous n'étiez plus au férail, & qu'on ne favoit ce que vous étiez devenu.

J'interrompis en cet endroit Calé-Cairi : Hé ! pourquoi, lui dis-je, ne m'avoir pas averti de votre projet ? pourquoi ne m'en fîtes-vous pas inftruire par Chapour ? Ah ! qu'un mot m'auroit épargné de peine. Ah ! plût au ciel, interrompit à fon tour Calé-Cairi, qu'on ne vous en eût pas fait un myftère, Zélica vivroit avec vous préfentement dans quelque endroit du monde, & il n'a pas tenu à moi que vous n'ayez été heureux l'un & l'autre. A peine eûmes-nous formé notre deffein, que je fus d'avis de vous le faire favoir ; mais ma maîtreffe ne le voulut point. Non, non, me dit-elle, il faut lui faire fentir ma perte, il fera plus fenfible au plaifir de me revoir, & fa furprife fera d'autant plus agréable, que l'opinion de ma mort lui aura caufé plus de chagrin.

Je ne pouvois goûter ce rafinement de tendreffe, comme fi j'en euffe preffenti les triftes fuites ; auffi Zélica s'en eft-elle bien repentie. Je ne puis vous dire jusqu'à quel point elle fut affligée de votre retraite : Ah ! malheureuse que je suis, s'écrioit-elle sans cesse, de quoi me sert d'avoir tout sacrifié à l'amour, s'il faut renoncer à Hasan pour jamais ? Nous vous fîmes chercher par toute la ville ; Chapour ne négligea rien pour vous trouver ; & quand nous en eûmes perdu l'espérance, nous sortîmes de Chiras, nous marchâmes vers l'Indus, parce que nous nous imaginâmes que vous aviez peut-être porté vos pas de ce côté-là ; & nous arrêtant dans toutes les villes qui sont sur les bords de ce fleuve, nous faisions de vous des perquisitions aussi exactes que vaines. Un jour, en allant d'une ville à une autre, bien que nous fussions avec une caravane, une grosse troupe de voleurs nous enveloppa, battit les marchands, & pilla leurs marchandises ; ils se rendirent maîtres de nous, prirent l'or & les pierreries dont ils nous trouvèrent saisis, nous menèrent ensuite à Candahar, & nous vendirent à un marchand d'esclaves de leur connoissance.

Ce marchand n'eut pas plutôt entre ses mains Zélica, qu'il résolut de la faire voir au roi de Candahar. Firouzchah en fut charmé dès qu'elle s'offrit à ses yeux ; il lui demanda d'où elle étoit ; elle lui dit qu'Ormus l'avoit vu naître, & elle ne répondit pas avec plus de sincérité aux autres questions que ce prince ne manqua pas de lui faire ; il nous acheta, nous mit dans le palais de ses femmes, & nous y donna le plus bel appartement.

XCIV. JOUR.

Calé-Cairi cessa de parler en cet endroit, ou plutôt je l'interrompis. O ciel, m'écriai-je, dois-je me réjouir de rencontrer Zélica ; mais que dis-je ? est-ce la retrouver, que d'apprendre qu'un puissant roi la tient enfermée dans son sérail ! Si, rebelle à l'amour de Firouzchah, elle ne fait que traîner des jours languissans, quelle douleur pour moi de la voir souffrir ! Et si elle est contente de son sort, puis-je l'être du mien ? Je suis ravie, dit Calé-Cairi, que vous ayez des sentimens si délicats ; la princesse les mérite bien : quoique passionnément aimée du roi de Candahar, elle n'a pu vous oublier, & jamais on n'a ressenti tant de joie qu'elle en eut hier, lorsque Chapour lui dit qu'il vous avoit rencontré. Elle fut hors d'elle-même le reste de la journée ; elle chargea sur le champ l'Eunuque de louer un hôtel meublé, de vous y conduire aujourd'hui, & de ne vous y laisser manquer de rien. Je suis venue de sa part pour vous éclaircir de toutes les choses que je vous ai dites, pour vous préparer à la voir demain pendant la nuit; nous sortirons du palais, & nous nous rendrons ici par une petite porte du jardin dont nous avons fait faire une clef pour nous en servir au besoin. En prononçant ces derniers mots, l'esclave favorite de la princesse de Perse se leva, & sortit accompagnée de Chapour pour retourner auprès de sa maîtresse.

Je ne fis pendant cette nuit que penser à Zélica, pour qui je sentis tout mon amour se rallumer. Le sommeil ne put un moment fermer mes yeux, & le jour suivant me parut un siècle. Enfin, après avoir été la proie de la plus vive impatience, j'entendis frapper à la porte de ma maison. Mes esclaves allèrent ouvrir, & bientôt je vis entrer ma princesse dans mon appartement. Quel trouble, quel saisissement, quels transports ne me causa point sa présence ! De son côté, quelle joie n'eut-elle pas de me revoir ! Je me jetai à ses pieds, je les tins long-tems embrassés sans pouvoir parler. Elle m'obligea de me relever, & après m'avoir fait asseoir auprès d'elle sur un sopha : Hasan, me dit-elle, je rends grâce au ciel qui nous a rassemblés ; espérons que sa bonté n'en demeurera pas là, & qu'elle voudra bien lever le nouvel obstacle qui nous empêche d'être ensemble. En attendant un tems si heureux, vous vivrez ici tranquillement, & dans l'abondance. Si nous n'avons pas le plaisir de nous parler sans contrainte, nous aurons du moins la consolation de pouvoir apprendre tous les jours de nos nouvelles, & de nous voir quelquefois secrètement. Calé-Cairi, poursuivit-elle, vous a conté mes aventures, apprenez-moi les vôtres.

Je lui peignis la douleur que m'avoit causée l'opinion de sa mort, & je lui dis que j'en avois conçu un si vif déplaisir, que je m'étois fait Faquir. Ah! mon cher Hasan, s'écria Zélica, faut-il que, pour l'amour de moi, vous ayez vécu si long-tems avec des gens si austères? Hélas! je suis cause que vous avez beaucoup souffert.

Si elle eût su la vie que j'ai menée sous cet habit religieux, elle m'auroit un peu moins plaint ; mais je n'eus garde de l'en instruire, & je ne songeai qu'à lui tenir des discours passionnés. Avec quelle rapidité s'écoulèrent les momens de notre entretien! Quoiqu'il eût duré trois heures, nous nous fâchâmes contre Chapour & Calé-Cairi, lorsqu'ils nous avertirent qu'il falloit nous séparer. Ah! que les personnes qui n'aiment point sont incommodes, leur disions-nous! il n'y a qu'un instant que nous sommes ensemble; laissez-nous en repos. Cependant pour peu que nous eussions encore continué de nous entretenir, le jour nous auroit surpris, car il parut peu de tems après que la princesse se fut retirée.

Malgré les agréables pensées qui m'occupoient, je ne laissai pas de me ressouvenir du Faquir, avec qui j'étois venu à Candahar, & me représentant l'inquiétude qu'il devoit avoir d'ignorer ce que j'étois devenu, je sortis de chez moi pour l'aller trouver. Je le rencontrai par hasard dans la rue. Nous nous embrasâmes : mon ami, lui dis-je, j'allois à votre caravansérail pour vous informer de ce qui m'étoit arrivé, & vous mettre l'esprit en repos. Je vous ai sans doute causé quelques allarmes. Oui, répondit-il, j'étois fort en peine de vous ; mais quel changement ! sous quels habits vous présentez-vous à mes yeux ? vous avez l'air d'être en bonne fortune ; tandis que l'incertitude de votre destinée m'affligeoit, vous passiez, à ce que je vois, agréablement votre tems. J'en conviens, repris-je, mon cher ami, & je t'avouerai que je suis encore mille fois plus heureux que tu ne saurois te l'imaginer. Je veux que tu sois témoin de tout mon bonheur, & que tu en profites même. Laisse-là ton caravansérail, & viens loger avec moi. En disant cela, je le conduisis à ma maison, je lui en montrai tous les appartemens. Il les trouva beaux & bien meublés. A chaque moment il s'écrioit : O ciel! qu'a donc fait Hasan plus que les autres, pour mériter que vous répandiez sur lui tant de biens ? Comment donc, Faquir, lui dis-je, est-ce que tu verrois avec chagrin l'état où je suis : il semble que ma prospérité t'afflige ? Non, me répondit-il, au contraire, j'en ai beaucoup de joie. Bien loin de porter envie à la félicité de mes amis, je suis charmé de les voir dans une situation florissante. En achevant ces mots, il me serra étroitement dans ses bras, pour mieux me persuader qu'il parloit à cœur ouvert. Je le crus sincère ; & agissant de bonne foi avec lui, je me livrai sans défiance au plus lâche, au plus envieux, au plus perfide de tous les hommes. Il faut, lui dis-je, que nous fassions aujourd'hui la débauche ensemble. En même-tems je le pris par la main, & le menai dans une salle où mes esclaves avoient dressé une petite table à deux couverts.

XCV. JOUR.

Nous nous y assîmes tous deux. On nous apporta plusieurs parts de ris (*a*) de différentes couleurs, avec des dattes conservées dans du sy-

___
(*a*) Les Persans & les nations voisines accommodent le ris de toutes les façons, & lui donnent toutes sortes de couleurs.

trop. Nous mangeâmes encore d'autres mets; après quoi j'envoyai un de mes esclaves acheter du vin dans un endroit de la ville où il savoit qu'on en vendoit secrètement (*a*). On lui en donna d'excellent, & nous en bûmes avec si peu de discrétion, que nous n'aurions osé paroître en public : nous ne nous y serions pas montrés impunément.

Dans le fort de notre débauche, le Faquir me dit : Apprens-moi, Hasan, toute ton aventure; découvre-m'en le mystère : tu ne risques rien : je suis discret, & de plus, ton meilleur ami. Tu ne peux douter de ma foi, sans me faire un outrage ; ouvre-moi donc le fond de ton ame, & me fais connoître toute ta bonne fortune, afin que nous puissions nous en réjouir ensemble. D'ailleurs, je me pique d'être homme de bon conseil, & tu sais qu'un confident de ce caractère n'est pas inutile.

Echauffé du vin que j'avois bu, & séduit par les témoignages d'amitié qu'il me donnoit, je me rendis à ses instances : je suis persuadé, lui dis-je, que tu n'es pas capable d'abuser de la con-

---

(*a*) Le vin est défendu aux habitans de Candahar, qui l'aiment beaucoup, & ne laissent pas d'en boire en secret : mais ils se gardent bien de se montrer en public après en avoir bu : car s'il arrivoit à quelqu'un de paroître ivre, on le promèneroit par toute la ville, monté sur un ane, le visage tourné vers la croupe, au bruit d'un petit tambour, & aux huées de tous les enfans qui le suivroient.

fidence que je vais te faire, ainsi je ne veux te rien déguiser. Lorsque je te rencontrai, te souviens-tu que j'étois fort triste ? Je venois de perdre à Chiras une dame que j'aimois, & dont j'étois aimé. Je la croyois morte, & toutefois elle vit encore ; je l'ai retrouvée à Candahar ; &, pour te dire tout, elle est favorite du roi Firouzchah. Le Faquir laissa paroître un extrême étonnement à ce discours. Hasan, me dit-il, tu me donnes une idée charmante de cette dame ; il faut qu'elle soit pourvue d'une merveilleuse beauté, puisque le roi de Candahar en est épris. C'est une personne incomparable, lui répartis-je ; avec quelque avantage qu'un amant puisse te la peindre, il n'en sauroit faire un portrait flateur. Elle ne manquera pas de venir ici bientôt ; tu la verras ; je veux que tes propres yeux jugent de ses charmes. A ces paroles, le Faquir m'embrassa avec transport, en me disant que je lui ferois beaucoup de plaisir, si j'accomplissois ma promesse. Je lui en donnai de nouvelles assurances : après quoi nous nous levâmes tous deux de table pour nous aller reposer. Un de mes esclaves mena mon ami dans une chambre où on lui avoit préparé un lit.

Dès le lendemain matin, Chapour m'apporta un billet de Zélica. Elle me mandoit que la nuit prochaine elle viendroit faire la débauche avec moi.

moi. Je montrai la lettre au Faquir, qui en témoigna une joie infinie. Il ne fit pendant toute la journée que m'entretenir de la dame dont je lui avois vanté la beauté, & il attendit la nuit avec autant d'impatience, que s'il eût eu les mêmes raisons que moi pour souhaiter qu'elle arrivât. Cependant je me disposai à recevoir Zélica. J'envoyai chercher les meilleurs mets, & de cet excellent vin dont nous avions si bien fait l'essai le jour précédent.

Quand la nuit fut venue, je dis au Faquir : lorsque la dame entrera dans mon appartement, il ne faut pas que vous y soyez. Peut-être le trouveroit-elle mauvais. Laissez-moi lui demander la permission de vous présenter à elle comme mon ami, je suis sûr que je l'obtiendrai. Nous entendîmes bientôt frapper à la porte, & c'étoit la princesse. Le Faquir se cacha dans un cabinet; j'allai au-devant de Zélica, je lui donnai la main, & après l'avoir conduite à mon appartement : ma princesse, lui dis-je, je vous prie de m'accorder une grâce. Le Faquir avec qui je suis venu à Candahar est logé dans cette maison; je lui ai donné un appartement, c'est mon ami; voulez-vous souffrir qu'il soit de notre débauche? Hasan, me répondit-elle, vous ne songez guère à ce que vous exigez de moi; au lieu de m'exposer aux regards d'un homme, vous devriez m'y souftraire avec foin. Madame, repris-je, c'eft un garçon fage & difcret, & dont l'amitié m'eft connue. Je réponds que vous n'aurez aucun fujet de vous repentir de m'avoir donné la fatisfaction que je vous demande. Je ne puis vous rien refufer, repartit Zélica; mais j'ai un preffentiment que nous en aurons du chagrin. Hé non, ma princeffe, lui dis-je, foyez là-deffus fans inquiétude; repofez-vous fur ma parole, & qu'aucune crainte ne vous empêche de partager le plaifir que j'ai de vous voir.

En achevant ces mots, j'appelai le Faquir, & le préfentai à Zélica. Elle lui fit, pour me plaire, un accueil fort gracieux; & après bien des complimens de part & d'autre, nous nous mîmes tous trois à table avec Calé-Cairi. Mon camarade étoit un homme de trente ans, il avoit beaucoup d'efprit; il fit bientôt connoître aux dames, par fes faillies & fes bons mots, qu'il ne haïffoit pas le plaifir, ou plutôt qu'il déshonoroit fon habit. Auffi-tôt que nous eûmes mangé de tous les mets qui nous furent fervis, on apporta du vin; les efclaves nous en verfèrent dans des coupes d'agathe. Le Faquir ne laiffoit pas long-tems la fienne vuide; il la faifoit remplir à tous momens, de forte qu'à force de boire, il fe mit bientôt dans un bel état. Il n'étoit pas fort refpectueux naturellement, ainfi le vin irrita son audace, & lui fit perdre le peu de retenue qu'il avoit conservée jusque-là. Il ne se contenta pas d'attaquer la pudeur des dames par des discours effrontés, il jeta brusquement ses bras au cou de la princesse de Perse, & lui déroba insolemment un baiser.

XCVI. JOUR.

Zélica fut indignée de la hardiesse du Faquir, & la colère lui prêta des forces pour s'arracher de ses mains insolentes: Arrête, misérable, lui dit-elle, & n'abuse point de la bonté qu'on a de te souffrir ici; tu mériterois que je te fisse punir par les esclaves qui sont dans cette maison; mais la considération que j'ai pour ton ami, me retient; en parlant de cette manière, elle prit son voile, se couvrit le visage, & sortit de mon appartement. Je courus après elle en lui demandant pardon de ce qui s'étoit passé; je tâchai vainement de l'appaiser; elle étoit trop irritée. Vous voyez présentement, me dit-elle, si vous avez eu tort de vouloir que ce Faquir fût de notre débauche; ce n'étoit pas sans raison que j'y résistois; je ne remettrai point le pied chez vous pendant qu'il y sera logé. A ces paroles, elle se retira, quelque chose que je pusse lui dire pour l'arrêter.

Je revins trouver mon ami dans mon appartement : Ah ! qu'avez-vous fait, lui dis-je, falloit-il manquer de respect à la favorite de Firouzchah ? par ce transport indiscret, vous vous êtes attiré sa haine, & peut-être ne me pardonnera-t-elle pas de l'avoir obligée à paroître devant vous. Ne t'afflige pas, Hasan, me répondit-il, tu connois mal les femmes, si tu crois celle-ci véritablement fâchée ; sois plutôt persuadé que dans le fond elle en est ravie ; il n'y a point de dame à qui de pareils transports déplaisent ; la colère qu'elle a fait éclater est feinte. Sais-tu bien pourquoi elle s'est révoltée contre ma hardiesse ? c'est que tes yeux en étoient témoins ; si j'avois été seul avec elle, je suis sûr que je l'aurois trouvée plus humaine.

A ce discours, qui marquoit assez qu'il étoit pris de vin, je cessai de lui faire des reproches; j'espérai que le lendemain il entendroit mieux raison, & qu'il reconnoîtroit sa faute : j'ordonnai à un de mes esclaves de le mener à son appartement, & moi je demeurai dans le mien, où les réflexions que je fis sur ce qui s'étoit passé, ne me permirent pas de reposer tranquillement. Le jour suivant le Faquir le prit en effet fur un autre ton; il me témoigna qu'il étoit très-mortifié de m'avoir donné du chagrin, & que pour fe punir lui-même de fon indifcrétion, il avoit réfolu de s'éloigner de Candahar; il me parla d'une manière qui me toucha : j'écrivis fur le champ à la princeffe, que notre Faquir fe repentoit de fon audace, & la fupplioit très-humblement avec moi de la pardonner au vin qui la lui avoit infpirée.

Comme j'achevois d'écrire, Chapour arriva; il m'apprit que fa maîtreffe étoit toujours fort irritée; je le chargeai de ma lettre; il retourna fur fes pas, & revint quelques heures après avec une réponfe. Zélica me mandoit qu'elle vouloit bien excufer l'infolence du Faquir, puifqu'il l'affuroit qu'il s'en repentoit; mais à condition qu'il ne demeureroit pas plus long-tems chez moi, & qu'il fortiroit de Candahar dans vingt-quatre heures. Je montrai le billet de la favorite de Friouzchah à mon ami, qui me dit devant Chapour, qu'en cela fes fentimens étoient conformes à ceux de la dame; qu'il n'oferoit plus paroître devant elle après l'action téméraire qu'il avoit eu le malheur de commettre, & qu'il prétendoit à l'heure même fortir de la ville de Candahar. L'Eunuque reprit auffi-tôt le chemin du palais, & alla rendre compte à Zélica de la difpofition où il avoit laiffé le Faquir.

Je fus ravi de voir ainsi succéder le calme à la tempête qui m'avoit effrayé. Je l'avouerai pourtant, j'étois fâché de perdre mon ami, & je le retins encore ce jour-là : attendez, lui dis-je, vous partirez demain ; je veux encore aujourd'hui me réjouir avec vous ; peut-être ne nous reverrons-nous jamais. Ah ! puisque nous devons nous séparer, retardons un peu du moins le triste moment de notre séparation. Pour mieux célébrer nos adieux, j'ordonnai un grand souper ; quand il fut prêt, nous nous mîmes à table ; nous avions déjà goûté de plusieurs mets, lorsque nous vîmes entrer Chapour, qui portoit un plat d'or dans lequel il y avoit un ragoût : Seigneur Hasan, me dit-il, je vous apporte un ragoût qu'on vient de servir au souper du roi ; sa majesté l'a trouvé si délicieux, qu'il l'a fait porter sur le champ à sa favorite, qui vous l'envoie. Nous mangeâmes de ce ragoût, & il nous parut en effet excellent. Le Faquir, pendant le repas, ne pouvoit se lasser d'admirer mon bonheur, & il me dit vingt fois : O jeune homme, que ton sort est charmant !

Nous passâmes la nuit à boire ; & d'abord qu'il fit jour, mon ami me dit : c'est à présent qu'il faut nous quitter ; alors j'allai chercher une bourse pleine de sequins que Chapour m'avoit apportée le jour précédent de la part de sa maîtresse; & la donnant au Faquir : prenez, lui dis-je, ma bourse, elle peut vous servir dans l'occasion; il me remercia; nous nous embrassâmes; il sortit; &, après son départ, je demeurai assez long-tems dans une triste situation. O trop imprudent ami! disois-je, c'est toi qui es cause que nous nous séparons; tu devois te contenter de voir Zélica, & de jouir d'une si belle vue.

Comme j'avois besoin de repos, je me jetai sur un sopha, & je m'endormis. Au bout de quelques heures, un grand bruit qui se fit entendre dans ma maison me réveilla; je me levai pour aller voir ce qui le causoit, & j'apperçus avec beaucoup d'effroi que c'étoit une troupe de soldats de la garde de Firouzchah : suivez-nous, me dit l'officier qui étoit à leur tête, nous avons ordre de vous conduire au palais. Quel crime ai-je commis, lui répondis-je? de quoi m'accuse-t-on? c'est ce que nous ne savons pas, répliqua l'officier; il nous est seulement ordonné de vous mener au roi; nous en ignorons la cause; mais je vous dirai, pour vous rassurer, que si vous êtes innocent, vous n'avez rien à craindre; vous avez affaire à un prince équitable, qui ne condamne point légèrement les personnes accusées d'avoir commis quelque forfait; il faut des preuves convaincantes pour le porter à prononcer un arrêt funeste : il est vrai qu'il punit rigoureusement les coupables ; si vous l'êtes, je vous plains.

Il fallut suivre l'officier. En allant au sérail, je disois en moi-même, Firouzchah a sans doute découvert l'intelligence que j'ai avec Zélica ; mais comment l'a t-il apprise ? Quand nous fûmes dans la cour du palais, je remarquai qu'on y avoit dressé quatre potences ; je jugeai bien que cela me regardoit, & que ce genre de mort étoit le moindre châtiment que je devois attendre du ressentiment de Firouzchah : je levai les yeux au ciel, & le priai de sauver du moins la princesse de Perse.

XCVII. JOUR.

Nous entrâmes dans le sérail ; l'officier qui me conduisoit me mena dans l'appartement du roi. Ce prince y étoit avec son grand visir seulement, & le faquir que je croyois déjà loin de Candahar. Dès que j'apperçus ce perfide ami, je connus toute sa trahison. C'est donc toi, me dit Firouzchah, qui as des entretiens secrets avec ma favorite ? Ah ! scélérat, il faut que tu sois bien hardi, pour oser te jouer à moi ? parle & réponds précisément à ce que je vais te demander.

Lorfque tu es arrivé à Candahar, ne t'a-t-on pas dit que je puniffois févèrement les criminels ? Je répondis qu'oui. Hé bien, reprit-il, puifqu'on t'en a averti, pourquoi as-tu commis le plus grand de tous les crimes ? Sire, lui dis-je, que les jours de votre majefté puiffent durer jufqu'à la fin de tous les fiècles; mais vous favez que l'amour rend la colombe hardie; un homme épris d'une paffion violente, n'appréhende rien; je fuis prêt à fervir de victime à votre jufte colère; & à quelques tourmens que vous puiffiez me réferver, je ne me plaindrai point de votre rigueur, fi vous faites grâce à votre efclave favorite : hélas ! elle vivoit tranquille dans votre férail avant mon arrivée; &, contente de faire le bonheur d'un grand roi, elle commençoit à oublier un malheureux amant, qu'elle croyoit ne revoir jamais : elle a fu que j'étois dans cette ville, fes premiers feux fe font rallumés ; c'eft moi qui viens l'arracher à votre tendreffe ; c'eft donc moi feul que vous devez punir.

Dans le tems que je parlois ainfi, Zélica, qu'on étoit allé chercher par ordre du roi, entra fuivie de Chapour & de Calé-Cairi; & ayant entendu mes dernières paroles, elle courut fe jeter aux pieds de Firouzchah : Seigneur, lui dit-elle, pardonnez à ce jeune homme ; c'eft fur la coupable efclave qui vous a trahi, que vos coups doivent tomber. Ah! perfides, s'écria le roi, n'attendez aucune grâce l'un de l'autre, vous périrez. L'ingrate! elle n'implore ma bonté que pour le téméraire qui m'offenfe; & lui ne fe montre fenfible qu'à la perte de ce qu'il aime; ils ofent tous deux faire éclater à mes yeux leur amoureufe fureur: quelle infolence! Vifir, ajouta-t-il, en fe retournant vers fon miniftre, faites-les conduire au fupplice, qu'on les attache à des potences; & qu'après leur mort, ils deviennent la proie des chiens & des oifeaux.

Arrêtez, fire, m'écriai-je alors; gardez-vous de traiter avec tant d'ignominie une fille de roi; que votre jaloufe colère refpecte en votre favorite, l'augufte fang dont elle eft formée. A ces paroles, Firouzchah parut étonné: Quel prince, dit-il à Zélica, eft donc l'auteur de votre naiffance? La princeffe me regarda d'un air fier, & me dit: indifcret Hafan, pourquoi avez-vous découvert ce que j'aurois voulu me cacher à moi-même? j'avois en mourant la confolation de voir qu'on ignoroit le rang où je fuis née; en me faifant connoître, vous me couvrez de honte: hé bien, Firouzchah, pourfuivit-elle, en s'adreffant au roi de Candahar, apprends donc qui je fuis; l'efclave que tu condamnes à une mort

infâme, est fille de Schah-Tahmaspe: en même-
tems elle lui conta toute son histoire sans en
oublier la moindre circonstance.

Après qu'elle eut achevé ce récit, qui augmenta
l'étonnement du roi: Voilà, seigneur, lui dit-
elle, un secret que je n'avois pas dessein de vous
révéler, & que la seule indiscrétion de mon
amant m'arrache. Après cet aveu, que je ne fais
pas ici sans une extrême confusion, je vous prie
instamment d'ordonner qu'on m'ôte promptement la vie; c'est l'unique grâce que je demande
à votre majesté.

Madame, lui dit le roi, je révoque l'arrêt de
votre trépas; je suis trop équitable pour ne vous
point pardonner votre infidélité; ce que vous
venez de me raconter, me la fait regarder d'un
autre œil; je cesse de me plaindre de vous, &
je vous rends même libre; vivez pour Hasan,
& que l'heureux Hasan vive pour vous; je donne
aussi la vie & la liberté à Chapour & à votre
confidente; allez, parfaits amans, allez passer
ensemble le reste de vos jours, & que rien ne
puisse jamais arrêter le cours de vos plaisirs: pour
toi, traître, continua-t-il en se tournant vers le
faquir, tu seras puni de ta trahison; cœur bas
& envieux, tu n'as pu souffrir le bonheur de ton
ami, & tu es venu toi-même le livrer à ma vengeance! Ah! misérable, c'est toi qui serviras de

victime à ma jaloufie. A ces mots, il ordonna au grand vifir d'emmener le faquir, & de le mettre entre les mains des bourreaux.

Pendant qu'on alloit faire mourir ce fcélérat, nous nous jetâmes, Zélica & moi, aux piés du roi de Candahar; nous les mouillâmes de nos larmes dans les tranfports de reconnoiffance & de joie qui nous animoient; & enfin, nous l'affurâmes que, fenfibles à fa bonté généreufe, nous en conferverions un éternel fouvenir; nous fortîmes enfuite de fon appartement avec Chapour & Calé-Cairi; nous prîmes le chemin de la maifon où j'avois été arrêté, mais nous la trouvâmes rafée; le roi avoit ordonné qu'on la démolît, & les foldats qu'il avoit chargés de cet ordre, l'avoient fi promptement exécuté, que tous les matériaux avoient déjà été enlevés & tranfportés ailleurs; il n'y reftoit pas feulement une pierre; le peuple s'en étoit auffi mêlé, ainfi tous les meubles avoient été pillés.

XCVIII. JOUR.

Quoique charmés de nous voir enfemble la princeffe & moi, quoique fort amoureux l'un de l'autre, nous ne laifsâmes pas d'être un peu étourdis de ce fpectacle: cette maifon, à la vérité, étoit un hôtel meublé qu'on avoit loué, & dont par conséquent les meubles ne nous appartenoient pas; mais Zélica y avoit fait porter par Chapour une infinité de choses précieuses qui n'avoient pas été respectées dans le pillage; nous avions peu d'argent, nous commençâmes à consulter l'eunuque & Calé-Cairi sur le parti que nous avions à prendre; & après une longue délibération, nous fûmes d'avis d'aller loger dans un caravansérail.

Nous étions prêts à nous y rendre, lorsqu'un officier du roi nous aborda: je viens, nous dit-il, de la part de Firouzchah, mon maître, vous offrir un logement; le grand visir vous prête une maison qu'il a aux portes de la ville, & qui est beaucoup plus belle que celle qu'on vient de raser; vous y serez logés fort commodément; je vais, s'il vous plaît, vous y conduire; prenez la peine de me suivre. Nous y allâmes avec lui; nous vîmes une maison de grande apparence & parfaitement bien bâtie; le dedans répondoit au dehors; tout y étoit magnifique & de bon goût: nous y trouvâmes plus de vingt esclaves qui nous dirent que leur maître venoit de leur envoyer ordre de nous fournir abondamment toutes les choses dont nous aurions besoin, & de nous servir comme lui-même, pendant tous le tems que nous voudrions demeurer chez lui.

Deux jours après, nous reçûmes une visite du grand visir, qui nous apporta de la part du roi, une prodigieuse quantité de présens. Il y avoit plusieurs paquets d'étoffes de soie & de toiles des Indes, avec vingt bourses, chacune de mille sequins d'or. Comme nous nous sentions gênés dans une maison empruntée, & que les présens du roi nous mettoient en état de nous établir ailleurs, nous nous joignîmes bientôt à une grosse caravane de marchands de Candahar, & nous nous rendîmes heureusement avec eux à Bagdad.

Nous allâmes loger dans ma maison, où nous passâmes les premiers jours de notre arrivée à nous reposer & à nous remettre de la fatigue d'un si long voyage. Après cela, je parus dans la ville, & cherchai mes amis. Ils furent assez étonnés de me revoir. Est-il possible, me dirent-ils, que vous soyez encore vivant? Vos associés qui sont revenus, nous ont assuré que vous étiez mort. D'abord que j'appris que mes joailliers étoient à Bagdad, je courus chez le grand visir, je me jetai à ses pieds, & lui contai leur perfidie. Il les envoya sur le champ arrêter l'un & l'autre; il m'ordonna de les interroger tous deux en sa présence. N'est-il pas vrai, leur dis-je, que je me réveillai lorsque vous me prîtes entre vos bras, que je vous demandai ce que vous vouliez faire,

& que sans me répondre, vous me précipitâtes dans la mer par un sabor du vaisseau ? Ils répondirent que j'avois apparemment rêvé cela, & qu'il falloit que moi-même en dormant je me fusse jeté dans le golfe.

Hé pourquoi, leur dit alors le visir, n'avez-vous pas fait semblant de le connoître à Ormus ? Ils repartirent qu'ils ne m'avoient point vu à Ormus. Hé que direz-vous donc, traîtres, repliqua-t-il en les regardant d'un air menaçant, quand je vous ferai voir un certificat du cadi d'Ormus, qui prouve le contraire ? A ces paroles, que le visir dit pour les éprouver, mes associés pâlirent & se troublèrent. Vous changez de visage, leur dit-il : hé bien, avouez vous-même votre crime ; épargnez-vous les supplices qu'on vous apprête pour vous arracher cet aveu.

Alors ils confessèrent tout, & sur cette confession il les fit emprisonner, en attendant que le calife, qu'il vouloit, disoit-il, informer de cette affaire, ordonnât de quel genre de mort il souhaitoit qu'ils mourussent ; mais ils trouvèrent moyen de tromper la vigilance de leurs gardes, ou d'en corrompre la fidélité. Ils s'échappèrent de leur prison, & se cachèrent si bien dans Bagdad, qu'on ne put les découvrir, quelque recherche qu'en fît le grand visir. Cependant tous leurs biens furent confifqués, & demeurèrent au calife, à la réferve d'une petite partie qu'on me donna pour me dédommager de ce qu'on m'avoit volé.

Je ne fongeai plus après cela qu'à mener une vie tranquille avec ma princeffe; nous paffions nos jours dans une parfaite union, & je ne faifois point de vœux au ciel, que pour le prier de me laiffer le refte de ma vie dans l'heureufe fituation où je me trouvois. Inutiles fouhaits ! Les hommes peuvent-ils long-tems jouir d'un fort agréable ? Les chagrins, les malheurs ne troublent-ils pas fans ceffe leur repos? Un foir, je revenois de me divertir avec mes amis; je frappois à ma porte; j'avois beau frapper rudement, perfonne ne venoit ouvrir. J'en fus furpris, & j'en conçus, fans favoir pourquoi, un trifte préfage. Je redouble mes coups, aucun efclave ne vient, mon étonnement augmente. Que faut-il que je penfe de ceci, dis-je en moi-même? eft-ce quelque nouvelle infortune que j'éprouve? Au bruit que je faifois, plufieurs voifins fortirent de leurs maifons; &, auffi étonnés que moi de ce que mes domeftiques ne répondoient point, ils m'aidèrent à enfoncer la porte: nous entrons, nous trouvons dans la cour, & dans la première falle, mes efclaves égorgés. Nous paffons dans l'appartement de Zélica. O fpectacle

tacle effroyable ! Je vois Chapour & Calé-Cairi tous deux fans vie & noyés dans leur fang : j'appèle la princeffe, elle ne répond point à ma voix ; je parcours toute ma maifon, & n'y rencontrant point ce que je cherche, je fens chanceler mon corps, je tombe fans fentiment entre les bras de mes voifins. Heureux ! fi l'ange de la mort m'eût enlevé dans ce moment ; mais non, le ciel vouloit que je vécuffe pour voir toute l'horreur de ma deftinée.

XCIX. JOUR.

Lorsque mes voifins m'eurent rappelé à la vie par leur cruel fecours, je leur demandai comment il étoit poffible qu'on eût fait un fi grand carnage dans ma maifon, fans qu'ils euffent ouï le moindre bruit. Ils me dirent qu'ils n'avoient rien entendu, & qu'ils n'en étoient pas moins furpris que moi. Je courus auffi-tôt chez la cadi, qui mit fon nayb (*a*) en campagne avec tous fes afas (*b*) ; mais leurs perquifitions furent inutiles, & chacun penfa ce qu'il voulut de ce tragique évènement.

Pour moi, je jugeai, comme beaucoup d'au-

(*a*) Lieutenant.
(*b*) Archers.

tres, que mes associés pouvoient en être les auteurs; & j'en conçus tant de chagrin, que je tombai malade. Je traînai long-tems à Bagdad des jours languissans; je vendis ensuite ma maison, & j'allai demeurer à Mousel avec tout ce que je pouvois avoir de bien. Je pris ce parti, parce que j'avois un parent que j'aimois beaucoup, & qui étoit attaché au premier visir du roi de Mousel. Ce parent me reçut fort bien, & en peu de tems je fus connu du ministre, qui croyant voir en moi du talent pour les affaires, me donna de l'occupation. Je m'attachai à bien faire les choses dont il me chargeoit, & j'eus le bonheur d'y réussir. Il devint de jour en jour plus content de moi; je gagnai peu-à-peu sa confiance, & insensiblement j'entrai dans les plus secrètes affaires de l'état. Je lui aidai même bientôt à en soutenir le poids. Quelques années après ce ministre mourut, & le roi, peut-être trop prévenu en ma faveur, me donna sa place; je la remplis pendant deux ans au gré du roi & au contentement de ses peuples; & même ce monarque, pour témoigner combien il étoit satisfait de mon ministère, me nomma Atalmulc. Je vis bientôt l'envie armée contre moi. Quelques grands seigneurs devinrent mes ennemis secrets, & résolurent de me perdre. Pour mieux en venir à bout, ils me rendirent suspect au prince de Mousel, qui se laissant prévenir par leurs mauvais discours, demanda ma déposition à son père. Le roi n'y voulut pas d'abord consentir ; mais il ne put résister aux pressantes instances de son fils : je sortis de Mousel, & vins à Damas, où j'eus bientôt l'honneur d'être présenté à votre majesté.

Voilà, sire, l'histoire de ma vie, & la cause de cette profonde tristesse où je parois enseveli. L'enlèvement de Zélica est toujours présent à ma pensée, & me rend insensible à la joie. Si j'apprenois que cette princesse ne vit plus, j'en perdrois peut-être, comme autrefois, le souvenir ; mais l'incertitude de son sort la retrace sans cesse à ma mémoire, & nourrit ma douleur.

CONTINUATION

De l'Histoire du Roi Bedreddin Lolo.

QUAND le visir Atalmulc eut achevé le récit de ses aventures, le roi lui dit, je ne suis plus surpris que vous soyez si triste, vous en avez un juste sujet ; mais tout le monde n'a pas perdu comme vous une princesse ; & vous avez tort de penser que parmi tous les hommes on n'en trouvera pas un qui soit parfaitement content. Vous êtes dans une grande erreur ; &, sans parler de mille autres, je suis persuadé que le prince Séyfel

Mulouk, mon favori, jouit d'un parfait bonheur. Je n'en fais rien, seigneur, reprit Atalmulc; quoiqu'il paroisse fort heureux, je n'oserois assurer qu'il le fût en effet. C'est une chose, s'écria le roi, dont je veux être éclairci tout-à-l'heure. En achevant ces mots, il appela le capitaine de ses gardes, & lui ordonna d'aller chercher le prince Séyfel Mulouk.

Le capitaine des gardes s'acquitta de sa commission sur le champ. Le favori vint dans l'appartement du roi son maître, qui lui dit : Prince, je voudrois savoir si vous êtes satisfait de votre destinée ? Ah! seigneur, répondit le favori, votre majesté peut-elle me faire cette question : quoiqu'étranger, je suis respecté dans la ville de Damas; les grands seigneurs cherchent à me plaire; les autres me font la cour; je suis le canal par où coulent toutes vos grâces; en un mot, vous m'aimez, que pourroit-il manquer à mon bonheur ? Il m'importe, reprit le roi, que vous me disiez la vérité. Atalmulc soutient qu'il n'y a point d'homme heureux; je pense le contraire, je crois que vous l'êtes : apprenez-moi si je me trompe, si quelque chagrin que vous cachez corrompt par son amertume la douceur du destin que je vous fais. Parlez, que votre bouche sincère me découvre ici vos secrets sentimens ? Seigneur, dit alors Séyfel Mulouk, puisque votre majesté m'ordonne de lui ouvrir mon ame, je vous dirai que malgré toutes les bontés que vous avez pour moi, malgré les plaisirs qui suivent ici mes pas, & qui semblent avoir choisi pour asyle votre cour, je sens une inquiétude qui trouble le repos de ma vie. J'ai dans le cœur un ver qui le ronge sans relâche ; & pour comble de malheur, mon mal est sans remède.

Le roi de Damas fût assez étonné d'entendre parler dans ces termes son favori, & il jugea qu'on lui avoit aussi enlevé quelque princesse. Contez-moi, lui dit-il, votre histoire ; quelque dame y est sans doute intéressée, & je suis fort trompé, si vos chagrins ne sont pas de même nature que ceux d'Atalmulc. Le favori de Bedreddin reprit la parole, & commença le récit de ses aventures de cette manière.

HISTOIRE

DU PRINCE SÉYFEL MULOUK.

J'Ai déjà eu l'honneur de dire à votre majesté, que je suis fils du feu sultan d'Egypte Asem Ben Sefoüan, & frère du prince qui lui a succédé. Etant dans ma seizième année, je trouvai un jour par hasard la porte du trésor de mon père ouverte ; j'y entrai, & je commençai à regarder avec beaucoup d'attention les choses qui me parurent les plus rares. Je m'arrêtai particulièrement à considérer un petit coffre de bois de sandal rouge, parsemé de perles, de diamans, d'émeraudes & de topazes. Il s'ouvroit avec une petite clef d'or qui étoit dans la serrure; je l'ouvris, & j'apperçus dedans une bague d'une merveilleuse beauté, avec une boîte d'or qui renfermoit un portrait de femme.

Les traits en étoient si réguliers, les yeux si beaux, l'air si charmant, que je jugeai d'abord que c'étoit une peinture faite à plaisir. Les ouvrages de la nature ne sont pas si parfaits, disois-je. Que celui-là fait d'honneur au pinceau qui l'a produit! J'admirois l'imagination du peintre qui avoit été capable de se former une si belle idée.

C. JOUR.

MEs yeux ne pouvoient se détacher de cette peinture; &, ce qu'il y a de plus surprenant, c'est qu'elle m'inspira de l'amour. Je pensai que c'étoit peut-être le portrait de quelque princesse vivante, & je me le persuadois à mesure que je devenois plus amoureux. Je fermai la boîte & la mis dans ma poche avec la bague qu'il me prit aussi envie de dérober, ensuite je sortis du trésor.

J'avois un confident qui s'appeloit Saed : il étoit le fils d'un grand seigneur du Caire ; je l'aimois, & il avoit quelques années plus que moi. Je lui contai mon aventure ; il me demanda le portrait, je le lui donnai. Il l'ôta de la boîte pour voir s'il n'y avoit pas au dos quelque écriture qui pût nous instruire de ce que je souhaitois passionnément de savoir, c'est-à-dire, du nom de la personne qui étoit peinte. Nous apperçûmes autour de la boîte en dedans, ces paroles en caractères Arabes : *Bedy al Jemal, fille du roi Chahbal.*

Cette découverte me charma ; je fus ravi d'apprendre que je n'aimois point un objet imaginaire ; je chargeai mon confident de s'informer où règnoit le roi Chahbal. Saed le demanda aux plus habiles gens du Caire ; mais personne ne put le lui dire ; de sorte que je résolus de voyager, de parcourir, s'il le falloit, tout le monde, & de ne point revenir en Egypte, que je n'eusse vu Bedy al Jemal. Je priai le sultan mon père de me permettre d'aller à Bagdad voir la cour du Calife, & les merveilles de cette fameuse ville dont j'avois ouï parler si avantageusement. Il m'accorda cette permission. Comme je voulois voyager *incognito*, je ne sortis point du grand

Caire avec un pompeux appareil. Ma suite étoit seulement composée de Saed & de quelques esclaves dont le zèle m'étoit connu.

Je me mis bientôt au doigt la belle bague que j'avois prise dans le trésor de mon père, & je ne fis, pendant tout le chemin, que m'entretenir avec mon confident de la princesse Bedy al Jemal dont j'avois sans cesse le portrait entre les mains. Quand je fus arrivé à Bagdad, & que j'eus vu tout ce qu'il y a de curieux, je demandai à des savans, s'il ne pourroient pas me dire dans quel endroit du monde étoient situés les états du roi Chahbal. Ils me répondirent que non ; mais que s'il m'importoit fort de le savoir, je n'avois qu'à prendre la peine d'aller à Basra trouver un vieillard âgé de cent soixante & dix ans, nommé Padmanaba : que ce personnage n'ignoroit rien, & que sans doute il satisferoit ma curiosité.

Je pars aussi-tôt de Bagdad, je vole à Basra, je m'informe du vieillard. On m'enseigne sa demeure, je vais chez lui ; je vois un homme vénérable qui conservoit encore beaucoup de vigueur, bien que près de deux siècles eussent flétri son front. Mon fils, me dit-il d'un air riant, qu'y a-t-il pour votre service ? Mon père, lui dis-je, je voudrois savoir où règne le roi Chahbal ; il m'est de la dernière importance de l'apprendre ; quelques favans de Bagdad que j'ai confultés, & qui n'ont pu me donner aucune lumière là-deſſus, m'ont aſſuré que vous m'enſeigneriez le nom & le chemin du royaume de Chahbal. Mon fils, répliqua le vieillard, les favans qui vous ont adreſſé à moi, me croient moins ignorant que je ne fuis. Je ne fais point précifément où font les états de Chahbal ; je me fouviens feulement d'en avoir entendu parler à quelque voyageur. Ce roi règne, fi je ne me trompe, dans une iſle voifine de celle de Serendib ; mais ce n'eſt qu'une conjecture, & je fuis peut-être dans l'erreur.

Je remerciai Padmanaba de m'avoir du moins fixé un endroit où j'efpérois pouvoir être éclairci de ce que je voulois favoir. Je formai la réfolution d'aller à l'iſle de Serendib ; je m'embarquai avec Saed & mes efclaves fur le golfe de Bafra, dans un vaiſſeau marchand qui alloit à Surate. De Surate nous nous rendîmes à Goa, où nous apprîmes en arrivant qu'un vaiſſeau devoit mettre à la voile dans peu de jours, & prendre la route de l'iſle de Serendib. Nous profitâmes de l'occafion. Nous partîmes de Goa avec un vent fi favorable, que nous avançâmes beaucoup la première journée ; mais dès la feconde, le vent changea, & il s'éleva une tempête fi violente, que les matelots croyant notre perte inévitable, abandonnèrent le vaisseau au gré du vent & de la mer. Tantôt les flots s'ouvrant comme pour nous engloutir, présentoient d'affreux abîmes à nos yeux effrayés ; & tantôt s'élevant ils nous portoient avec eux jusqu'aux nues. Nous fûmes long-tems le jouet des eaux ; mais ce qui nous surprit tous, & nous parut un miracle, c'est que nous ne fîmes point naufrage. Nous allâmes relâcher à une isle voisine des Maldives.

Cette isle avoit peu d'étendue, & nous sembla déserte. Nous nous disposions à mettre pied à terre, & à nous avancer vers un bois fort épais que nous apperçûmes au milieu, lorsqu'un vieux matelot, accoutumé à parcourir les côtes des Indes, nous dit que cette isle étoit habitée par des nègres idolâtres qui adoroient un serpent, auquel ils donnoient à dévorer tous les étrangers qui avoient le malheur de tomber entre leurs mains; qu'au lieu d'y descendre, il valoit mieux nous remettre en mer, & gagner, s'il étoit possible, les Maldives. Le capitaine qui connoissoit le matelot pour un homme fort expérimenté, & peu capable d'avancer une chose sans en être bien assuré, le crut; & il fut résolu que le lendemain matin à la pointe du jour on leveroit l'ancre pour s'éloigner d'un endroit si dangereux.

Cette résolution étoit fort judicieuse; mais on auroit encore mieux fait de partir sur le champ,

& de s'abandonner à la mer ; car au milieu de la nuit, nous fûmes tout-à-coup affaillis par un grand nombre de nègres qui entrèrent dans notre vaiffeau, nous chargèrent de chaînes, & nous menèrent à leurs habitations.

CI. JOUR.

LE jour commençoit à paroître, lorfqu'après avoir traverfé le bois que nous avions remarqué de loin le foir précédent, nous arrivâmes à la horde des nègres. C'étoit une grande quantité de petites cabanes compofées de bois & de terre, au milieu defquelles s'élevoit un gros pavillon de la même matière, qu'ils appeloient le palais de leur roi.

On nous conduifit fous ce pavillon, où, fur un trône fait de rocailles & de coquillages, paroiffoit le roi. C'étoit un nègre d'une taille gigantefque, mais fi laid & fi effroyable, qu'il avoit plus l'air d'un démon que d'un homme. La princeffe fa fille étoit affife auprès de lui. Elle pouvoit avoir trente ans ; elle tenoit de fon père pour la taille, & lui reffembloit un peu d'ailleurs.

Un des principaux nègres qui nous avoient pris, nous obligea de faire de profondes révérences au monarque noir & à sa fille. Ensuite il rendit compte de son heureuse expédition. Le roi, après l'avoir écouté avec plaisir, témoigna qu'il étoit content de lui & de tous ceux qui l'avoient accompagné. Puis nous montrant du doigt à son premier visir : allez, lui dit-il, faites conduire ces prisonniers sous une tente particulière, & que chaque jour on en donne un au dieu que nous adorons. Le visir obéit ; il nous mena lui-même sous un pavillon séparé ; on nous apporta par son ordre du mil & d'autres mets pour nous nourrir, & rendre les victimes plus grasses. Dès le lendemain, deux nègres vinrent prendre un de nos compagnons pour le livrer au serpent ; ils revinrent le jour suivant en chercher un autre ; tous les matins un de nos camarades étoit dévoré par le monstre. Ainsi périrent mes esclaves, le capitaine, le pilote & les matelots.

Il ne restoit plus que Saed & moi. Nous étions prêts à subir le même sort ; nous attendions que les nègres vinssent nous séparer pour jamais : Ah ! mon cher prince, me dit mon confident, puisque nous devons tous deux être sacrifiés, fasse du moins le ciel que je meure avant vous ! qu'il ne permette pas que je vous voie conduire à la mort, cela me feroit trop de peine. O Saed ! lui répondis-je, pourquoi vous êtes-vous associé à mes malheurs ? Quand possédé d'un amour insensé j'ai voulu quitter le séjour du Caire pour aller chercher par-tout un objet qui peut-être ne sauroit être à moi, que ne me laissiez-vous partir tout seul ? Vous avez combattu mes sentimens, j'ai rejeté vos sages conseils, est-il juste que vous périssiez avec un homme qui n'a pas voulu vous croire ?

Pendant que nous nous consumions en plaintes vaines, les nègres arrivèrent, & s'adressant à à moi : suivez-nous, me dirent-ils. Je frémis à ces paroles, & me tournai vers Saed pour lui dire un éternel adieu. Nous n'eûmes pas la force de parler l'un & l'autre, nous fûmes tout-à-coup saisis de crainte & de douleur. Nous nous contentâmes de nous exprimer par nos regards, les mouvemens qui nous agitoient.

Les nègres me menèrent sous une vaste tente, où je croyois qu'on m'alloit immoler ; mais une femme noire qui s'offrit à ma vue en entrant, me détrompa. Rassurez-vous, jeune homme, me dit-elle, vous n'aurez pas le sort de vos compagnons. La princesse Hufnara, ma maîtresse, vous en réserve un plus doux ; je ne vous en dirai pas davantage, car elle veut elle-même vous annoncer votre bonheur ; je suis son esclave favorite, & j'ai ordre de vous introduire dans le lieu le plus secret de ce pavillon, où elle vous attend avec impatience. A ces mots les deux nègres qui m'avoient accompagné jusque-là se retirèrent, & l'esclave favorite de Husnara me prenant par la main, me mena dans un petit réduit où sa maîtresse étoit seule, & assise sur une manière de sopha couvert de peaux de bêtes sauvages.

Cette princesse avoit le teint olivâtre, les yeux vifs & fort petits, le nez retroussé, la bouche grande, les lèvres fort grosse, & les dents de couleur d'ambre. Ses cheveux étoient courts, fort crépus, & plus noirs que l'ébène. Elle portoit pour coiffure, un simple bonnet de toile jaune, brodé de fil rouge, & relevé d'un panache de plumes de diverses couleurs. Elle avoit un collier composé de gros grains de Talagaija (*a*) bleus & jaunes ; & une longue robe de peaux de tigres l'enveloppoit depuis les épaules jusqu'aux pieds : cet objet n'étoit guère propre à me faire oublier Bedy al Jemal.

Approche, jeune homme, me dit-elle d'abord qu'elle m'apperçut, viens t'asseoir auprès de moi, j'ai des choses à t'apprendre qui te consoleront d'être tombé au pouvoir du roi mon père. A ce discours, continua-t-elle, après que je me fus assis, tu dois avoir une vive impatience de sa-

---

(*a*) Le Talagaija est un arbre dont les feuilles sont dentelées & presque fendues. On ramasse les fruits qu'il porte, on les met en couleur, & les femmes en font des bracelets & des colliers.

voir ce que j'ai à te dire, & je te le pardonne, puisqu'il s'agit de la chose du monde la plus importante & la plus agréable pour toi. Tu m'as plu dès que je t'ai vu, & non-seulement je veux te sauver la vie, mais je prétends même te choisir pour amant, & je te préfère aux plus grands seigneurs de la cour, qui sont tous épris de mes charmes.

Quoique cet aveu ne dût guères me surprendre, puisque l'esclave favorite m'y avoit assez préparé, il ne laissa pas de me causer un trouble inconcevable : si je ne pouvois me résoudre à répondre de la manière que la princesse l'auroit souhaité, la crainte que j'avois d'exciter sa colère, m'empêchoit aussi de lui parler franchement. Voyant que je ne répondois point, & que j'étois même embarrassé, elle me dit : jeune homme, je ne suis pas étonnée que tu gardes le silence, & paroisses troublé. Tu ne t'attendois pas à voir une jeune & belle princesse s'abaisser jusqu'à te faire des avances, & la surprise où te jette ce bonheur imprévu, tient ta langue embarrassée ; mais au-lieu de me sentir offensée de ton embarras, je t'avoue qu'il me charme ; j'en conçois un présage favorable pour mon amour ; & ce silence, qui marque sans doute l'excès de ta joie, me fait plus de plaisir que tous les discours reconnoissans que tu pourrois me tenir. En achevant ces mots, elle me donna une de ses mains à baiser, comme un avant-goût des plaisirs qu'elle me réservoit.

Elle étoit si persuadée qu'on ne pouvoit la voir sans l'aimer, qu'elle prit pour des témoignages d'amour toutes les marques de dégoût qui paroissoient sur mon visage & dans mes actions. Pendant ce tems-là, deux femmes esclaves noires, vinrent étendre par terre des peaux, & mirent dessus, un moment après, plusieurs plats de mil & de ris avec quelques autres de viande confite dans du mil ; la princesse m'ordonna de me coucher comme elle sur des peaux, & de manger.

CII. JOUR.

JE fis peu d'honneur à ces mets, bien que la princesse ne cessât de m'exciter à manger : quoi donc, jeune homme, me dit-elle, vous n'avez point d'appétit ; que cela flatte agréablement ma passion ! dans l'attente charmante où vous êtes des bontés dont je veux bien vous laisser concevoir l'espérance, tous les momens qui retardent votre bonheur, irritent votre impatience, & vous ôtent l'envie de manger ; cependant, poursuivit-elle, quelle que soit la violence des désirs firs que je vous infpire, je ne puis mettre que cette nuit le comble à votre félicité ; je vais trouver le roi mon père, & le prier de vous laiffer la vie, auffi bien qu'au camarade qui vous refte, parce que Mihrafya, mon efclave favorite, a pris du goût pour lui.

En parlant ainfi, elle fe leva, demanda un voile ; & tandis qu'elle fe difpofoit à paroître devant fon père, elle me dit : jeune homme, retourne fous ta tente ; va rejoindre ton compagnon, dis-lui qu'il aura le bonheur de pofféder mon efclave favorite ; porte-lui cette agréable nouvelle ; réjouiffez-vous tous deux, & rendez grâces à la fortune, qui vous fauvant l'un & l'autre du malheur qu'ont éprouvé tous vos camarades, vous procure une vie délicieufe dans le même lieu où ils ont trouvé la mort : auffi-tôt que le flambeau du jour ceffera d'éclairer cette ifle, je t'enverrai chercher pour fouper avec moi, & nous ferons la débauche enfemble.

Je remerciai la princeffe Hufnara de fes bontés, quoique bien réfolu de mourir plutôt que d'en profiter. Un nègre qu'on appela pour me conduire, me mena fous ma tente. On ne peut exprimer quelle fut la joie de Saed, lorfqu'il me revit ; il n'en auroit pas eu une plus grande, quand délivrés par miracle des cruelles mains des nègres, nous nous ferions vus tout-à-coup transportés en Egypte. Ah! vous voilà, mon cher prince, s'écria-t-il; hélas! je défespérois de jouir encore de la vue de mon maître; je croyois déjà que les barbares vous avoient immolé, & que le serpent funeste, à qui l'erreur a fait élever ici des autels, vous avoit dévoré; est-il possible que vous me soyez rendu, & que vous veniez sécher les pleurs que je versois pour vous?

Oui, Saed, lui dis-je, & je vous apprends que mon salut dépend de moi; je puis, si je le veux, échapper au destin qu'ont eu nos compagnons. Ah! seigneur, interrompit brusquement Saed, dois-je ajouter foi à vos paroles? croirai-je qu'en effet vous pouvez éviter la mort? quelle heureuse nouvelle venez-vous m'annoncer? Je ne vous dis rien, lui répondis-je, qui ne soit véritable; mais vous ne savez pas à quel prix je puis sauver mes jours; quand vous en serez instruit, vous ne ferez plus éclater de si vifs transports de joie, & vous me trouverez peut-être plus à plaindre que si j'avois déjà perdu la vie. Alors je lui contai l'entretien que je venois d'avoir avec la fille du roi des nègres.

Je conviens, me dit mon confident après m'avoir écouté, qu'il est assez désagréable de se voir entre les bras d'une pareille amante; ce n'est pas sans raison que vous êtes révolté contre elle; j'entre dans vos sentimens; mais la vie est une belle chofe! fongez qu'il eft trifte de périr à votre âge; faites un effort fur vous, mon prince; cédez à la néceffité. O Saed, m'écriai-je à ces paroles, quel confeil ofez-vous me donner? penfez-vous que je puiffe le fuivre? nous verrons fi vous ferez capable de faire vous-même ce que vous confeillez aux autres, car je vous avertis que vous êtes auffi dans le même cas; l'efclave favorite de la princeffe a les mêmes vues fur vous, & prétend que vous l'aimiez; elle n'eft pas plus aimable que fa maîtreffe: vous fentez-vous difpofé à répondre aux bontés qu'elle veut avoir pour vous cette nuit?

Saed pâlit à ce difcours: Jufte ciel, dit-il, ai-je bien entendu? l'efclave favorite de la princeffe veut que je vive pour elle: Ah! que plutôt les nègres viennent me chercher pour me conduire à leur pagode; que le ferpent m'engloutiffe mille fois avant que je réponde aux careffes.... Ho, ho, Saed, repris-je, vous faites paroître bien de la répugnance pour une dame qui a de la bonne volonté pour vous; vous oubliez que la vie eft une belle chofe; dès qu'on veut vous forcer d'aimer un objet horrible, la mort n'a rien qui vous épouvante; & vous voulez que je la craigne? avouez donc qu'il n'eft pas aifé de vaincre les mouvemens de fon cœur, & de témoigner de l'amour à une perfonne qui n'infpire que du dégoût; cet effort eft au-deffus de la plus impétueufe jeunesse; il vaut mieux que nous périssions l'un & l'autre, que de nous abaisser à feindre de la tendresse pour deux objets que nous ne saurions aimer.

Mon confident approuva ce parti que mon désespoir me suggéroit; si bien que nous ne songeâmes plus qu'à mourir : nous attendions la nuit avec impatience, non pour goûter les plaisirs qu'on nous promettoit, mais pour charger d'injures nos maîtresses, & leur laisser voir toute l'horreur que nous avions pour elles. Cela étoit assez nouveau pour des amans; nous nous flattions par ce moyen de les mettre en fureur, & de les obliger à nous faire mourir; nous nous imaginions que si une belle femme méprisée, est capable de se porter aux extrêmités les plus violentes, nous n'offenserions pas impunément deux personnes laides & cruelles.

La nuit étant arrivée, un nègre, officier de la princesse Husnara, vint nous chercher, & nous dit : Heureux captifs, préparez-vous à goûter les plus doux plaisirs; deux tendres amantes se disposent à vous faire un sort charmant; bénissez le jour où la fureur de la mer & des vents vous a jetés sur ces bords.

Nous suivîmes le nègre sans lui répondre; mais il ne tint qu'à lui de juger par notre silence, que les dames qui nous attendoient ne seroient pas fort contentes de nous; la tristesse, ou plutôt le désespoir, étoit peint dans nos yeux. Il nous mena sous le pavillon de la fille du roi des nègres, dans un endroit où cette princesse étoit à table avec son esclave favorite, toutes deux couchées sur des peaux étendues par terre : Viens t'asseoir auprès de moi, me dit Husnara, & que ton compagnon se mette auprès de Mihrafya. Il y avoit plusieurs ragoûts différens dont on nous obligea de manger, & des esclaves noires nous présentoient de tems en tems d'une boisson faite de miel dans des coupes de terre peinte.

CIII. JOUR.

La princesse, pour me plaire, fit l'agréable pendant le repas, & Mihrafya de son côté ne manqua pas d'agacer Saed; insensiblement elles devinrent si vives l'une & l'autre, que nous fûmes obligés de leur faire connoître qu'elles perdoient leur tems; je dis mille choses dures & piquantes à Husnara, & mon confident ne fut pas plus galant que moi.

Nos discours firent promptement leur effet; nous vîmes nos dames changer de visage en un moment; elles ne nous regardèrent plus qu'avec des yeux pleins de fureur. Ah ! misérables ; s'écria la fille du roi des nègres, est-ce ainsi que vous répondez à mes bontés ? oubliez-vous combien il est dangereux pour vous d'exciter ma colère ? Ingrat, continua-t-elle, en s'adressant à moi, peux-tu recevoir avec indifférence toutes les marques d'amitié que je te donne ? mais que dis-je, avec indifférence ? il semble que tu aies de l'horreur pour Husnara ; que trouves-tu dans ma personne qui t'inspire de l'aversion ? ai-je quelque défaut ?

En prononçant ces derniers mots, elle se tourna vers sa favorite : Parlez, Mihrafya, lui dit-elle, ne me flattez point ; suis-je laide ou mal faite ? ai-je la taille mal prise, ou les traits irréguliers ; en un mot, suis-je digne du mépris que ce jeune étranger a pour moi ? Ah ! ma princesse, répondit l'esclave favorite, il n'y a point de dame au monde qui mérite d'être mise en parallèle avec vous ; rien n'est si parfait que votre beauté ; rien de plus libre & de plus régulier que votre taille ; il faut que ce jeune homme ait perdu le jugement, puisqu'il ne rend pas justice à vos charmes ; si vous trouvez un ingrat, je ne dois point être étonnée que cet autre étranger ait peu de goût pour moi ; je ne comprends pas qu'un homme puisse vous regarder sans vous adorer ; ce jeune

PRÉFACE.

NOus devons ces Contes au célèbre Dervis Moclès, que la Perse met au nombre de ses grands personnages. Il étoit chef des Sofis d'Ispahan *, & il avoit douze disciples qui portoient de longues robes de laine blanche. Les grands

---

* Il est bon de remarquer que le terme de Sofi vient de *souf*, qui signifie de la laine, parce que les religieux Sofis sont habillés de laine ; & encore de *safa*, qui signifie pureté, & de *tesaouf*, qui est la théologie mystique, ou le quiétisme dont ils sont profession. On n'appelle point les rois de Perse Sofis, n'en déplaise à Golius, à M. d'Herbelot, & à presque tous les voyageurs qui sont tombés dans cette erreur, & sur la foi desquels le public croit pieusement que c'est un titre qu'on donne aux rois de Perse, comme s'ils portoient le froc. Ce terme ne leur convient point, & c'est comme si l'on disoit l'Empereur capucin. Le traducteur de ces Contes s'étant un jour servi de ce terme en présence de gens savans à Ispahan, & traité le roi de Sofi, il excita leur risée. Ils lui dirent que le mot de Sofi ne signifioit rien autre chose qu'un moine Sofi : mais les Européens confondoient ce terme avec celui de Sefevy, qui signifie un descendant de Checsefy, d'où sont sortis les rois de Perse, comme si l'on disoit Sefeyens.

PRÉFACE.

& le peuple avoient pour lui une vénération singulière à cause qu'il étoit de la race de Mahomet; & ils le craignoient, parce qu'il passoit pour un savant cabaliste. Le roi Schah-Soliman même le respectoit à un point, que si par hasard il le rencontroit sur son passage, ce prince descendoit aussi-tôt de cheval, & lui alloit baiser les étriers.

Moclès étant encore fort jeune, s'avisa de traduire en Persan des comédies Indiennes, qui ont été traduites en toutes les langues orientales, & dont on voit à la bibliothéque du roi une traduction Turque sous le titre de *Alfaraga Badal-Schidda*, ce qui signifie la joie après l'affliction. Mais le traducteur Persan, pour donner à son ouvrage un air original, mit ces comédies en Contes, qu'il appella *Hezaryek-Rouz*, c'est-à-dire Mille & un Jour. Il confia son manuscrit au sieur Pétis de la Croix, qui étoit en liaison d'amitié avec lui à Ispahan en 1675, & même il lui permit d'en prendre une copie.

PRÉFACE.

Il semble que les Milles & un Jour ne soient rien autre chose qu'une imitation des Mille & une Nuit. Effectivement, ces deux livres ont la même forme. Il y a dans leurs desseins un contraste comme dans leurs titres. Dans les Mille & une Nuit, c'est un prince prévenu contre les femmes; & dans les Mille & un Jour, c'est une princesse prévenue contre les hommes. Il est à croire que l'un de ces Ouvrages a donné occasion de faire l'autre; mais comme il n'y a point d'époque aux Contes Arabes, on ne sauroit dire s'ils ont été faits avant ou après les Contes Persans.

Quoi qu'il en soit, les Mille & un Jour doivent divertir les personnes qui ont lu avec plaisir les Mille & une Nuit, puisque ce sont les mêmes mœurs & la même vivacité d'imagination. Mais les lecteurs qui, dans les Contes Arabes, ont trouvé mauvais qu'on n'ait pas donné à Scheherazade une intention de persuader par ses fables à Schahriat qu'il y a des femmes fidelles; car véritablement elle paroît n'avoir pour but que de prolonger sa vie sans chercher à détromper le Sultan des Indes : ceux, dis-je, qui ont fait cette critique, ne feront pas le même reproche à Dervis Moclès. Sutlumemé se propose de combattre la prévention de sa Princesse, & va toujours à sa fin. Dans tous ses Contes, il y a des Epoux ou des Amans fidèles. On voit qu'elle s'applique à guérir Farrukhnaz de son erreur, sans toutefois que la nécessité qu'elle s'impose de ne se point détourner de son but, fasse tort à la variété d'événemens que demandent ces sortes d'Ouvrages.

homme peut-il vous voir d'un œil indifférent ? il devroit mourir d'amour à votre vue, ou devenir fou.

Cela eſt vrai, reprit la princeſſe ; vous êtes auſſi fort aimable, & vos bontés ne ſont point à dédaigner ; vengeons-nous de ces deux miſérables ; j'ai obtenu leur grace du roi mon père, mais ils ſont indignes de la vie que je voulois leur laiſſer ; ils mourront ; qu'on appelle quelques-uns de mes officiers ; qu'ils aillent mener ces étrangers au pagode, & qu'on les livre à la divinité que nous adorons. Mihrafya ſe chargea elle-même d'aller chercher des officiers, elle ſortit, & revint peu de tems après, accompagnée de deux nègres. Avancez, leur dit la princeſſe, prenez ces jeunes priſonniers, & les conduiſez au pagode. Les nègres s'approchèrent de moi ; mais dans l'inſtant qu'ils nous emmenoient hors de la tente, elle leur dit : arrêtez, je ne ſais quel mouvement s'élève dans mon cœur, & s'oppoſe à la mort de ces deux coupables ; c'eſt ma haine, ſans doute, qui n'eſt pas ſatisfaite d'un ſi léger ſupplice ; une prompte mort eſt un bien pour des malheureux ; qu'ils vivent l'un & l'autre pour ſouffrir de longs tourmens ; je veux qu'on les envoie moudre du mil, & qu'on les occupe nuit & jour ; une vie ſi pénible me vengera mieux que leur trépas.

A ces mots, elle chargea les nègres de nous

conduire dans un endroit de l'ifle où il y avoit des moulins à bras, & de ne nous pas donner un moment de relâche; ce qui fut exécuté fur le champ. On nous mena moudre du mil; &, comme fi cette occupation ne nous eût pas rendu affez misérables, on nous faifoit porter de groffes charges de bois : n'étant pas accoutumés à un fi rude travail, il étoit impoffible de n'y pas fuccomber. Les nègres qui nous faifoient travailler, s'appercevant quelquefois que nous n'en pouvions plus, nous demandoient malicieufement fi nous n'avions pas envie de devenir amoureux. Cette queftion nous retraçant l'image de nos dames, nous infpiroit une nouvelle vigueur; nous aimions encore mieux demeurer au moulin que de les revoir.

Un jour ces nègres nous laifsèrent une quantité de mil à moudre : nous allons à la horde, nous dirent-ils, qu'à notre retour tout ce mil foit moulu. Me voyant feul avec mon confident : Saed, lui dis-je, pendant que nos ennemis font éloignés de nous, profitons de l'occafion; gagnons le bord de la mer; peut-être y trouverons nous quelque barque dont nous pourrons nous fervir pour nous fauver; peut-être ferons-nous affez heureux pour voir paffer quelque vaiffeau, nous lui ferons figne d'approcher & de nous venir prendre. J'y confens, mon prince, répondit Saed; n'ayons rien à nous reprocher; tentons tout pour sortir de cette isle funeste. Si le ciel ne nous fait rien rencontrer qui puisse nous aider à nous tirer d'embarras, nous nous jetterons à la mer, & je crois qu'il nous sera plus doux de périr dans le flots, que de continuer à moudre du mil.

Je fus du sentiment de mon confident; nous gagnâmes le rivage de la mer qui n'étoit pas fort éloigné; nous apperçûmes un bateau attaché à un piquet; il servoit à un nègre, dont l'habitation étoit voisine, à pêcher; nous le détachâmes promptement, & prenant le large nous nous abandonnâmes à la merci des eaux & des vents.

Fin du quatorzième Volume.

TABLE
DES CONTES.
TOME QUATORZIÈME.

LES MILLE ET UN JOUR.

Histoire d'Aboulcasem Basry, page 7
Histoire du Roi Ruzvanschad & de la Princesse Cheheristani, 91
Histoire du Jeune Roi de Thébet & de la Princesse des Naïmans, 102
Histoire du Visir Caverscha, 114
Continuation & fin de l'Histoire de Ruzvanschad & de la Princesse Cheheristani. 138
Histoire de Couloufe & de la belle Dilara, 157
Histoire du Prince Calaf, & de la Princesse de la Chine, 227
Histoire du Prince Fadlallah, fils de Bin-Ortoc, Roi de Mousel, 242
Continuation de l'Histoire du Prince Calaf & de la Princesse de la Chine, 296
Histoire du Roi Bedreddin Lolo, & de son Visir Atalmulc, surnommé le Visir triste, 393

TABLE.

Histoire d'Atalmulc, surnommé le Visir triste, & de la Princesse Zélica Beghume, 395
Continuation de l'Histoire du Roi Bedreddin Lolo, 467
Histoire du Prince Séyfel Mulouk. 469

Fin de la Table du quatorzième Volume.

De l'Imprimerie de Cl. SIMON, rue Saint-Jacques, près Saint-Yves, N°. 27.

www.ingramcontent.com/pod-product-compliance
Lightning Source LLC
Chambersburg PA
CBHW071721230426
43670CB00008B/1081